U0925050

清末民初武汉报刊研究

付登舟／著

武汉出版社
WUHAN PUBLISHING HOUSE

(鄂)新登字08号
图书在版编目(CIP)数据
清末民初武汉报刊研究/付登舟著.
—武汉:武汉出版社,2015.5
ISBN 978-7-5430-9233-4
Ⅰ.①清… Ⅱ.①付… Ⅲ.①报刊-新闻事业史-研究
-武汉市-近代 Ⅳ.①G219.295
中国版本图书馆CIP数据核字(2015)第119791号

著　　者:付登舟
责任编辑:齐大勇
封面设计:刘福珊
出　版:武汉出版社
社　址:武汉市江汉区新华路490号　　邮　编:430015
电　话:(027)85606403　85600625
http://www.whcbs.com　　E-mail:zbs@whcbs.com
印　刷:武汉市首壹印务有限公司　　经　销:新华书店
开　本:787mm×1092mm　1/16
印　张:16.25　　字　数:235千字
版　次:2015年5月第1版　　2015年5月第1次印刷
定　价:38.00元

目　录

第一章　清末民初武汉报刊概观

近代武汉的历史进程，较诸上海、广州等沿海地区稍迟，但时至19世纪末、20世纪初，随着帝国主义势力不断向内陆深入和洋务、“新政”、民族资本主义的发展，以及粤汉铁路的修筑，武汉迅速成为全国的中心重镇，地位日益显要。正是在这一基础上，武汉报刊逐渐兴起，跃居全国先进之列。它为传播近代西方文明，介绍资产阶级社会政治学说，呼号救亡维新，鼓吹反清革命，进行了大量的宣传，为武昌起义奠定了舆论基础。对此，孙中山、梁启超等作了充分的肯定。孙中山认为：“此次民国成立，舆论之势力与军队之势力相辅而行，故曾不数月，遂竟全功。”[①]梁启超则谓：“去秋武汉起义，不数月，而国体丕变。成功之速，殆为中外古今所未有……问其何以能如是，则报馆鼓吹之功最高，此天下之公言也……我中华民国之成立，乃以黑血革命，代红血革命焉也。”[②]武汉革命党人更是以此为荣，高唱“辛亥革命是报馆鼓吹起来的”，报纸“胜过十万毛瑟”。[③] 报刊所起到的“精神变物质”重大功用，在武昌起义中得到充分体现，从而在中国近代报刊史上具有独特的历史地位。

武汉报业的发展，经历了一条比较曲折的道路，呈现出与其他省份不尽相同的轨迹与特色。自1866—1919年五四运动前54年间，武汉

① 孙中山：《致武汉报界联合会函》，见《孙中山全集》第2卷，第336页，北京，中华书局，1982。

② 梁启超：《鄙人对于舆论界之过去及将来》，载《庸言》(月刊)第1卷第1号，1912年1月。

③ 秋虫：《武汉新闻史》，22页，武汉，中日文化协会武汉分会出版，1943。

地区共创办了 191 种报刊，其中外国人主办的为 31 家（内含英美 23 家、日本 6 家、德国 2 家），官办 25 家（一度从日本人手中赎回官办的《汉报》与《汉口日报》2 家未统计在内），民办 135 家。如以 1911 年 10 月 10 日武昌起义为分界，则清末 46 年（1866 年—1911 年）总共创办有报刊 103 家，其中外国人办 27 家、官办 14 家、民办 62 家。民国初期 8 年间（1911 年 10 月—1919 年 5 月）兴办 88 家，其中外国人办 4 家、官办 11 家、民办 73 家。清末年均创办为 2.2 家，民初年均创办为 11 家，民初的发展速度为清末的 5 倍。1908 年是清末创办报刊最多的一年，计 17 家。1912 年则是民初发刊的最高年份，计 31 家。如果进行细致一点的划分，则可看出：在 1898 年戊戌变法以前的 30 余年间，武汉创办的报刊不多，间断发展，外国人办的报刊占绝对统治地位，除民办报纸 1 家外，其余 11 家全部控制在外国人手里。19 世纪末 20 世纪初，官报开始发展，1905 年以前已达 7 家之多。1905—1911 年民办报纸迅速兴起，达 54 家。1911 年武昌起义以后，民办报刊进一步得到发展，达 73 家，占当时所办家数的近 90%，而 1912、1916 两年兴办有 40 家，1914—1915 年又只创办 7 家，呈现出急起急落的特点。① 根据上述报刊统计情况，可把清末民初武汉报刊发展轨迹及其特点作四节予以分述。

第一节　外报独领风骚（19 世纪 60 至 90 年代）

随着 1861 年汉口对外开埠，帝国主义各国纷纷在汉口设立租界，开设银行、洋行，创办工厂、航运。与此同时，大批间谍、特务和 20 多个教派的传教士涌入武汉和湖北各属，他们设堂传教，并广泛搜集政治、经济、军事和文化情报，武汉迅即成为外国侵略势力深入中国内陆的桥头堡。为了传教和开辟与中国士民的联系渠道，侵略者纷纷创办舆论机关，加强殖民宣传。最早在武汉办报的是英国人和美国人。1866

① 刘望龄：《辛亥前后湖北报刊的若干特点》，载《中南民族学院学报》（哲社版），1991 (5)。

年，他们首起发行英文《汉口时报》，随后又相继创办有《阐道新编》、《开风报》、《昭文日报》、《新民报》、《武汉近事编》、《英格兰圣经会报》、《益文月报》、《中国传教士》、《字林汉报》等多种。日本人也于1896年接办《汉报》。在此期间，武汉当局未兴办任何报纸，民办报馆则仅有《昭文新报》一家，艾小梅经营，创刊于1872年。但由于“人情未习”，无人购读，经营数月即倒闭停办。此后20年，无国人再行兴办，武汉报坛被外国人前后独霸长达30余年之久，详情见下表：

1866—1895年武汉报刊一览表①

创办时间	报刊名称	创办人	性质、宗旨、任务、内容
1866年	汉口时报	外国人	商业报刊
1872年	阐道新编	外国人	教会报刊；劝集“阐道良朋”，信道者和“知音良朋”，为阐道传教之普及读本。
1873年	昭文新报	中国人	中国第一份民办报刊，以奇闻轶事为主，兼登诗词杂作，但购阅者寥。
1874年	汉皋日报	外国人	主要内容为新闻、经济信息、评论、广告。最高发行300份。
1875年	开风报	外国人	教会刊物，传教之外，也介绍新知。
1880年	昭文日报	外国人	教会报刊。
1880年	新民报	外国人	教会报刊，发行3000份。
1883年	武汉近事编	外国人	主要刊登武汉新闻，书本式，每周一期。
1885年	英格兰圣经会报	外国人	教会报刊，以传道分布道为主旨，杨格非主办。
1887年	益文月报	外国人	汉口基督教会主办，但非宗教内容，属综合性报刊，以自然科学知识为主。

---

① 本表资料据刘望龄著：《黑血·金鼓——辛亥前后湖北报刊史事长编》（湖北教育出版社，1991年版）和史和、姚福申等编：《中国近代报刊名录》（福建人民出版社，1991年版）汇编而成。

续表

创办时间	报刊名称	创办人	性质、宗旨、任务、内容
1888 年	中国传教士	外国人	教会刊物，登载有关教会活动和有关中国见闻等内容，目的在于传播中国的法律、风俗、习惯。
1893 年	字林汉报（后署《汉报》）	外国人	以民报口气申论宗旨："本馆博访时事，务使环海万国之情状，晓然于我中人之耳目，庶不至于受外侮，而有以自立于不败之地。"上条刊登论说、谕旨、电传、西报汇译等内容，下条专作广告之用，刊载各货行情、汇兑、银洋钱价和船期公告等。读者为普通民众。

上表所列武汉开埠期间所创办的各种报刊共有 12 份，其中只有一份为国人自办报刊，其余全部为外国人所办。而在外国人所办的 11 份报刊中，有 6 份为教会报刊，其余 5 份与商业、文化、时事、自然科学相关。参考有关资料，对上表可作如下分析：

第一，在这一时期，商业外报"一枝独秀"，没有国人创办商业报刊与之竞争。尽管没有来自武汉自办报刊的同业竞争压力，但商业外报的生存环境极其艰难。对于用外文出版的外报而言，因汉口贸易不景气，外商在汉口的总人数寥寥，如居住在汉口英租界的人口总数在 1861—1871 年间年均只有 100 多人，①而外文报刊主要是供外国人阅读，如英文《汉口时报》就是"专供在汉欧美人士阅读"。② 尽管我们无法知道这一时期每种外报的具体发行数量，在汉口的外国人如此之少，其发行量应该不会超过其在汉口的人口总数。供中国人阅读的中文商业外报同英文商业外报的命运一样。1874 年英国人经营的《汉皋日报》，"除刊发新闻和经济消息以外，还发表评论，附刊广告。由于销数太少，经营困难，发行不久即停刊"。这种事与愿违的结局，与当时武汉

① 唐惠虎、朱英主编：《武汉近代新闻史》（上卷），108 页，武汉：武汉出版社，2012。

② 刘望龄编著：《辛亥首义与时论思潮详录》（上卷），3 页，武汉：华中师范大学出版社，2011。

人大多不识字有关,也与商业的萧条有关。[①] 这一时期无论是英文商业外报,还是中文商业外报,受销量的限制,存续时间很短,可谓昙花一现,影响亦相当有限。

第二,这一时期,外报中的教会报刊成为主导,无论报刊数量、销量,还是存续时间,外报教会报刊都远远超过外报商业报刊。教会报刊大多用中文出版,其宗旨和内容无非是向中国教民传播教义。创办于1872年的《阐道新编》,其宗旨为劝集"阐道良朋"和"知音良朋",所刊文章,"为文沉思发密,盖抄解能传,系阐道传教之普及读本。凡国政、舆情、格物、奇谈等与教义无关内容,均不入书"。[②] 该刊发行长达五年之久,至1876年停刊。创办于1875年的中文教会报刊《开风报》,"在传教之外,也介绍一些西方知识"以开风气。其"最高发行量达3000份"。[③] 另一份中文教会报刊《新民报》发行量亦达3000份之多。教会报刊的发行量之所以大于商业外报数倍,原因很简单,在商业不发达的社会里,人们的注意力不在商业领域,而能让人们摆脱现实社会的纷扰,获得精神安慰与超度的宗教更易于为人们所接受,教会报刊的发行量自然比商业报刊大得多。

第三,这一时期,武汉出现了中国的第一份国人自办报刊《昭文新报》。中国报刊最早创于1815年,即在澳门出版的《察世俗每月统记传》(月刊),此后陆续于香港、广州、上海等地兴起,但在五六十年内,各地报刊全部由外国人经营,而由中国人集资自办的报纸却出自湖北,"我国民报之产生,当以同治十二年(1873年)在汉口出版之《昭文新报》"。[④] 其资本来源、经办人身份与外报不同,由艾小梅个人独资经营,纯属中国人自办。而在经营方式、形式内容方面,又与封建"邸报"

---

① 刘望龄编著:《辛亥首义与时论思潮详录》(上卷),7页,武汉:华中师范大学出版社,2011。

② 刘望龄编著:《辛亥首义与时论思潮详录》(上卷),7页,武汉:华中师范大学出版社,2011。

③ 刘望龄编著:《辛亥首义与时论思潮详录》(上卷),8页,武汉:华中师范大学出版社,2011。

④ 戈公振:《中国报学史》,38页,上海:上海古籍出版社,2003。

相异，它面向社会广大民众，“每日发行，遍售各埠”；版面“仿香港、上海之式”，十折小型，四六版，活字木刻印刷；以刊发“奇闻轶事”、“诗词杂作”为主要内容，与专载上谕、奏折之类的宫门抄和专供官吏阅读的公文命令录旨趣大异，是一种“向无此举”、“完全翻新”、具有资本主义性质的新闻企业，因此成为国人自办日报而“开其先路”的最早的一份民报。[①] 商业报刊是在商品经济和市场经济发展到一定程度下出现，当时汉口的条件并不具备，由于市场发育不够、读者尚未形成规模等因素，导致《昭文新报》仅出版几个月便停刊。对此，日本记者内田佐和吉在《武汉的文化机关》一文中描述：“当时的社会情形，十人中九人可以说是文盲，到乡间去更为蔽塞不堪，毫无事业之可言。至于新闻一事，更无成立之必要，若谈到在新闻纸登载广告，在商人方面，绝无此种思想，在那种情形之下，无论鼓着如何的勇气，怀抱着如何的方法，要想经营这样的事业，不过是虚掷金钱，付诸流水就是。其后改为五日发行一次，亦无有购买者，新闻仿佛是无用之物，莫不等闲的看待结局，不得已步入停刊之途。此亦足见办理文化事业之不易成功，热心于此事业之专家，莫不为之丧气。”[②]一名外国记者用自己的笔导出了《昭文新报》失败的原因。结局虽然如此，但在无国人办报的一片沉寂中，艾小梅敢做第一个吃螃蟹的人，以一己之力，创办具有近代意义的新式报刊，开启了民办报刊的先河，也让我们看到了国人创办民报的勇气以及未来民办报刊的希望。

第四，这一时期，武汉与当时全国各地创办报刊总数相比较，处于落后状态。据统计，至甲午战争前，外国传教士和商人出版的中文报刊约有 70 多种（不包括海外），外文报刊约有 150 多种，加上国人自办报刊约 20 多种，总计约有 230 余种。[③] 其中，1865—1895 年，全国共创办

---

① 刘望龄：《黑血·金鼓——辛亥前后湖北报刊史事长编》，7 页，武汉：湖北教育出版社，1991。

② 刘望龄编著：《辛亥首义与时论思潮详录》（上卷），5 页，武汉：华中师范大学出版社，2011。

③ 《中国大百科全书·新闻出版卷》，506 页，北京：中国大百科全书出版社，1990。

中文报刊 86 种,外文报刊 91 种。[①] 以这样的规模来看武汉的报刊,不过占近代有报刊以来至 1895 年全国报刊数量的 0.05%。这样的状况与武汉的城市规模、人口数量、外国人数量以及以武汉为中心的湖北近代化进程密切相关。

第二节　湖北官报名盛实衰(戊戌变法至辛亥革命时期)

1894 年中日甲午战争,中国惨败给日本,泱泱中华帝国在世界面前尽现腐朽,举国震惊。从上而下的维新变法运动,使全国一夜之间出现"兴学堂、办报纸"的热潮,改变了中国近代报业格局,出现超过外国人办报刊的趋势。北京、上海、天津、汉口、长沙等地办起一批风生云起的维新报刊和革命报刊。其中影响较大的有康有为的《中外纪闻》、《强学报》,梁启超的《时务报》,严复的《国闻报》,唐才常、谭嗣同的《湘学报》、《湘报》等。湖广总督张之洞饬令在湖北全省发行上海的《时务报》、《农学报》,长沙的《湘学报》等维新派报刊,却不允许湖广总督府所在地武汉有"出格"的报刊。1898 年,慈禧太后发动戊戌政变,维新变法仅历 103 天即告夭折,10 月 9 日,下令全国报馆一律停办,并捉拿各报主笔。慈禧太后上谕谓:"近闻天津、上海、汉口各处,仍复报馆林立,肆口逞说,捏造谣言,惑世诬民,罔知顾忌,亟应设法禁止。着各该督抚,饬属认真查禁。其馆中主笔之人,皆斯文败类,不顾廉耻,即饬地方官严行访拿,从重惩治,以息邪说而靖人心。"[②]由此导致各地掀起不久的办报热潮一度陷入沉寂。

1900 年,庚子事变爆发,八国联军入侵北京,强迫清廷接受《辛丑和约》。以慈禧为首的保守派不得不变法以求延续统治,宣布实施"新政",于 1901 年 1 月以光绪皇帝的名义下诏,宣布"更法令、破旧习、求振作、以更张",由此开始了晚清最后 10 年所谓的"新政时期"。随着国内肃杀的政治空气渐渐松动,倡言改革的报纸在各地纷纷出版。同时,

---

① 李倬宇、钱培荣:《晚清报刊的发展历程》,载《杭州大学学报》1996(4),140 页。

② (清)世续、陆润庠等纂修:《大清德宗景皇帝实录》卷 422,2 页。

由官方创办报纸以主导舆论、开通风气的理念也被重新提出来。然而，作为最高统治者的慈禧，曾感受到维新报刊的巨大影响，对报刊心有余悸，尽管屡有官员上奏创办官报，她还是对此持谨慎态度。虽然最高统治者对开办官报尚未有足够的重视，但是，主持地方新政改革的督抚大员们已经在实践中将官报作为宣传"新政"或促进"新政"的舆论手段。

1901年年底，直隶总督兼署理北洋大臣的袁世凯在天津设立北洋官报局，后来为鼓吹其"新政"，并抵制民办报刊的"诡激失中之论"，率先于1902年12月25日在天津创办了《北洋官报》。这是清末第一份比较引人注目的地方官报。为了鼓励地方各省大吏创办新式官报，推行新政，朝廷在吕海寰、伍廷芳等递呈的奏章上称："……推广官报，实为转移整顿之要议。现北洋所刊官报，首刊圣谕广训、恭录谕旨，并载奏议、公牍、时政、新闻等类，与该大臣等所拟条例，大致相同，且月出一册，尤便观览。南洋现尚无官报，应令仿照北洋章程妥酌开办，一体发交各属，销售各学堂阅看。南北洋官报如能畅行，各省亦可逐渐推广。"由于朝廷的大力支持，短短几年内，各省几乎都办起官报。

湖北的张之洞早在戊戌维新时期便开始着手办报。在《时务报》的事件中，时人曾有传言，张之洞打算开办一份报纸，与《时务报》为敌，可能就是后来的《正学报》。

基于对近代报刊尤其是官报舆论功能的深刻认识，张之洞在湖北也是大力办报，使湖北官报系列成为"新政"官报中的一支引人注目的力量。他在湖北筹办创办的官报详情见下表：

湖北官报一览表(戊戌政变后辛亥革命前)[①]

创办时间	报刊名称	地点/周期	宗旨、任务、内容
1898 年	正学报	未发刊	“使孤陋者不囿于有闻以阻新政,而颖异之士亦由是可以无通于邪也。”内容拟就从东西各报中选译,分设译报、议论、格致、算术、农商、工艺等栏目。未及发刊而罢。
1899 年	湖北商务报	汉口/旬刊	以“开商智,振商务”为主旨,专刊有关商务谕旨、奏疏、政令、中外商情和商业知识等。发行 5 年。所印全部由官方派阅,严禁翻刻。
1901 年	农学报	武昌/半月刊	当年停刊　以介绍农务科技知识为主旨
1903 年	湖北学报	武昌/旬刊	以激发忠爱、开通智慧、振兴实学为宗旨。设学务谕旨、学务文牍、教育学、史学、地学、外交学、学界近闻、湖北学务汇录等栏目。
1904 年	汉口日报(原为民报)	汉口/日报	由张之洞接收,改为官办。官办并没有产生良好影响,俨然官方的传声筒。“仿《北洋官报》成例,勒令各府州县分销。”
	汉报	汉口/日报	从日人手中接管后为绅办,因触犯武昌知府梁鼎芬,改归官办。官办后,“一味颂扬,于中外要件及官场腐败情形概不登录。勒派各府州县及各局分销”。
1905 年	湖北官报	武昌/半月刊	湖广总督署机关刊物,以“正人心、增学识”为宗旨。“凡关乎政法、学校、兵事、财用、实业、交涉、与今日时势情形相合者”皆录。
	湖北教育官报	武昌/月刊	专刊有关教育方面的诏令、章奏、论说、文牍、学制等。

① 本表资料据刘望龄著:《黑血·金鼓——辛亥前后湖北报刊史事长编》(湖北教育出版社 1991 年版)和史和、姚福申等编:《中国近代报刊名录》(福建人民出版社 1991 年版)汇编而成。

续表

创办时间	报刊名称	地点/周期	宗旨、任务、内容
1906 年	公论新报（官商合办）	汉口/日报	“本报开办之初，有官款之拨助，出报之后有官销之定额，准诸报例是为官商合办之报”，又宣称：“宗旨所在，主乎和平，一切自由平等、革命流血之邪说，例所不录”，“如有公家诸事关乎大局，各报馆传闻稍异以至失实，本报馆访实，例得驳正。”日派销 1500 份，12 月 11 日该报宣布销数，宣称：“现已每日销至四千二三百份……销数之多，实为汉上各报之冠。”
1907 年	两湖官报	武昌	鄂署督发布公文的机关刊物。
1908 年	武昌日报	武昌/日报	自称商办，实为官方操控，设上谕、论说、本馆专电、本馆特别新闻、本省新闻等栏目。由官报局向两湖各属派销。
1910 年	湖北警务杂志	月刊/武昌	设谕旨、论说、译从、文牍、条诰、报告、记事、来函等栏目。
1910 年	湖北农会报	月刊/武昌	湖北全省农务总会会刊，以研究农学，改良农业，补助农政为宗旨。

从上表统计情况看，这一时期，湖北创办的官报总计 13 家，其中未发刊一家，从外国人、民办收购为官办的两家，官商合办一家。除少数几家为日报外，大多数为旬刊、半月刊或月刊，而且创办地点大多在湖北的政治中心、督署所在地武昌，这与民办报刊、外国人报刊集中于商业中心的汉口形成隔江而望的对峙局面，俨然两道风格迥异的近代媒介风景线。这两道风景线，表面看似各占半壁江山，实则不然。

与全国其他省份官报相比，湖北官办报刊在数量和声势上位居前列，也毫不逊色于北洋官报系，更远远超越于上海、广州官报。但这仅仅是从官报自身在不同地域发展情形的比较中，显示出湖北官报的繁荣与优势。如果把湖北官报与民报相比较，则可以发现其在表面繁荣的背后，呈现的则是落寞萧条。其原因主要有以下几点：

首先，从营销方式上看，官报与民报的重要区别之一就是前者以派销为主，借助政府资源自上而下，按行政区划层层分摊，派销数额的多寡，是官员政绩考核的内容之一。因此，表面上官报营销可观，实际上自愿购买者很少。由于销路不畅，报费亏欠现象十分严重。为增加发行量，当局挖空心思，花样翻新，有的不计成本，低价倾销；有的干脆免费赠阅，不取分文。1899 年 4 月 30 日，《湖北商务报》正式发刊，所印各册，全部由官方派阅。张之洞致力于此报的发行，曾致函江苏巡抚鹿传霖，推荐《湖北商务报》，并请代为派购，还说："尤必以商报一端，为开明风气之权舆。"并径直将已发行之《商务报》第一期到第十四期寄发，"祈查核量发行，一律派购，以后续出之报，亦望如数订购"。1904 年 4 月 5 日，上海《警钟日报》刊发通信《官报勒销》，揭露《汉口日报》[①]经营之腐败："《汉口日报》自改办以来，该报记者务以逢迎为能事，以故日出一纸无非官话连篇而已，销路甚不畅旺，亏折良多，端监督无可如何，遂仿《北洋官报》成例，勒令各府州县分销。"[②]同一份报纸，不同的创办主体，其发行量悬殊，民办为"争相购阅"，官办为"亏折良多"，"勒令分销"，其原因并不在于报刊本身，而在于创办主体所秉承的办报宗旨、栏目设置以及刊登内容。1905 年 4 月 5 日，湖广总督署机关刊物《湖北官报》正式创刊。初为旬刊，后改为半月刊，委派职官经办，"经费由善后局专款，出版物全部官派官销，不取分文"。[③] 由官府出资办报，强制派销，或免费赠送，即便有一定的发行量，未必有读者，尤其是普通读者。其发行量只不过是数据而已，从实际被阅读的角度而言，只能算作虚假的发行量，其仅有发行量而缺乏读者的繁荣，只不过是虚假的繁荣。

---

① 《汉口日报》是 1902 年 10 月 15 日由浙江商人宋炜臣创办，内容多与晚清时期推行新政有关，1904 年初，《汉口日报》由张之洞接收，改为官报。

② 刘望龄编著：《辛亥首义与时论思潮详录》（上卷），147 页，武汉：华中师范大学出版社，2011。

③ 刘望龄编著：《辛亥首义与时论思潮详录》（上卷），170 页，武汉：华中师范大学出版社，2011。

其次，从内容上看，官报“惟借官报之力，以强迫销行于各属，而其目光则惟奉承京中一二长官，以为固位之计，其手段则惟挑剔民报一二字句，以遂其献媚之私”，“与其名为《官报》，实贻报界羞，毋宁名之官言较为妥当也”。[①] 而民报则代表民意，建立起一种有别于传统帝王官吏模式(在野精英模式)的新的报章代言灌输模式，这一模式及其所荷载的公众舆论，具有独立性与自主性、公共性、批判性等特点。[②] 官报为什么在与民报的角力中失利呢？很重要的一点就是官报之本在官，而民报之本在民，以至于连官报的主办者也认识到，“那些喜欢看新报的人，不免嫌我们这官报陈腐”。[③] 民报之所以受欢迎，与民众背离政府而求变、求乱及猎奇心理有关。革命报刊《江汉日报》创刊后不久，销量一路飙升，日销售 4000 份左右，而官报除派销和免费赠阅外无人问津，于此可知民众对政府的背离。清末湖北报界大量宣传革命，生存空间巨大，市场广阔，与当时的社会心理关系密切。

民报受到民众青睐，首先是与清末的求变社会心理有关。长达数百年的清朝封建统治，使得失利阶层力谋乱中求变，得利阶层亦多心怀不满。比如绅士阶层的权办欲望空前强烈，汉族官僚阶层更是对满族亲贵心生怨恨，甚至相见不语，广大的农民阶级、手工业工人和新兴工业中的从业工人生存空间日趋严峻，清末民变因之连绵不断，并与资产阶级革命派的武装斗争交互兴起，最终导致了清王朝的灭亡。至于求乱心理，《大江报》刊发时评《大乱者救中国之妙药也》，就是典型的证明。

此外，与民众的猎奇心理有关。《湖北学生界》刚问世时，“阅者寥寥，自张之洞一禁，骤销至数千份”。[④] 初版脱销，很快再版，并计划三

---

① 桑兵：《清末民初传播业的民间化与社会变迁》，载《近代史研究》，53—76 页，1991(6)。

② 方平：《清末上海民办报刊的兴起与公共领域的体制建构》，载《华东师范大学学报》，44—51 页，2001(2)。

③ 闾小波：《20 世纪初中国传播媒介的繁荣与人的现代化》，载《新闻与传播研究》，74—84 页，1996(1).

④ 严昌洪、许小青.：《癸卯年万岁——1903 年的革命思潮与革命运动》，89 页，武汉：华中师范大学出版社，2001。

版、四版。[①] 民众有猎奇心理，正统舆论不易于为民众所注目，或习以为常，难以产生兴奋点。而民报正是抓住了民众的这一心理，哪怕是不实的新闻，或激进的政论，都能引起民众的兴趣，特别是对社会时弊的抨击，如贪污腐败等，极易为民众所认同，且心向往之，进而形成轰动效应。

再次，从形式上看，湖北官报不如民报丰富。官报除了登载圣谕外，主要是发布本省的政治、经济、军事、教育等方面的情况，统治教化的色彩太明显。如《湖北官报》的主要登载内容包括：一、圣谕；二、谕旨；三、宫抄；四、辕抄；五、要电；六、要闻；七、政务；八、科学；九、实业；十、杂业；十一、图表；十二、论述；十三、国粹篇；十四、新说；十五、纠谬篇；十六、校勘；十七、衔名；十八、商标。与其他官报相比，尽管该报独创性地开设"国粹"、"纠谬"等内容，但体现的是明显的"卫道"与"辨邪正"的政治控制色彩。湖北民办报刊因内容的民间化推动了栏目的多样化，一般报纸由新闻评论、广告文艺、专件通信组成，新闻从空间上分为国际、国内、地方三大类，从内容上分为政治、经济、文化、社会四大类。民间的实业发展、商情涨落、演讲集会、社团活动、社会风潮、体育竞赛、名人行踪、民情疾苦、水旱灾害、治安情形等占据大量版面。湖北民报在清末出现了一个普遍趋势——"地方新闻"数量激增，报纸新闻版多采用三块式划分：一、时事要闻（紧要新闻）；二、本地新闻；三、外省新闻（夹以告示、专电）（《江汉日报》即是按此三部分内容设置）。时事要闻是中央立宪举措和军政要闻，本埠和外省新闻内容无大差别，只是报道地区不同，当时湖北的主要民间媒体，对后二者报道的数量和篇幅，远远超过了时事要闻。

除上述外，湖北官报落败于民报还与其多期刊（多为月刊、半月刊）、少日报有关。期刊出版间隔较长，不能满足民众对及时信息的需求。对信息的传递具有滞后性，这也是导致官报在民办报刊的竞争中失去订户和读者的原因之一。

---

① 桑兵：《晚清学堂学生与社会变迁》，107 页，桂林：广西师范大学出版社，2007。

第三节　武汉民报勃兴(戊戌变法至辛亥革命时期)

这一时期，武汉民办报刊发展迅猛，创办了数十家各类报刊，使武汉成为当时全国报刊中心之一，并且是当时三大革命报刊中心之一。武汉民办报刊迅速崛起，后来居上，除了得益于清廷在庚子事变后放松对新闻舆论的管制的宏观背景外，更得益于洋务殿军、湖广总督张之洞实施的"湖北新政"。张之洞自 1889 年督鄂，至 1907 年离任，长达 18 年苦心经营的"湖北新政"，使武汉由一个商业小镇蜕变成中国仅次于上海的第二大工商大都市。附近各省、州县人口以及外国人纷纷涌入这座近代化城市。一位美国学者曾经这样描述："在十九世纪下半叶，汉口是中国中部的主要商业城市，也是世界上最大的城市之一。在王朝范围内，它处于一个横跨几千里、异常活跃的市场体系的中心，商品极为丰富，交换十分频繁。它招来世界各地不同肤色的产业工人和丝绸工人前来定居，并继欧洲城市一百年之后开始进入工业时代。"[①]人口的急剧增长为民办报刊准备了潜在购阅者。据 1904 年《警钟日报》的一份调查资料说："鄂省一区自戊戌政变以来风气大开，凡士商莫不以阅报为唯一之目的。""湖北新政"期间实施的教育改革，开办新式学堂，派遣留学生，为武汉民办报刊培养了大批有素质的创办主体；张之洞对报刊功能的清醒认识以及对办报事业的倡导，成为武汉报刊勃兴的关键因素。他曾如此评价报纸的作用："要可以扩见闻，长志气，涤怀安之鸩毒，破扪籥之瞽论，于是一孔之士、山泽之农始知有神州，筐箧之吏、烟雾之儒始知有时局，不可谓非有志四方之男子学问之一助也。"[②]他还说："报馆之设，仿自泰西，采摭新闻，发摅清议，所以宣达下情，启

① (美)罗・威廉:《汉口——一个中国城市的商业和衣食》,该书第一章已译载于《荆楚文史》1990(1)。

② 苑书义、孙华峰、李秉新主编:《张之洞全集》,卷 271,9746 页,石家庄:河北人民出版社,1998。

迪民智，开内地之风气，传外国之情形，关系观听，极为重要。"[①]自中国有报以来，统治者多禁止民间议政。清朝政府对此也严格限制。但是张之洞却有另外的看法。他说："报之益于人国者，博闻次也，知病上也。"[②]他以"齐桓公不自知其有疾而死，秦以不闻其过而亡"作比喻，指出，"大抵一国之利害安危，本国之人蔽于习俗，必不能尽知之，即知之亦不敢尽言之"，[③]但"假如邻国能昌言而无忌，则为中国之福。"正是基于对报刊功能的上述认识，张之洞在湖北创办了种类齐全，数量可观的官报。在兴办官报热潮的引领下，武汉民办报刊如雨后春笋般遍布武汉三镇。详情见下表：

武汉非官报一览表(戊戌政变后辛亥革命前)[④]

创办时间	报刊名称	性质	宗旨、任务、内容
1903	汉口日报	民办、官办	"创办之始，抨击时政甚烈"，次年由张之洞接收，改为官办。
	汉口中西报	外国人	德国某商人创办，意旨无从查考。
1904	武汉小报	民办	以刊发新闻小说、游戏文章为主要内容。
	湖广月报	外国人	其宗旨为广人识见，兴人德行。凡有益圣教会与国家者，皆可登报。一切诋毁国政，谗谤官民，及不合真理之言，概行不录。
	武昌通俗报	民办	因售价过高，销路不佳。
	英文《楚报》	外国人	英美帝国主义在华中地区的主要舆论机关。

① 苑书义、孙华峰、李秉新主编:《张之洞全集》，卷 271，9746 页，河北人民出版社，1998。

② 苑书义、孙华峰、李秉新主编:《张之洞全集》，卷 271，9746 页，河北人民出版社，1998。

③ 苑书义、孙华峰、李秉新主编:《张之洞全集》，卷 271，9746 页，河北人民出版社，1998。

④ 本表资料据刘望龄著:《黑血·金鼓——辛亥前后湖北报刊史事长编》(湖北教育出版社 1991 年版)和史和、姚福申等编:《中国近代报刊名录》(福建人民出版社 1991 年版)汇编而成。

续表

创办时间	报刊名称	性质	宗旨、任务、内容
1905	日文《汉皋日日新闻》	外国人	以刊登时事、新闻为主。1908年改组为《汉口日报》。
	天声日报	民办	“以儆官邪为责任，抉发官场利弊不遗余力。”
	正言报	外国人名义	
	汉口风月报	外国人名义	
	新小报	民办	小型花报
	普通文报	外国人	基督教拼音刊物
	中文《楚报》	民办 进步报刊	报馆职员多为日知会会员，倾向革命。在他们的主持下，“纵论鄂省政治，不避嫌忌”，“持论颇激昂”。
	不缠足会画报	民报	不缠足会机关刊物，湖北最早发行的专业画刊，以宣传废除缠足陋习为主旨。图画之外，配以文字浅说。
1906	汉报	民办	内容分设谕旨、专电、言论、时评、要闻、本省奏议、内政、外交、学务、财政、实业、军事、杂记、来函、调查等栏目。附张专载“本省近事”。该报是湖北民办报纸获得官方资助的第一家报馆。该报畅销全国各地，并在近30个省市设有寄售处，日销4000余份。
	工商日报	民办	汉口商务总局孙询刍等合资，“专注重实业商务”，鼓吹发展生产。
	中西报（又名中西日报）	商办	该报以“开通风气，提倡商务学务”为主旨。取名“中西”，意在“注重世界知识，把国际要闻列在重要篇幅，以唤起国人注意”。馆员多为留日学生，但不聘用革命党人。是湖北历时最久的商办报纸。

续表

创办时间	报刊名称	性质	宗旨、任务、内容
1906	中国教会报	民办	汉阳基督教徒创办，宗旨“在开通风气，泯灭教祸，并发抒自立教会之意见，以鼓舞同胞独立之精神”。
	公论新报（前身为公论报）	官商合办	“本报开办之初有官款之拨助，出报之后有官销之定额，准诸报例是为官商合办之报”，又宣称：“宗旨所在，主乎和平，一切自由平等、革命流血之邪说，例所不录”，“如有公家诸事关乎大局，各报馆传闻稍异以至失实，本报馆访实，例得驳正”。日派销 1500 份，12 月 11 日该报宣布销数，宣称：“现已每日销至四千二三百份……销数之多，实为汉上各报之冠。”
	交通报	民办	
	绎志汇报	中外培英学社（民办）	声称“工商最要，中英法德四国文言、算学、信札、字课、无师自通之书”。
	新汉报	民办	“内容颇为丰富，宗旨亦甚正大”。
	现世报	民办	汉上第一家以专载妓女花事和诗词小品为主要内容的消闲小报。
	文华学界	民办	教会刊物，“日知会常假该刊发表文章，宣传反清”。
	文华评论	民办	文华书院创办，宣传文华事业和提高学生英语水平。
1907	五洲日报	民办	
	鄂报	民办	期以仿效孔子，操笔削之权，“善无微而不赏，恶为纤而不罚”，“将我四万万蚩蚩之国民，一变而为开通进化之国民”。又谓“官报宣国是，民报达民情”，《鄂报》将兼而有之。
	汉上逍遥录	民办	公论新报的副刊，消闲类大众读物。

续表

创办时间	报刊名称	性质	宗旨、任务、内容
1907	采风报	民办	以消闲为主。初创时作《鄂报》附张。
	汉口日日新报	民办	宣称“内容丰富，体例精详”，发布各省新闻。
	日文《汉口日报》	外国人	由《汉皋日日新闻》改组而成，是继《汉报》后日本人在汉经营的又一家报馆，为在汉日侨提供新闻消息，以报道华中地区的政治经济新闻为主要内容。
1908	江汉日报	民办	留日归国学生创办，属革命报刊，标揭“张吾自由之帜”，作革命之“喉舌”，大胆泼辣，有的放矢，成为汉上报界的“铮铮者”。发行海内外，日销4000份左右。
	艺林报	民办	“花丛”小报，宗旨为：联合同类，提倡风雅，按日刊登时事新闻、杂志，以及诗歌、小说、插画、谈丛等。
	每日西报	外国人	西人开设，西人主笔，刊登中国各行省及泰西各国每日专电新闻，至于武汉地方，更取其新闻中之最奇绝者。
	湖北日报	民办	革命团体共进会言论机关，以宣传革命为主旨，讥评时政，锋芒毕露。
	汉口见闻录	民办	属汉口中西报文艺副刊，设本省杂闻、艺林、杂志、雨丝风片等栏目，所刊多为趣味性文字。
	通俗白话报	民办	革命团体“湖北军队同盟会”言论机关，以宣传革命为主旨，“恣肆鼓吹，势盛张”。
	武汉商务日报	民办	尤重武汉商务，凡货物之销滞、财币之盈绌，以及工业路矿等，无不详记。
	两湖通俗报	民办	“专为中下两等社会说法”。

续表

创办时间	报刊名称	性质	宗旨、任务、内容
1909	扬子江小说报	民办	武汉最早的文艺专刊。以“提倡小说”为主旨，“期挽狂澜于稗海，树新帜于汉皋”。
	扬子江白话报	民办	以诙谐笑骂“监督政府”，“常有指摘官场得失的批评”。
	汉口商务报	民办	以“沟通商务”为宗旨，实则为革命作鼓吹，革命党人何海鸣、刘静庵等参与社事。
	趣报	民办	大型风月报章。以“提倡风月，催促宪政，保皇种之凌夷，挽世道之衰弱”为主旨。风月及宪政是其两大内容，该报成为立宪派和湖北铁路协会的言论机关。
1910	湖广月报	外国人	汉口圣教会主办，设论文、杂志、消息、时事、要闻等栏目。
	繁华报	民办	汉上有名之花报，以高谈风月之小品，介绍妓女之广告为主要内容，间或以幽默笔调讥讽时事。
	大江白话报	民办	富家子弟胡为霖受革命党人梅宝玑劝导，投资该报，因揭露中外反动派狼狈为奸受社会关注。
	宪政白话报	民办	汉口“请愿速开国会同志会”机关刊物，宪政研究所主办，以“宣传立宪，开通民智”为宗旨，是湖北立宪运动的重要舆论论阵地。
	雄风报	民办	初期，对于宣传革命“未能畅所欲言”，秋，共进会成员由日返汉开展革命活动，借《雄风报》进行鼓吹，该报遂隐含共进会机关报性质。

续表

创办时间	报刊名称	性质	宗旨、任务、内容
1910	白话新报	民办	因当局贬为《大江报》之化身，只许以白话报注册，遂遵报律更名为《武汉白话新报》，改宗旨为“注重白话”。
	政学日报	民办	敢于讽刺当道，后被封。
	夏报	民办	“颇敢言，允为后起之秀，特末若《大江》革命色彩之浓厚耳”。
1911（辛亥革命前）	大江报（前身《大江白话报》）	民办	编辑几乎为《汉口商务报》原班人马，以“提倡人道主义，发明种族思想，鼓吹推倒满清罪恶政府”为主旨，先后成为湖北革命团体振武学社和文学社的宣传阵地，在新军中很有影响。每日“著论攻刺时政，揭露官方黑幕”，以敢言著称。

据上表统计，这一时期，民办、外国人办报刊共有 53 家，其中外国人办报刊 11 家，一家官商合办，其余均为民办，而在民办报刊中，革命报刊多达 10 家，文艺小报有 9 家。根据上表和参考相关资料，对这一时期武汉报刊呈现的特点作如下概括：

第一，这一时期，民办报刊迅速崛起，享有霸主地位。与武汉开埠后 19 世纪 90 年代前的 30 年间相比，此时期的民办报刊可谓异军突起，气势非凡，引领着湖北舆论界的潮流。前一时期，民办报刊只有艾小梅创办的《昭文新报》一家，而且发行不到三个月便宣告失败，外报居霸主地位。30 年后，武汉报界情况竟然倒过来了，外报的数量和前一时期相比，没有增加，依然保持在 10 家左右，报刊数量和发行量不可与民报相提并论、同日而语，这是人们始料未及的空前转折。这一时期官报的创办因总督张之洞的倡导早于民报，并有官府资金的支持，发展迅速，规模可观，但和后起的民报相比，无论是报刊的数量还是发行量，均远远落后于民办报刊。

第二，这一时期，武汉革命报刊前仆后继，接连不断，成为最为引人注目的新闻媒介，在数量和影响上超过了广州，和上海的革命报刊相比，也毫不逊色，引领着武汉的革命舆论。在1905年以前，武汉的革命党人和爱国志士除在日本创办了第一家以省命名的革命报刊《湖北学生界》外，武汉还没有诞生一家革命报刊。而1905年以前的上海，则诞生了多份革命报刊，如《大陆》、《童子世界》、《苏报》、《国民日日报》、《俄事警闻》、《警钟日报》、《二十世纪大舞台》等。相比之下，在1901至1905年中国的第一次革命宣传高潮中，武汉落后于广州、上海等地。武汉地区的革命宣传主要是通过各种秘密渠道，在学生和新军中发行由日本和上海等地输入的《湖北学生界》、《浙江潮》、《江苏》、《革命军》、《猛回头》、《警世钟》、《黄帝魂》等宣传革命的报刊和书籍。但1905年后，武汉相继诞生了多份革命报刊，如1905年的中文《楚报》、1907年的《鄂报》，1908年的《江汉日报》、《通俗白话报》、《湖北日报》，1909年的《汉口商务报》、《扬子江白话报》，1910年的《大江白话报》、《雄风报》，1911年的《大江报》、《大汉报》等。在1905年至1911年中国第二次革命宣传高潮中，武汉革命报刊后来居上，气势如虹，使武汉成为当时国内的三大革命报刊中心。这些革命报刊宣传反帝反清，大胆泼辣，言辞激烈，引起社会强烈反响，为辛亥革命在武昌的成功爆发作了充分的舆论准备。

第三，这一时期，武汉诞生了各式各样的文艺消闲报刊，以满足市民读者的需要。由于张之洞实施的卓有成效的“湖北新政”，武汉迅速崛起，成为仅次于上海的第二大工商城市，工业发达，商业繁荣，文化教育出现前所未有的新气象，数十万市民集中于武汉三镇，这为武汉消闲报刊的诞生和兴旺提供了有利条件。武汉的商业报人，不失时机，根据不同人群的不同需求，创办了风格各异的文艺消闲报刊。依内容和风格可分为如下几类：一、小说类报刊：以刊登小说为主，如1909年胡石庵创办的《扬子江小说报》、《扬子江小说日报》等；二、文艺小报：以幽默、讽刺的小品文见长，内容分“邮片”、“时事闲谈”、“时事要闻”、“社文”、“词林”、“趣谈”、“摭余”、“趣史”等，如1909年胡玉梅的《趣报》；三、花报：以刊载坊间名妓、奇闻趣事为主。报馆多集中于与英租界交界的江汉路、花楼街一带。这里商业繁盛，妓馆林立，花报读者聚集。

清末，汉口成为邻近数省的销金窟，名妓云集，商筵奢靡，加上欧美人士带来的欧洲宫廷生活和及时行乐思想的影响，汉口酒楼茶馆遍设，妓院赌场汇集，花报正是在这一社会土壤上诞生的，如1906年乃蔡莩的《现世报》、1910年丁笏堂的《繁华报》等。这些文艺消闲报刊不仅繁荣了武汉的文艺创作活动，也丰富了市民的文化生活，培养了市民阅读报刊的习惯。

第四节　政党报刊彼此攻伐，蜂起旋落（辛亥革命至五四运动前）

武昌起义的成功，特别是南京临时政府的成立，长达两千多年的封建帝制在中国崩溃了。与民初蓬勃兴起的民主共和政治相适应，一场近代中国前所未有的创办报刊热潮骤然而起。1912年元旦，当选临时大总统的孙中山在南京宣誓就职，宣告了一个新生资产阶级共和国的诞生。不久，南京临时参议院起草和公布了《中华民国临时约法》。约法规定“人民有言论、著作、刊行及集会、结社之自由”。[①] 封建帝制的崩溃，共和政治的到来，使久受专制压抑的国民政治热情倍增，创办报刊成了人们宣传共和、表达政治意向的一种方式和时尚，一个空前未有的创办报刊热潮在中国大地兴起。据统计，武昌起义后的半年多内，全国仅报纸就由10年前的100多种，迅速增至近500种，加上期刊达700种以上；仅报纸的总销量就达4200万份，为历史上前所未有。

武汉作为辛亥首义之地，在辛亥革命前已经成为全国新闻舆论的重要省份，无论是官报、外报，还是商业报刊、革命报刊，都位居前列。辛亥革命后，武汉因成为首义之地更为各界人士所瞩目，也因此成为当时的政治中心。与之相适应，武汉报刊获得前所未有的繁荣，仅1912年创办的各种报刊就超过了28种，武汉再次成为全国的舆论中心。由于革命党人的妥协，袁世凯窃取革命的成果，在全国范围内实行独裁统

---

① 《中华民国临时约法》，《中国近代史资料丛刊(辛亥革命)》(八)，31页，上海：上海人民出版社，1957。

治，武汉报刊和其他各地报刊的命运一样，遭受到一场空前的劫难，报馆被封，报人蒙难，经过短暂的报业繁荣之后，再次陷入萧条之中。在1914至1915两年时间里，武汉新创办的报刊仅有6家，其萧条景象可见一斑。但武汉的报人，尤其是革命报人，不畏淫威，不惧牺牲，以民主共和与专制独裁相对抗，在新闻高压政策下艰难前行。现将这一时期湖北报刊列表统计如下：

武汉报刊一览表（辛亥革命至五四运动前）①

时间	名称	性质	地点	宗旨、内容
1911年（辛亥革命后）	大汉报	民办	汉口	武昌起义后国人自办的第一家革命舆论机关。革命党人胡石庵独立经营，出于对外显示新生革命政权的创立和存在，"以言论造成民国"，代湖北军政府宣达达命令，张大革命影响。
	中华民国公报	官办	武昌	"以颠覆现今之异族恶劣政府，改建简单社会主义之民国为极大之愿望"。后蜕变为黎元洪的代言机关。
	新汉报	官办	汉口	汉口军政分府机关报，"以兴汉灭满，唤起国民尚武精神为宗旨"。
	鹤唳	外国人	汉口	日本驻汉口领事创办，供在汉日本侨民阅读，所定报名具有"革命"之义，后增设社会桃色新闻，颇受日侨欢迎。
1912年	民心报	民办	武昌	"《民心报》者，蒋翊武所创办，以为文学社之言论机关也。时翊武与孙武相水火，故文学社与民社俨如对垒，《民心报》与《中华民国公报》亦是相排击，互讦无虚日。"

① 本表资料：据刘望龄著：《黑血·金鼓——辛亥前后湖北报刊史事长编》（湖北教育出版社1991年版）和史和、姚福申等编：《中国近代报刊名录》（福建人民出版社1991年版）汇编而成。

续表

时间	名称	性质	地点	宗旨、内容
1912年	震旦民报	民办	汉口	"颇抑袁黎,扬孙黄","持谠论,昌言正气,大揭袁逆阴私,并力攻附逆之黎元洪"。
	群报	民办	武昌	共和党在汉言论机关。"拥护袁世凯和黎元洪,极为露骨",与革命派报刊《震旦民报》、《大江报》相对垒。标榜"君子群而不党",故取名"群报"。
	强国公报	民办	汉口	民社——共和党言论机关,以"提倡实业,主持人道,发明理想,牖启民智"为宗旨,"采正大之舆论,谈富强之精华,务使人民具爱国热忱,有道德之心,与列强争雄于世界为目的"。
	国民新报	民办	汉口	设社论、专件小说、时评、专电、紧要新闻、海外函电、外省新闻、文苑、本省新闻、插画、杂俎等栏目。
	江汉报	民办	武昌	小报性质
	共和民报	民办	汉口	前咨议局副议长、立宪党人张国溶主办,自诩"以鼓吹共和政治之完成,扶翊国民能力之发展为宗旨",实际上以"巩固国权"为主旨,拥护袁世凯、黎元洪的统治。后追随民主党,成为该党在汉的言论机关。
	国民日报	民办	汉口	国民党系在汉言论机关,以"发挥平民政治之精神,提倡社会道德"为宗旨,反对袁氏政府独裁专制。
	武汉小报	民办	汉口	消闲类报刊。
	大江报(复刊)	民办	汉口	何海鸣主办,以监督袁黎为己任,遇事敢言,革命派言论机关,当年被黎元洪查封。
	湖北公报	官办	武昌	湖北军政府机关刊物,以刊布湖北地方法令、章程为主要内容。
	风人报	民办	汉口	湖北立宪党人、官僚政客主办,以"改良风俗,纠正人心"为宗旨。

续表

时间	名称	性质	地点	宗旨、内容
1912年	军事白话教育日报	民办	汉口	“以牖启军人知识”为宗旨。
	湖北教育杂志	官办	武昌	湖北军政府教育司主办，专门刊发有关教育方面的内容。
	湖北教育公报	官办	武昌	湖北军政府教育司机关刊物，以“宣布法令及本省教育进行之计划”为宗旨。
	经济杂志	民办	武昌	中华民国经济学会主办，主要刊登经济方面的文章和新闻。
	春秋报	民办	汉口	革命党人胡玉珍主办，宗旨为：“将以建大同之盛轨，塞小康之厄言，铲专主之淫威，阐素王之真理。”鼓吹崇尚春秋大义，保存国粹。
	工业世界	民办	武昌	湖北省工业总会机关刊物，以“铸成铁血民国，还我工业世界”为主旨。
	花花报	民办	汉口	专载花丛韵事，“以助阅者兴趣”为旨归。
	自由花	民办	汉口	花事小报。
	民国经济杂志	官办	武昌	湖北军政府财政司主办，“以研究经济学理，调查经济状况、供政府改良、学者讨论之资料为宗旨”。
	湖北教育会报	民办	武昌	湖北教育会机关刊物。
	信义报	民办	汉口	全国性教会刊物，前后发行40年。
	自由日报	民办	汉口	该报“持论激烈，与《震旦民报》略同”。
	游戏报	民办	汉口	小型花报。
	共和日报	民办	汉口	湘督谭延闿委湘人在汉创设，与《大汉报》、《大江报》为“联合壁垒”，革命派言论机关报。

续表

时间	名称	性质	地点	宗旨、内容
1913 年	汉口中西晚报	民办	汉口	湖北之有晚报自此开始，期以为规复《中西报》打下基础。
	湖北省农会报	民办	武昌	湖北省农会主办。
	博物杂志	民办	武昌	湖北博物学会主办。
	文史杂志	民办	武昌	武汉文史社学术刊物。
	楚学杂志	民办	武昌	楚学会主办。
	风月报	民办	汉口	以“阐扬骚雅，平章风月”为宗旨。
	中华工程师会会报	民办	汉口	詹天佑主编。以“统一工程营造，规定正则，使无差扞格之患，发达工程事业，裨得利用厚生，增进社会之幸福；日新工程学术，力求自辟新途，不至囿于成法”为宗旨。
	中报	民办	汉口	坚持《震旦民报》既定宗旨，对袁黎攻击尤力。
1914 年	武汉消闲录	汉口	民办	小报性质，以消闲逗趣为宗旨。
	新闻报（后改汉口新闻报）	民办	汉口	标榜“专以营业为目的”，立言信守稳健，规避政治漩涡。
	正心报	民办	武昌	革命党人陈孝芬主办，以反对袁世凯政府为旨归。
	花世界	民办	武昌	为汉上最精彩之花报。
1915 年	光华学报	民办	武昌	“以研究学术，导扬国光”为宗旨。
	崇德公报	民办	汉口	以“拥护共和，扩张民权，监督议会政府，注重民生事业”为宗旨，“本独立不羁之言权，发严正不偏之谠论”，行销万数以上。

续表

时间	名称	性质	地点	宗旨、内容
1916 年	大中华日报	民办	汉口	革命党人创办，为秘密讨袁之机关。
	汉口民报	民办	汉口	以“奖掖真正之民意”为主旨，鼓吹“讨袁救国”，并以“与专制恶魔宣战”自誓。
	天声报	民办	汉口	胡石庵主办，实《大汉报》之化身，持论激烈，“与袁世凯恶魔政府相挑战”。
	新民国日报	民办	汉口	“以拥护共和，改良社会为宗旨”，自称“本社系纯粹商股组织而成，主持公论，独立发表意见，不受外界羁縻”，但其鼓吹“恢复秩序”，反对再起革命。
	民报	民办	汉口	言辞激烈，后趋于平和，又转而言辞激烈，高唱革命，矛头直指北洋军阀反动统治。
	武汉新报	民办	汉口	以讨袁为职志。
	新中华日报	民办	汉口	主张驱逐王占元，讨伐袁世凯。
	汉声报	民办	汉口	国民党系报刊。
	飞艇报	民报	汉口	花界小报。
	国民日报	民办	汉口	以“驱王（占元）讨袁”为主旨。
	正义报	民办	汉口	标榜“以发挥正义，指导国民为宗旨，于实业尤特别注意”。
1917 年	东方报	民办	汉口	消闲小报，设社说、小说、谐文、时闻、花史、剧话6门。
	江汉日报	民办	汉口	“以发扬法治精神，提倡国民道德，灌输世界知识，改进社会事业为宗旨”，有反对北洋军阀反动统治的性质。

续表

时间	名称	性质	地点	宗旨、内容
1917年	汉口日报	民办	汉口	王华轩经营的第三家商业报馆,持论严正,编法新颖,为阅者所称许。
	汉口小说日报	民办	汉口	以"改良社会"为主旨,内容除主要刊载各类小说以外,附以野史谐乘、翰林群芳谱、征求答案等。
1918年	日文《汉口日日新报》	日本人	汉口	为在汉日本侨民提供资讯。
	湖广新报	日本人	汉口	湖北最早使用新式动力印刷机器印制的报纸,是日本人经营的又一家中文报纸。它的创办,与日本加强控制长江流域有直接联系。
	工商白话报	民办	汉口	小报性质。
	湖北日报(新办同名报纸)	民办	汉口	以"协赞和局,促进法治"为主旨。
	科学观察	民办	武昌	以介绍自然科学为主,兼及政治评论。
1919年	公论日报	民办	汉口	商办性质,以"发展工商业,贯彻商民之主张"为宗旨。
	商报	民办	汉口	以刊登商业新闻、行情为主要内容。
	新生	民办	武昌	湖北进步学生刊物,以"提倡白话文,反对文言文,传播新文化,反对封建礼教"为主旨。
	汉口大陆报	民办	汉口	以"拥护中央,提倡商业"为宗旨。

根据上表统计并参考相关资料,对这一时期武汉报刊呈现出的特点总结如下:

第一,这一时期,武汉诞生了第一家战地报社,产生了第一位战地记者。武昌起义爆发后,中国舆论和世界舆论的焦点都集中于武汉。此时,受突如其来的战争的影响,武汉的新闻媒体纷纷闭馆歇业,而中外人士迫切希望了解战争的发动者、组织者、领导者、双方的力量、战争的进程、战争的结局等。对起义军而言，也迫切需要一份革命报刊向国内和世界人民传达起义军的革命纲领、对内对外政策，并发动民众支援前线，鼓舞义军斗志。基于这些迫切需求，兼革命党人、革命文人、革命报人三重身份于一身的胡石庵，在武昌起义后的第三天，创办了"挽狂澜于既倒"的《大汉报》。这是武昌首义爆发后的第一份革命报刊，"当辛亥国变之始，武汉报界沉寂无声，于是有应运崛兴之《大汉报》，发生于革命流血声中"。[①]《大汉报》出版第一日即"销行三万余份"，[②]开启了中国近代报刊的最高发行量。胡石庵还是近代中国第一位战地记者，他白天冒着生命危险亲临前线采访，晚间伏案撰文，第二天见报，将战况及时报道于中外。在战局不利的危急时刻，他以生花妙笔，在新闻和专电中伪作各地纷纷宣布独立、声援武昌的消息，如"黄州巡防营独立"，"湖南革命军占领长沙"，"九江独立"，"荆沙宜昌革命军赴援武汉"，"湖南援鄂军即日可到"等等。《大汉报》还以民国大总统名义，发布《孙大总统告全国同胞书》，俨然成为革命政府代言机关。对此革命党予以高度评价，"胡石庵一支笔，胜过吾辈三千毛瑟枪"。黎元洪大总统亦手书"赤手回澜"四字匾额嘉奖，各界人士以"民国首功"赞誉。

第二，这一时期的武汉报刊，名目繁多，种类齐全。根据报刊名称、宗旨、内容大致可以分为以下几类：一、创办了湖北新诞生的民主共和政权的机关报刊。如1911年的《中华民国公报》、《新汉报》，1912年的《湖北公报》、《湖北教育公报》、《民国经济杂志》等。《中华民国公报》是湖北军政府机关报，1911年10月16日在武昌创刊，经费由军政府津贴。社长先后为张樾、牟鸿勋、蔡良村等。通常日出对开2张8版。设有"论说"、"时评"、"紧要新闻"、"外省新闻"、"本省新闻"等栏目。初期不登商业性广告，以显著位置大量刊载军政府颁布的各种文件和公告，以服务于起义斗争。为了鼓舞士气和瓦解敌军，刊登了不少伪造的新闻和布告。1912年初，成为拥护黎元洪的政治组织"民社"的报纸，与

---

① 《大汉报历史纪略》，载《天声报》1913年3月30日(二月二十三)。

② 《大汉报历史纪略》，载《天声报》1913年3月30日(二月二十三)。

文学社、共进会等政治团体主办的《民心报》、《震旦民报》等不断进行笔战。同年5月,转为共和党的机关报。1913年停刊。《新汉报》是汉口军政分府机关报,“以兴汉灭满,唤起国民尚武精神为宗旨”。1912年,《中华民国公报》沦为黎元洪的政治工具后,湖北军政府创办了《湖北公报》,作为机关刊物,以刊布湖北地方法令、章程为主要内容。《湖北教育公报》是湖北军政府教育司机关刊物,以“宣布法令及本省教育进行之计划”为宗旨。《民国经济杂志》是湖北军政府财政司机关刊物,“以研究经济学理,调查经济状况、供政府改良、学者讨论之资料为宗旨”。二、创办了名目繁多的各种政党、社团报刊。就当时的全国性政治派别而言,可分为国民党—同盟会和民社—共和党两大集团,武汉报刊属于国民党—同盟会的主要有:《民心报》、《震旦民报》、《国民新报》、《汉口国民日报》、《大汉报》、《春秋报》、《自由日报》、《中报》、《正心报》、《大中华日报》、《汉口民报》、《天声报》、《武汉新报》、《新中华日报》、《汉声报》、《国民日报》等;属于民社—共和党的报刊有:《群报》、《强国公报》、《风人报》、《共和民报》、《新国民日报》等。这类报刊充当了民初各党派的喉舌,几乎占据民初新办报刊的主导地位,主要反映各党派的政治倾向和政治主张,大体围绕着国家重大政治问题,多以宣传各自的政纲和主义、争取民众的支持和影响政府的决策为目的。政党报刊的大量出现,无论对民初政治的运行、政局的影响,还是国民政治学识的丰富,以及共和国观念的深入普及,都起了较大的作用。三、创办了一批以科技、教育、实业为主要内容的知识性、学术性报刊。如《军事白话教育日报》、《湖北农林会报》、《湖北教育杂志》、《工业世界》、《湖北教育会报》、《湖北省农会报》、《博物杂志》、《文史杂志》、《楚学杂志》、《中华工程师会会报》、《光华学报》、《科学观察》等。这类报刊主要以杂志的形式出版,涉及军事、教育、农业、林业、工业、科技、文史等方面。这一现象是以前任何时期未曾出现过的。以前的报刊主要集中在新闻、商业、文艺、政治等方面,辛亥革命后出现的这类涉及各行各业的知识性、学术性报刊,不仅为传播科技知识和提高学术发挥重要作用,而且也说明,人们的视野和注意力的转向,这与革命先行者孙中山先生辞任大总统后专注于实业救国有关,也体现了社会发展的新趋势。四、创办了一批文艺消闲类小报。如《武汉小报》、《花花报》、《自由花》、《游戏报》、《风月报》、《武汉消闲录》、《花世界》、《飞艇报》、《东方报》、《汉口小说日报》、《工商白话报》等。这类报刊主要是以营利为目的,以"花事"、"趣闻"为主要内容,格调低俗,颇能迎合一般市民口味。

第三,政党报刊蜂起旋落,成为这一时期报刊的重要特色。南京临时政府成立后,在建设民主政治的口号下,结党结社成风,这些政党除了一些有名无实、昙花一现者外,都竞相利用报刊为自己宣传,短时间内形成了一个政党报刊大量出版的热潮。[①] 就武汉而言,仅 1912 年,新创办的左翼报刊超过了 8 种;右翼报刊超过了 4 种。但左翼报刊好景不长,在袁世凯专制独裁迫害下纷纷闭馆。政党报刊的蜂起与旋落,成为民国初年新闻事业发展的一个主要特征。与西方商业报刊占主导地位不同,政党报刊一直是我国新闻事业的主流,因为近代中国始终面临着救亡图存的危机,近代报刊在中国的产生和发展首先是适应政治斗争的需要,报刊成为先进分子宣传救亡图存、救国救民的利器,从康有为、梁启超到后来的孙中山,都重视报刊在政治运动和革命宣传中的作用。民国成立以前的政党报刊在资产阶级反对封建压迫、争取民主自由和民族独立的斗争中发挥了积极的作用,但民初政党报刊具有依赖政党资助、重新分化组合、相互争斗激烈、陷于党争等特点,其性质和作用都发生了耐人寻味的变化。[②]

1913 年,袁世凯篡夺国民革命果实,开启北洋军阀时代。黎元洪、段祺瑞、曹锟、冯玉祥、张作霖先后掌控北京政府,各路军阀拥兵自重,引发十年内战。武汉报界出现革命党和保皇党的两类报刊对峙。但同盟会—国民党报系的《民心报》、《震旦民报》、《民国日报》、《春秋报》等举足轻重,实力远大于保皇的共和党和进步党报系的《中华民国公报》、《群报》、《国民新报》、《共和民报》。其中,同盟会—国民党系《民心报》,社址在武昌斗级营,由武昌起义后鄂军都督府军务部长蒋翊武创办,蔡

---

① 方汉奇:《中国新闻事业通史》第 1 卷,1021 页,北京:中国人民大学出版社,1992。

② 钱晓文:《民初政党报刊与政党政治》,载《新闻爱好者》,2012(4)(上半月),62—63 页。

寄鸥等任编辑。《震旦民报》社址在汉口歆生路兴业里 13 号，军务部接任部长张振武出资创办，日出三大张，张樾任总经理，宛思演任总编辑，编撰邓狂言、马野马、蔡寄鸥等，其反黎最力。1913 年 11 月，袁世凯以国民党议员参加“二月革命”为由解散国民党，北京、上海、武汉等地国民党报系全部查封。民国元年全国报刊约为 500 家，经此查禁，到 1913 年底继续出版的报纸只有 139 家，国民党报系报刊仅剩北京 20 家、上海 5 家、汉口 3 家。因此年是农历癸丑年，史称“癸丑报灾”。

在辛亥武昌起义中，黎元洪被迫出任湖北军政府都督，对鼓舞士气起了重要作用，故孙中山称之为“中华民国第一人”。在南北议和之前，黎元洪曾力挺和出资创办革命报刊。但议和之后，黎元洪为拥袁自固，在 1912 年 8 月到袁世凯登基的半年时间里，以“捏造谣言蛊惑人心”等罪名，查封武汉的一批反袁报纸，并纵容其手下制造了震惊全国的《大江报》、《民心报》、《震旦民报》三大惨案，借端杀害了凌大同、张振武、邓狂言、马野马等多位报刊活动家和编辑。由留日归国学生杨端六、周鲠生、皮宗石、张声焕、李剑农等创办的《民国日报》，在汉口法租界创刊仅两年，就因反袁独裁而声名大噪，后也被查封[①]。各大党派不惜工本大量办报，其真实目的是为了夺取省议会和国会议员选举的胜利。

---

① 唐惠虎、朱英主编:《武汉近代新闻史》(上卷)，16 页，武汉:武汉出版社，2012。

第二章 清末武汉报刊的诞生与西学东渐

第一节 洋人移植来的新媒介

一、汉口开埠,外报移植的前提

武汉近代新传媒的诞生,和香港、上海、广州等城市一样,开埠和设立租界是其必要的前提条件。1840 年的鸦片战争,英国迫使清政府签订了割地、赔款、开放口岸的《南京条约》,香港被割让,广州、福州、厦门、宁波、上海被开放通商。此次鸦片战争给中国传媒业带来的直接后果就是香港成为洋人报刊的前沿阵地,上海成为洋人报刊在大陆的中心。武汉则是在第二次鸦片战争后,《天津条约》规定的向洋人开放通商的 9 个内陆城市中最为重要的一个,并且成为洋人在内陆的报刊中心。相比较而言,作为一个深居堂奥的口岸城市,受到西方文明的挑战与影响比东南沿海的开放商埠整整晚了 20 年,与此相关,武汉的近代报刊的诞生时间与早期开放的城市亦晚十数年。尽管西方列强用坚船利炮轰开古老的中国国门不是为办报而来,但远道而来的西方人士,深知报刊在商业贸易、经济掠夺、文化渗透中的威力,他们不失时机地在出版发行报刊条件基本具备的通商口岸城市办报,开启了中国传媒业的近代化之路。

从经济、文化、社会发展的逻辑关系而言,报刊的诞生与开埠与否并没有任何关系,可是在当时的中国却是一个例外。没有开埠,中国就不会有近代报刊的诞生,武汉也不可能成为内地报刊中心,更不可能成为晚清国内三大革命报刊中心之一。要说明开埠是中国当然也是武汉近代报刊诞生的前提条件，只有从开埠与中国政治的逻辑关系中去寻找答案。

近代报刊是资本主义经济发展的产物。近代报刊的诞生，是和西方列强入侵我国联系在一起的。鸦片战争之前，中国存在着产生近代报刊的若干经济和社会条件。就拿上海来说，嘉庆年间，上海已是一个商品经济非常活跃的城市、每年进出于上海港口的船只不下几万艘。县城内街巷63条，钱庄几十家，商店甚多，居民人口达53万，人称"江海之通津，东南之都会"。① 交通运输的发达，商品交流的频繁，人口的增殖，日益滋长着对信息交流和新的传播媒介的潜在需要。

近代报刊所需的印刷条件已大体具备。我国的印刷业和造纸业具有悠久的历史，雕版印刷在唐代就已诞生，适合报刊印刷用的活字印刷，在明代就很普遍。我国古代官报——邸报，从明末起就开始采用活字印刷。

近代报刊所需的信息传递和发行网络，也相当成熟。夏商之交产生的邮驿制度，发展到清代，已十分完善。全国有两千个驿站、七万多名驿夫、一万四千个递铺，规模庞大，网路纵横，四通八达。② 通信传递的速度相当惊人，一般为日行四百至五百里，最高达到六百里。③ 与官方邮驿并行的民信业也相当发达，全国民信局大小共有几千家，一般以商业城市上海、广州、汉口、天津等为中心，设置总号，分号遍布各地，连僻远之地如云南昭通、陕西天水都设有信局。④

需要和条件同时存在，却没有产生出我国自己的近代报刊。主要原因在于封建统治的严重束缚。清雍正年间，就有两个名叫何遇恩、邵南山的小报编撰人，因为报道了皇帝游圆明园的消息，被刑部捉拿审讯，依律斩决。清王朝的专制统治，扼杀了我国一切可能萌生近代报刊的可能。在当时中国的政治体制之内，尽管创办近代报刊的客观条件

---

① 清嘉庆《上海县志·序》。

② 刘广生、赵梅庄：《中国古代邮驿史》，347页，北京：人民邮电出版社，1997。

③ 刘广生、赵梅庄：《中国古代邮驿史》，321页，北京：人民邮电出版社，1997。

④ 刘广生、赵梅庄：《中国古代邮驿史》，368页，北京：人民邮电出版社，1997。

完全具备，因封建专制制度实行严酷的文化专制主义，人们言论自由的权利被剥夺了，更不用说开设报馆、创办报刊了。

开埠口岸使得这种窒息氛围被西方殖民者的东来打破了。1840年鸦片战争争以后，上海被确定为五大通商口岸之一。1843年11月上海正式开埠。殖民者带来了商品倾销，同时也带来了资本主义文明。上海开埠后七年，即1850年，上海历史上第一张近代报纸《华北捷报》诞生了。1856年，第二份报刊《六合丛谈》问世。这标志着上海新闻事业的历史揭开了第一页。率先踏上上海滩的外国殖民者，主要是商人和传教士，首批出现的近代报刊是适应他们需要而创办的。

武汉近代报刊产生的情形与上海极为相似，只是在时间上晚了16年。武汉的第一份近代报刊《汉口日报》和上海历史上第一张近代报刊《华北捷报》在性质上均属于商业报刊，并且均用英文出版，由英国人创办，以英国在华商人为主要读者对象。武汉的第二份报刊《阐道新编》，创办于1872年，与上海的第二份报刊《六合丛谈》均属于教会报刊，并都用中文出版，二者的创刊目的和读者对象也大体相同。令人不解的是，武汉的第一份英文商业报刊晚于上海16年，武汉的第二份报刊（武汉的第一份中文报刊）竟然也晚于上海的第二份报刊（上海的第一份中文报刊）16年，是偶然的巧合，还是存在某种内在的必然逻辑，还没有人去思考和论证。但有一点是可以肯定的，它与英国在中国进行殖民扩张、经济掠夺、文化渗透的步骤相一致。

开埠是洋人对华战争的目的之一，是外国人打开中国市场的必然选择。而商业报刊又是经济贸易中不可或缺的信息传播媒介，教会报刊则是实行文化渗透，使洋人在中国长期立足的重要手段。而外国人在中国的经济文化活动并不受当时清政府的约束和控制，外国人在通商口岸的租界内办报，清廷想管也管不了。就这样，开埠与办报看似并无必然的逻辑关系，而在中国的专制制度下，又有如此的必然的逻辑关系。

二、开埠与外报诞生不同步

口岸开放的时间与报刊诞生的时间并不同步。就上海而言，按照

《中英南京条约》的规定，上海开埠是在1843年，也就是说，英人在该年份就可以以合法的身份开展经济贸易、创办报刊等活动，而上海的第一份英文报刊（也是上海的第一份报刊）《华北捷报》[①]创办的时间则是1850年，比上海开埠时间晚了近7年。武汉于1861年开埠，而第一份英文报刊（也是武汉的第一份报刊）《汉口时报》创办的时间则是1866年，比开埠时间晚了近5年。从开埠时间与报刊诞生时间的不一致性，我们可以从中找到什么答案呢？

上海开埠后的第7年、武汉开埠后的第5年，外国人才在这两座举足轻重的中国城市创办了各自的第一份报刊，这说明，报刊的诞生，除政治因素外，还要有其他的因素。对于外国人而言，其办报的逻辑思维，首先是创办英文商业报刊，满足在华的外籍商人对于信息的需求；其次是创办中文教会报刊，对中国进行文化渗透；再次是创办中文政治性报刊，引导中国的政治舆论走向。在这里要谈论的问题是：报刊的诞生为何与开埠不同步，而且要晚数年时间。要回答这一问题，得从报刊诞生的条件入手。对洋人而言，创办报刊的政治条件显然在开埠时已经具备，发行网络也不成问题，中国旧式的邮驿网络完全能满足其报刊发行需要。唯一缺乏的是订户或者说读者。一定数量的订户或读者，是报刊创办和能够生存的重要因素。

从开埠与报刊创办时间的差异性，我们可以判断，西方列强在中国的殖民和贸易活动，并不如他们想象的那么容易，而是异常的艰难。按照英国人最初的设想，打开了沿海五口，就可以长驱直入，迅速占领中国内地广阔市场。但天不遂人愿，中国社会经济的实际运行状态并不以英国人的意志为转移，沿海城市的边缘性位置极大地限制了英国商人对中国市场的开拓。后来的历史表明，最初开放的五个口岸城市，除上海和广州外，其他几个口岸对中国近代经济现代化的影响力是十分有限的，所以开埠一段时间后便考虑放弃了。如福州，美国人经过调查

---

① 《华北捷报》是一份为上海开埠后最初的商业发展服务的英文周刊，创办人亨利·奚安门原是英国一拍卖商，自称是波佛梅公司的广告代表。奚安门来到上海后，认为上海是大有发展希望的市场，便购买了一部手摇印刷机，出版每期仅四页的周刊。

后认为“它是没有价值的而且一定要放弃……这个最后的口岸经过七年多的试验以后，已经证明是确定的失败的”。[①] 宁波开埠后的第一年(1844 年)进出口贸易额达到 50 万元，但“五年后减到这个数额的十分之三以下”。[②] 英国驻宁波领事在总结教训时认为，主要原因是宁波离上海太近，“我们在这里遭受失败的原因很明显，上海把一切东西都吸引到它那儿去了，把过多的进口货输送到那里，同时还把原来准备到宁波的茶商吸引到它那里去了”，因此“甚至有人建议用宁波去换其他口岸”。[③]

正是由于《南京条约》开放的五个通商口岸局限于东南沿海一隅，英国资本主义企图全面打开中国内地市场的欲望无法实现，出于将整个中国纳入世界资本主义市场体系的目的，英国殖民主义者迫切需要“把商业向五个通商口岸以外的地方进逼”。[④] 这也是西方列强发动第二次鸦片战争的原因。这次战争使汉口成为通商口岸。

汉口开埠后，如同第一次鸦片战争后开放的五个通商口岸一样，洋人的贸易活动并不如他们想象的那么容易、美好。

开埠当然使得汉口的外国人数显著增加，然而，这一时期，外国人口的数量依然比人们所能想象的为少。1861 年前后，外国人数达到了早期的顶峰，直到 19 世纪 90 年代再也没有恢复到那样的水平。事实上，19 世纪 60 年代中期报告在汉口的西方人数下降的英国领事克莱门特艾伦，在离开汉口 20 年后重返这座城市时，曾悲叹：“英租界区的英国人已下降到不足原有的一半。”外国人口下降的主要原因可以归结为贸易的失意。[⑤]

---

① B. P. P：Returns of the Trade of the Various ports of China，for theYear 1846，P19，姚贤镐编《中国近代对外贸易史资料》第 1 册，604 页。

② [美]马士著，张汇文译：《中华帝国对外关系史》第 1 卷，405 页，上海书店出版社，2000。

③ B. P. P：Returns of the Trade of the Various ports of China，for theYear 1846，P19，姚贤镐编《中国近代对外贸易史资料》第 1 册，619 页。

④ 伯乐考维茨：《中国通与英国外交部》，15 页，北京：商务印书馆，1959。

⑤ [美]罗威廉：《汉口：一个中国城市的商业和社会(1796—1889)》，57 页，北京：中国人民大学出版社，2005。

而事实上，自1861年至1871年十年间，汉口英租界的外国人口总数年均约100人左右，其中1861年为40人，1862年为127人，1863年为150人，1864年为300人，1866年为125人，1871年为110人。[①]

对汉口颇为了解的美国人罗威廉在他的书中进一步描述了当时汉口贸易的情形："在汉口对外贸易的早期，虽然偶尔也有光明的时候，但总的说来，外国官员与记者们的文章中，一贯反映出来的是最初满怀希望的商人们的失望……1864年初，对外贸易开始显示出萧条气象，其部分原因是由于周围乡村里的土匪一直在频繁地活动。1865年，英国领事写道：'在过去两年里，汉口的商业年鉴上几乎找不出什么亮点来。'在此后数年中，这种认识都引起外国观察家们的共鸣。1866年，英国领事沃尔特麦华陀曾提到过'地方贸易与总的贸易情况的不景气'。翌年，一本英文的参考手册告诫那些准备投资的人们，说汉口的'商业低迷不振'。到19世纪70年代初，西方的报道才表现出一些谨慎的乐观情绪，但不到十年，又发生了严重的倒退，仅在1877年—1878年的商业季节里，就导致了数以百计的中国出口商的破产。中国史料也持续报道在整个19世纪80年代前期出口市场相当不景气。到1886年，英国领事嘉托玛虽然试图努力消除外国人对汉口贸易持续不景气的忧虑，但他不得不承认，外国进口贸易一直停留在一个令人沮丧的低水平上，而且事实上，近几年间还在不断地下降。《华北捷报》的一位通讯员在1885年的一篇快讯中对此种状况概括说：'二十五年前的这个月，恰恰是汉口开埠之时，我相信，当时人们对汉口的外贸是抱有很大期望的。汉口过去的历史既充满着成功也不乏令人沮丧的挫折。因此，我们正在举行的汉口开埠二十五年的纪念活动，经常也不意味着良辰美景即将来临。'"[②]

外国人在通商口岸贸易受阻，汉口贸易的不景气，是外国人在汉人数迟迟不能迅速上升甚至有所下降的经济根源，受到旅居汉口洋人数

① 唐惠虎、朱英主编：《武汉近代新闻史》（上卷），108页，武汉：武汉出版社，2012。

② ［美］罗威廉：《汉口：一个中国城市的商业和社会（1796—1889）》，104—105页，北京：中国人民大学出版社，2005。

量的限制，使得汉口在开埠后外报不能迅速创办，即便创办后，也难以为继。由英美人士在近代湖北和武汉地区创办的最早商业报刊《汉口时报》(Hankou Times)，“发行两年，因经营困难停刊”。[①] 在此后六年时间里，湖北没有出现任何报刊。

供中国人阅读的中文外报同英文外报的命运一样。1874 年，英国人经营的《汉皋日报》，“除刊发新闻和经济消息以外，还发表评论，附刊广告。由于销数太少，经营困难，发行不久即停刊”。[②] 这种事与愿违的结局，与当时武汉人大多不识字有关，也与商业的萧条有关。物质文明是精神文明的基础，商业贸易属物质领域范畴，报刊属精神领域范畴，没有商业贸易的繁荣，不会有报业的兴旺，“日报之发生，与商业极有关系”。[③] 以上所述，就是报刊与开埠不能同时发生甚至晚数年的根本原因。

然而，有相当多的研究者认为，自汉口开埠至庚子事变 30 年间，武汉报刊落后于上海、广州、天津等地，与武汉的国际化大都市极不相称。这只能说明他们对当时武汉的情况并不了解，或者说，他们是以庚子事变后的 10 年，湖北武汉的迅速崛起，跃居全国第二大工商城市，成为“东方的芝加哥”，来推测庚子事变前的武汉。这样的主观推测和臆断，当然与武汉当时的实际情形大相径庭。

三、新媒介的创办

尽管西方列强开拓中国市场的愿望并不能如期实现，但他们并没有因此而灰心丧气，而是不断使出各种招式，努力在这个地大物博、人口众多的东方古国挖掘利益。在他们苦心经营下，汉口贸易逐渐有所起色，洋人也逐渐多了起来，新媒介也应运而生。

武汉地区最早的新闻报刊是 1866 年英美人士共同创办的《汉口时

---

① 刘望龄编著：《辛亥首义与时论思潮详录》(上卷)，3 页，武汉：华中师范大学出版社，2011。

② 刘望龄编著：《辛亥首义与时论思潮详录》(上卷)，7 页，武汉：华中师范大学出版社，2011。

③ 戈公振：《中国报学史》，138 页，上海：上海古籍出版社，2003。

报》，“每日4版，一大张，英文印刷，专供在汉欧美人士阅读。发行两年，因经营困难而停刊”。[①] 英美人士在湖北创办近代报刊的努力虽然失败，但《汉口时报》在湖北报刊史上具有划时代的标志性意义，这一意义体现在两个方面：一是开启了外国人在湖北办报的先河，二是填补了湖北近代报刊的空白。

时隔六年之后，武汉地区第二家报刊即最早的中文报刊《阐道新编》于1872年创刊，后于1876年停刊，前后发行五年。其宗旨为劝集“阐道良朋”和“知音良朋”，所刊文章“为文沉思发密，盖抄解能传，系阐道传教之普及读本。凡国政、舆情、格物、奇谈等与教义无关内容，均不入书”。[②] 该报采用灵活的经营策略，“可买可租，取钱二十文，又抄写每百字五文照算。愿买者先付钱，后看书。倘有欲租书之人，每次取租金十文，限三日归还”。[③] 该报开辟了湖北中文报刊和教会报刊的先河，也开辟了“可买可租”的经营模式。

1873年，中国第一家民办报刊《昭文新报》在武汉诞生。“我国民报之产生，当以同治十二年(1873年)在汉口出版之《昭文新报》。”[④]其资本来源、经办人身份与外报不同，由艾小梅个人独资经营，纯属中国人自办。而在经营方式、形式内容方面，又与封建“邸报”相异，它面向社会广大民众，“每日发行，遍售各埠”；版面“仿香港、上海之式”，十折小型，四六版，活字木刻印刷；以刊发“奇闻轶事”、“诗词杂作”为主要内容，与专载上谕、奏折之类的官门抄和专供官吏阅读的公文命令录旨趣大异，是一种“向无此举”、“完全翻新”、具有有资本主义性质的新闻企业，因此成为国人自办日报而“开其先路”的最早的一份民报。[⑤] 由于

---

① 刘望龄编著：《辛亥首义与时论思潮详录》(上卷)，3页，武汉：华中师范大学出版社，2011。

② 刘望龄编著：《辛亥首义与时论思潮详录》(上卷)，7页，武汉：华中师范大学出版社，2011。

③ 刘望龄编著：《辛亥首义与时论思潮详录》(上卷)，7页，武汉：华中师范大学出版社，2011。

④ 戈公振：《中国报学史》，138页，上海：上海古籍出版社，2003年。

⑤ 刘望龄：《黑血·金鼓——辛亥前后湖北报刊史事长编》，7页，武汉：湖北教育出版社，1991。

办报时机不成熟，艾小梅自办刊的努力在三个月后宣告失败。此后30年间，湖北都没有出现国人自办报刊。

在国人自办报刊失败的情况下，外人办报方兴未艾，至甲午战争前夕，外人相继创办了《汉皋日报》(1874)、《开风报》(1875)、《昭文日报》(1880)、《新民报》(1880)、《武汉近事编》(1883)、《英格兰圣经会报》(1885)、《益文月报》(1887)、《中国传教士》(1888)、《字林汉报》(后改称《汉报》)(1893)等报刊。其中影响最大，持续时间最长，变迁次数最多的是《字林汉报》。

第二节　英商《字林汉报》及其变迁

一、英商《字林汉报》的创办及宗旨

这份在清末武汉人心中留下深刻印记的报纸，由英国人于1893年3月创办，馆设汉口英租界一码头后。[①] 不过，创办这份报纸的计划似乎早在一年多以前就已经开始酝酿了。1891年8月28日，字林洋行在上海的英文报《华北捷报》发布了《汉报》即将创刊的消息，它写道："一家中文的日报，名曰'汉报'，即将于下月初在汉口问世。该报将由'有经验的中国学者与精通中国文字的外国人士'负责编辑。"[②]但该报的实际创刊日期却比这个预告的时间推迟了一年半。在《字林汉报》实际创刊的前一周，即1893年2月16日，《华北捷报》登有如下准确的预告消息："根据本报以及沪报的告白，准备在汉口发行的日报将命名曰'字林汉报'。该报编制将与本市(指上海。笔者按)的'字林沪报'同，刊载京报的上谕、奏稿、最近的电讯、新闻，以及商务信息等。第一期将

---

① 刘望龄：《黑血·金鼓——辛亥前后湖北报刊史事长编》，6页，武汉：湖北教育出版社，1991。

② 皮明庥等编：《武汉近代(辛亥革命)经济史料》，36页，武汉：武汉地方志办公室印行，1981。

于阴历新年出刊。"[①]上述两则创刊预告，我们可做如下分析：

第一，关于报名。这份拟在汉口创办的中文日报，最初考虑命名为"汉报"，但后来在正式创刊时命名为"字林汉报"。不过，实际上该报创刊之后往往被简称为"汉报"，就像"字林沪报"简称为"沪报"一样。这种简称可以从1893年5月5日《字林汉报》的一则本馆告白得到印证，该告白说"本馆开设江汉关署前青龙街，按日派人分送汉报"。[②] 后来，该报的报名干脆改为《汉报》。现在所能看到的命名为"汉报"的最早一期报纸为1893年12月19日的第二百七十二号报纸，说明它改名为"汉报"的时间应是1893年6月8日以后、同年12月19日以前。

第二，关于创办者。字林报业在上海的中文和英文报纸《华北捷报》与《字林沪报》先后至少三次刊登该报的创刊预告，说明该报的创办受到字林报系各报的高度重视，而报名"字林汉报"更清楚地表明它属于字林报系，预告称该报编制将与《字林沪报》相同这一点，又具体揭示了该报与同系另一中文报纸的密切关系。这些情况说明《字林汉报》的发行商为英商字林洋行，是一份外报，其本部在上海，也就是说，它是一份源自上海的外报。关于第二点，有记载曰"光绪癸巳，姚赋秋、梅问羹辈自上海来创《字林汉报》，托当日《字林沪报》外人之声援也"。又谓："汉馆与沪馆本出一家，所有论说、新闻彼此多相采用。"[③]这简要地说明了它的编辑班子和新闻业务都源自上海，进一步印证了《字林汉报》的报业源头在上海的事实，上海的字林报业是其大本营所在，而且它与字林报系当时影响最大的中文日报《字林沪报》互相呼应，一个在长江下游，一个在长江中游，令人瞩目。

《字林汉报》的编辑班子情况如何呢？如上所述，姚赋秋、梅问羹自上海来创《字林汉报》，就是说姚赋秋是该报的华人主笔。姚氏何许人也？据记载，此人字文藻，系江苏苏州人，布衣出身，为上海《申报》的早

---

① 皮明庥等编：《武汉近代（辛亥革命）经济史料》，36页，武汉：武汉地方志办公室印行，1981。

② 《字林汉报》，1893年5月5日。

③ 刘望龄：《黑血·金鼓——辛亥前后湖北报刊史事长编》，6页，武汉：湖北教育出版社，1991。

期主笔，加人《申报》时年仅二十余岁。[①] 后入《字林沪报》任主笔，与蔡尔康有隙，这种情况，见蔡尔康自叙《新闻报》创办过程的回忆。他称姚夺去他在《沪报》的主笔之权："《沪报》主笔姚赋秋，夺余之权，而与余绝交，及知余主《新闻报》，彼《沪报》之名，竟为余掩，则大愤，恒吹毛求疵于《新闻报》。余设此益友也，有则改之，无则加勉焉可也。"[②]不管他们两人之间的是非恩怨如何，有一点是可以肯定的：继蔡尔康 1882 年至 1891 年担任《字林沪报》主笔之后，姚赋秋于 1891 年开始担任该报主笔。由此可见，姚具有在英商字林报业的中文报馆里工作的丰富经验，且来汉主持《字林汉报》之前已有多年外商中文报纸主笔经历。此君与日本人的关系也值得重视。在戊戌政变后，1899 年慈禧派人赴日本暗杀康有为和梁启超等维新派时，他曾随行前往。当时日本报纸如此介绍："姚文藻，苏州人，通文墨，精日文，往来于沪汉之间，行迹鬼鬼祟祟。"又说他"是一个舞文弄墨的轻佻文人"。[③] 姚与日本的关系不是这里要说的重点，这里引述日人的评价只是为了进一步说明他完全符合英商《字林汉报》的华人主笔人选条件，一名来自上海报界的"有经验的中国学者"。

《字林汉报》用枣木手工刻字拼版，使用老折纸，手工打印，单面印刷。日出一大张，售钱 10 文，汉报书馆印行。版面编排与后期的左右分排不同，为上下对折的两长条，书刊型，直排，每页 45 行，每行 50 字，便于装订成册和收藏。初始未设栏目，标题与正文字体一律使用老四宋，题文之间留一字空格，相与区分。上条为正文，刊登论说、谕旨、电传、西报汇译等内容；下条专作广告之用，刊载各货行情、汇兑、银洋钱价和船期公告等。[④]

《字林汉报》在创刊号上，以民报口气申论宗旨："本馆博访时事，务

---

① 马广仁主编：《上海新闻史(1850—1949)》，101 页，上海：复旦大学出版社，1996。

② 转引自《〈新闻报〉创办经过及其概况》，《档案与史学》2002(5)(作者不详)，5 页。

③ 孔祥吉，[日]村田雄二郎：《罕为人知的中日结盟——晚清中日关系史新探》，国家清史编纂委员会研究丛刊，138、164、71 页，成都：巴蜀书店出版，2004。

④ 刘望龄：《黑血·金鼓——辛亥前后湖北报刊史事长编》，6 页，武汉：湖北教育出版社，1991。

使环海万国之情状，晓然于我中人之耳目，庶不至于受外侮，而有以自立于不败之地”，“本馆意取公平，议归正大，务愿中国因本有之长，以渐致富强，而决不依附以荣，为抑中重西之见”。[①] 从英人《字林汉报》刊登的内容来看，的确有许多新思想、新观念、新倡导、新主张、新措施值得学习和借鉴。由于该报的创办者为英国人，尽管主笔是中国人，那也是被雇用，仰外人鼻息，听命于外人，一旦涉及国家利益、政治立场等问题时，就不可能做到“意取公平，议归正大”。

二、英商《字林汉报》与新思想的传播

《汉报》诞生的时间早于天津的《国闻报》，湖南的《湘学报》和上海的《时务报》，其停刊亦晚于上述三报，前后共出版发行长达 7 年之久，其对于西学的传播、洋务的提倡、维新变法的鼓吹及对清政府专制腐败的抨击并不亚于上述三报。然而学人对于上述三报的研究，尤其是对上述三报在维新变法中的宣传作用有诸多论文及专著给予客观评价，对《汉报》的研究则不然，不仅没有专著，连论文亦少见。在此，有必要对英商时期的《汉报》对新思想的传播作简要分析。

（一）开设报馆去塞求通

去塞求通是近代中国士大夫及知识分子追求的时代主题，是致富求强、振兴国家的必然选择。而能承担去塞求通大任的最好途径莫过于广开报馆，繁荣报业。梁启超曾如此评价报纸对去塞求通的作用：

> 觇国之强弱，则于其通塞而已。血脉不通则病，学术不通则陋，道路不通，故秦越之视肥瘠漠不相关，言语不通，故闽粤之与中原邈若异域。惟国亦然，上下不通，故无皇德达情之效，而舞文之吏因缘为奸；内外不通，故无知己知彼之能，而守旧之儒反鼓其舌。中国受侮数十年，坐此焉耳。去塞求通，厥道非一，而报馆其导端也。无耳目，无喉舌，是日废疾。今夫万国并立，犹比邻也。齐州以内，犹同室也。比邻之事而吾不

---

① 刘望龄：《黑血·金鼓——辛亥前后湖北报刊史事长编》，6 页，武汉：湖北教育出版社，1991。

知，甚乃同室所为不相问，则有耳目而无耳目；上有所措置不能喻之民，下有所苦患不能告之君，则有喉舌而无喉舌；其有助耳目喉舌之用而起天下之废疾者，则报馆之谓也。①

严复在《〈国闻报〉缘起》中说："《国闻报》为何而设？曰：将以求通焉耳。夫通之道有二：一曰通上下之情，一曰通中外之故。如一国自立之国，则以通下情为要义。塞其下情，则有利而不知兴，有弊而不知去，若是者，国必弱。如各国并立之国，则尤以通外情为要务。昧于外情，则坐井而以为天小，扪籥而以为日圆，若是者，国必危。"应该说，在报纸对于去塞求通的功能认识上，梁氏与严氏的认识基本一致。

《字林汉报》(以下简称《汉报》)对于报纸在去塞求通作用的认识，比梁、严二位维新人士要早好几年。该报在创刊号上刊载论说《说报》，代发刊词，申论其宗旨为："本馆博访时事，务使环海万国之情状，晓然于我中国人之耳目，庶不至于受外侮，而有以自立于不败之地。"②该文论述了报纸的六大益处：一是报纸"文酌今古之宜，赏为雅俗所共，浅深各随乎所见，耳目总觉其常新"；二是报纸"合朝野而编摩，极体例之美善，上至公卿，下至士庶，皆可不出户庭而识天下之事"；三是报纸"首列论说，务使博闻，虽云局外之闲谈，要在集思而广益，但使民间疾苦，达诸长吏庭阶，则所谓一命之士可以造福者此也"；四是报纸"采录尽东西洋，甄纪及南北极，无远勿届，有闻必传"；五是报纸"明白易晓，真实不浮，事必简而能详，文亦质而不俚"；六是报纸"大而国家政令之因革，远而人情风土之异同，中外交涉之要务，商贾贸易之利弊，与夫一切惊愕可喜之事，凡足新人听闻者，无不具于尺幅，纵横万里，上下千年，披一纸之书，胜百城之拥"。③《汉报》对报纸功能的阐释在近代中国算是较早的，深刻、透彻而且全面，对于开导国人重视报业，阅读报刊，开阔视野具有重要意义。

没有报业的繁荣，报纸的功能无法实现。于是，《汉报》又刊发《论

---

① 梁启超：《论报馆有益于国是》，张品兴编《梁启超全集》第一卷，67页，北京：北京出版社，1999。

② 《汉报》1893年3月23日(四月初六日)。

③ 《汉报》1893年3月23日(四月初六日)。

中国各省宜开报馆》,倡导广开报馆和新闻自由。“日报之制始于泰西,近则渐行于中国,然仍于晨星寥落,终不若泰西之盛也”。纵观当时海内外“华人报馆,合上海之《沪》,《申》两报,新加坡之《星》、《叻》两报,与香港《循环》、《中外》、《华字》、《红新》四报,及广东之《中华》、《岭南》、《中西》三报,不过十余家。而泰西报馆之多,何止数千余家,即如伦敦大新闻馆,每机于一小时内即至两万张,据此一端,风行可想。盖上自后王君公,下至妇人孺子,几于无一人不阅报者。他如格致家、医家、农家以及工艺商贾,罔不设有专报,凡以集众长而密益加密,出心得而精益求精,故人第见泰西之技巧智术若远过于中人,而不知其恃报纸之功为不少也。”[①]要想报馆盛行中国,前提必须是新闻自由。西方记者积极参与现实政治、政府保证记者之自由,“至其最有关系之件,则莫如维报馆访事人公议会纪会议事,入审事堂纪判案,入军营纪战事,盖西国通例,遇有大事,除机密军情外,无不准报馆派人执笔评书,战阵之间且许各国访事人随营观战,以故凡事之是非曲直,胜负高下,断无模糊含混之处”。[②]

是年,著名维新思想家郑观应在《盛世危言·日报》中,鼓吹仿行西法,创办报馆,期以“通民隐,达民情”。

《汉报》刊发《庶人不议辨》,主张新闻自由,报馆因时立论,得议朝政。孔子曾提出过“庶人不议政”。所谓“庶人”,即指无位之人,又称黎民。该文指责圣人的这一不合时宜的论调,并引用《宋子集注》之释圣言,“曰上无失政,则下无私议,可知政若有失,议即随之,虽三五之帝不能无失,即不能无议,议已行之政,所贵有以救其失,议未行之政,所贵有以防其失”。议政之原起,是因为执政者有失,即使是最贤明的帝王,在管理国家过程中,也会有过失,犯错误。老百姓评议时政,至少有两大益处,一是评议已行之政,可补救其失误,二是评议未行之政,可防止其失误。

庶民议政,早就有流传千古的“谏鼓谤术”的典故。因此,正值西学

① 《汉报》,1893 年 3 月 23 日(二月初八)。
② 《汉报》,1893 年 5 月 5 日(三月二十日)。

东渐、时势激剧变迁、求富致强的晚清时代，更不应拘泥庶人不议之说。① 文章还指出："若西国报馆，所论时势，尤中肯綮，当此任者，或为至仁之朝绅，或负士林之重望，其声气多与政府相通，所言率为政府采择，见诸实行。或且因时政有失，执政者不便直言，则使报馆论之，此西报作论之所以可贵者，正在得议朝政故也。"②

《汉报》刊发《论日报与商务相维系》一文，鼓吹通过新闻日报，广登告白以通消息，而振兴商务。

> 今天下为中外通商之世，而中国商务往往不及泰西，说者以为由泰西尊商而中国抑商，泰西卫商而中国剥商所致，其言是也而实不尽然。……曰此无他，判于商之通与不通耳。通商云者，无阻滞，无蒙蔽之谓也。财货不通，斯谓阻滞，消息不通，斯谓蒙蔽。泰西商人虑其如此也，因特设法以去其弊，不独财货无不通，即消息亦无不通。轮船火车，载道便捷，此通财货之法也；新闻日报，广登告白，此通消息之法也。财货为其体，消息为其用，一体二用，二者本不可以偏废。然以市道论之，则消息更要于财货。世有遇不宜货之财而误货，不宜置之货而误置者，皆消息蒙蔽使然。是以泰西商人咸重日报，日报之体，上而朝政，下而民情，中而商务，无乎不载，商人阅之，既可以审时势而定张弛，而其沾受利益之处，尤在于告白一项。人有何货，我不知也，一登日报，而我知之；我有何货，人亦不知，一登日报，而人亦无不知之，而且市道有消长，行情有涨落，势不能鸣锣击鼓，遍诏国人，自登日报告白，而一纸风行，无不闻于千里万里之远，主顾因之而至，牌号因之而传。③

"日报之设，足以增人见识，大之可知各国政治军情，小之可知各方商情风化与物产之盛衰，人心之趋向，阅者岁中所费甚微，所益甚大。以故泰西各国盛行之，甚至厨下执爨之夫，门前卖浆之叟，亦无不披阅

① 《汉报》，1894年2月18日（正月十三日）。
② 《汉报》，1894年2月18日（正月十三日）。
③ 《汉报》，1894年2月26日（正月二十一日）。

日报,以为必不可少之物,若名公巨卿,士农工商无论矣"。①

(二)发展商务,兴办实业

数千年来,封闭保守的古老中国奉行"崇本抑末"、闭关锁国的保守政策,其结果是经济缺乏活力,文化科技落后,国困民穷。鸦片战争后,部分开明人士开始从睡梦中醒来,认识到商业及实业与国家富强的意义。《汉报》顺应时代的需要,提出商务为"谋国之法",批评清政府"崇本抑末"。《汉报》刊文指出:

> 独中国崇本抑末,向视经商为末务,虽有出洋贸易者万千人,而其盛其衰,国家从不过问。近来交涉日广,风气愈开,除命使臣分驻各国而外,复有派设领事保护华商之举,一切情形稍得上达天听。然商部未设,成见未融,公私两途,畛域难化,若论商务,终逊泰西一筹。良由上之人不甚重商所致,非尽不善经商之失也。抑又观之泰西,每驻使臣于人国,则必详考其人情政俗,巨细不遗,虽一举一动,鲜不备知,既知之即以报其国家,故君若相,不历重洋而能洞悉邻国之事势,一遇交涉,应之裕如,谋国之法至周且密。②

文章批评中国数千年来一贯奉行的重农抑商政策,成千上万的中国商人,在国内无法获得生存发展的政策环境,不得不背井离乡,远渡重洋,到海外寻求发展。身处异国他乡、苦心经营的中国商人,因缺乏国内政府的支持与保护,处境艰难,自生自灭。相比之下,外国不仅设有商务部,而且还派遣使臣于海外各国,"详考其人情政俗",以备商业交涉和保护其商人权益。因政府的重农抑商政策导致中国工商业落后,以致中国通商口岸开辟以后,中国利权尽丧。对此,《汉报》呼吁:发展商务,以挽利权。"中国向以商务为轻,故自海禁宏开,华洋互市,中国货物之运贩出洋者,仅以茶、丝为大宗。近则茶已种于西冷,复学栽于俄国;丝亦产于意法,更莫甚于东瀛,而中国利权遂为外洋搀夺。其余商务,更日形冷淡矣。外洋货物之运来中国者,则五乡雾列,百货云

---

① 《报章巨擘》,载《汉报》1894年3月10日(二月初四日)。

② 《论英使具报日本商务》,载《汉报》,1894年1月14日(十二月初八日)。

屯，查其大宗巨擘，洋烟而外，尤莫如洋布一项，其质既洁，其价又廉，故华人咸喜用之，而土布之利，又为所夺。”[①]文章倡导兴办中国轻工业，各省宜如上海及湖北设立织布局，振兴中华民族纺织业，以利国民，并希望“有贤宰官出面鼓舞之，臣翼之，则家有机声，人无失业，不独在俗可臻于富庶，即地方亦可抵于肃清”，如是，则下可裕民，上能富国，“益足以兴商务而挽利权”。[②]

《汉报》主张学习外国先进技术，强国富民，批判陈腐拘泥之士鄙机器之学为“不屑学”、“不必学”之谬论，抨击那些皓首穷经、专攻八股、思想保守僵化、承袭科举习气的读书人，其人生追求不过是“上可以博富贵猎功名，下可以傲乡愚欺后进”。对国家的富强，对民族的振兴则无所思，亦无所益。严厉谴责那些不与时俱进的旧式文人坐井观天，不识时务，且常常“自负所学，大言不惭，以为坐而言者起而行，一旦假我以斧柯，则井田封建之制，何难复见于今日”。

假如让他们“尽弃时文试帖之伎俩，而从事于机器之学，则诣力不专，心思亦钝，其势既有所不能，若使自惭无能，逊谢不敏，则隐微毕露，底蕴具呈，又恐为人所讪笑，于是百计千方，穷思极想，而忽得庄子一言以自解，遂不禁明目张胆，大声疾呼以辟之，若机器之学，鄙之而不屑学，能之而不必学，屏之而不肯学，而其实故作违心之论，聊为借口之端，岂夫耳无所闻、目无所见，心无所知觉也哉。”文章进一步批评说“机器之学，何悖于圣人，何害于天下事，《大学》云：生之者众，食之者寡，为之者疾，用之者舒，惟机器能赅之，是机器实为生财之大道也。《论语》云：工欲善其事，必先利其器。天下之器，未有利于机器者，是机器实为百工之器也。辟之者逞一己之私心，废天下之公议，其不见斥于圣人之门者几希矣。”[③]

要使中国摆脱落后受侮的局面，《汉报》主张向西方学习，通晓洋

---

① 《论各省宜仿照上海鄂省章程设立织布局》，载《汉报》，1894 年 2 月 1 日（十二月二十六日）。

② 《论各省宜仿照上海鄂省章程设立织布局》，载《汉报》，1894 年 2 月 1 日（十二月二十六日）。

③ 《辟机器之学辩》，载《汉报》，1894 年 7 月 3 日（六月初一日）。

务。尽管在《汉报》创刊前的近三十年的时间里，在中国封建地主阶层、士大夫阶层中，因为鸦片的炮声而被惊醒，自觉地意识到技不如人被动挨打的客观现实，出现了“师夷长技以制夷”的求变主张，并在局部地区的某些领域付诸实施。但夜郎自大、封建保守、固步自封、拘泥陈腐之士大量存在，他们鄙视西学，鄙视西方先进的科学技术，这种迂腐之见不除，中国富强无望。

科举考试是封建专制政府选拔人才的重要手段，也是寒门士子跻身官场的唯一途径，科举考试的内容就成为读书人的指挥棒。《汉报》抨击当时考试之弊：“今日之策问，往往钩沉致远，务以艰深隐僻之典，以问难士人，一若唯恐其能辨者，于是，士之枵于腹笥者，每不惮负笈担囊，以相从事。”这种脱离实际、陈腐空虚的考试内容，不仅束缚了士人思想，其所选取的人才于国家治理也无裨益。文章强调，“方今中外之市，海禁宏开，西方各国，各竭其奇技淫巧以与我挈长较短，其尤要者，朝廷方日仿行西方，讲求西学，欲延揽深明洋务之人，以供驱策，正患不得其人，往往以重值厚糈，借材于异域，或且以权利倒于人”，“诚能于科场策问兼及洋务，如天算、海道、矿务、电机、地理、兵法、铁路，以及一切测量、格致、化学重学之类，皆宜讲明其利害得失，俾海内士子，皆可童而习之，庶可诸实事，而不致徒耗夫空谈，岂不善哉。”①

交通可视为国家的经济命脉，货物的转运、政令传递、兵饷的集聚，无不有赖于便捷的交通工具。在众多的交通工具中，能量最大的莫过于铁路。对此，该报专门刊发《铁路利弊论》，分析其利弊：“商贾便于贸易，一利也；赈荒便于转输，二利也；行旅便于往来，三利也；十八行省脉络贯而信息灵，四利也；百万岁漕输送捷而耗费少，五利也；开采矿产运费省而销路速，六利也；控制官吏巡察易而壅蔽难，七利也；而且中国大势，东南人满，西北土满，有铁路则迁徙易开垦亦易，人满土满皆不为患，八利也。”而“兵力易合，饷械易积”，其利尤大。然中国讲求西法，大多画虎不成，弊窦丛生，“若中国开筑铁路，无论巨款难筹，即有此巨款，倘人各怀私，凡委吏胥司事人等，皆钻营贿进，一入局中，惟饱填私壑，

① 《论科场策问宜兼及时事》，载《汉报》1894 年 8 月 15 日(七月二十五日)。

工料不求坚实，价值务图浮报，虚掩耳目，不顾后患，吾恐行之未半，大利未兴，而大害随之矣。”①

《汉报》抨击“拘泥之见”和“拘守成规”，主张与时变通，讲求时务：“我中国海禁宏开，而泰西互市之局以起，流传至于今日，东北七行省几无处不变为通商之地，而中原之大势日以败坏矣。谈天下事者，使仍从拘泥之见，拘守成规，不思与时为变通，复何以致富强之效而立远大之业乎！所以谋国是者，知中外有兼之势，若不因时制宜，亟求自强之本，恐外洋有轻侮之心，海宇迄无底清之日，故不得不讲求时务，先试其效。”文章强调，今中国“调制造局以精器械，立招商局以汇财源，又复允官商集股建造铁路”，只要中国“力图振作”，“事事归功于实济”，即欲驾泰西而上之亦不难矣。②

（三）改革科举，培育人才

在近代中国的改革浪潮中，最富积极意义和社会影响的内容当为教育，重视人才应为其中心主题之一。张之洞、刘坤一的《江楚会奏》第一章开头便说：“窃谓中国不贫于财而贫于人，不弱于兵而弱于志气。人才之贫，由于见闻不广，学业不实；志气之弱，由于苟安者无履危救亡之远谋，自足者无发愤好学之果力，保邦致治，非人无由。”③是故“查自强之策，以教育人才为先，教战之方，以设立学堂为本”。④ 这一人才兴国、人才强国的政治主张，《汉报》早就刊发过一系列文章予以倡导。在《论得人才》一文中指出：“古来本无有利无害之事，而欲祛其害以收其利，则非得人才不可。”治理国家无非三大法宝，一是道，二是法，三是学。道为治理天下之本，法为治理天下之具，学为融会道与法之间而使之推而行之，以尽其利。然而，天下“无不变之道，无不坏之法，亦无不敝之学”，道变在于天时，法与学变则在人为，况且，再好的道、法、学也有其弊病，如何最大限度地用其利而去其害，关键在于得人。水火是任

① 《铁路利弊论》，载《汉报》1895年11月22日（十月初六日）。

② 《时务问答》，载《汉报》1895年12月28日（十一月十三日）。

③ 舒新城：《中国近代教育史资料》（上册），47页，北京：人民教育出版社，1981。

④ （清）朱寿朋：《光绪朝东华实录》，13页，北京：中华书局，1958。

何人都离不开的两大自然要素,“然水火之性能生人,亦能杀人,非生人杀人不足以尽水火之能事也,而必焉使之生人,不令之杀人,则仍视乎用水火者之能善其用而已”。[①] 天下万事万物,辩证地看,利弊相随,祸福相依,要取其利而去其弊,取其福而去其祸,在于人为。智者取其利,庸者取其弊,能者取其福,愚者取其祸。因此,要兴国强国,其要义在得人,得人则天下治,而诸病去。

在如何得人的问题上,《汉报》刊发《自强以得人才为先》一文,对当时选拔国家官吏的科举和捐纳两大制度予以抨击,并提出了选拔人才的新主张。

该文指出:“中国之取士也,以科举为正途,始焉试于州县,继焉试于郡,终焉试于学,使为士子进身之阶,由是而举于乡试于礼部,乃得成进士,授官职,此其法不为不慎矣。然其所取者,八股耳,试帖小楷耳,士非攻此,则无由入仕途,故虽豪杰有志之士,不得不穷数十年之心力,消磨于八股试帖小楷之中,入仕途,则簿书钱谷,茫然不知,内之授权于幕宾,外之舞弊于吏役,若此而欲天下无事,安可得哉。”[②]八股取士制度,不仅空耗读书人数十年大好光阴,而且严重钳制了豪杰之士的心智,不仅不能造就人才,而且败坏人才,“此法不变,则人才日至于消耗,学术日至于荒陋,而五帝三王以来之天下,将不知其所终矣”。[③] 通过科举考试选拔的人才,一心埋头于故纸堆中,对于国家政治经济则漠不关心,茫然不知,误国误民。

对于晚清通过捐纳而获取官位,《汉报》刊发《论捐纳之弊》,文章予以严厉谴责:“科第之外,则有捐纳,捐纳之员,贤否莫别,则凭保举。……其所保荐,非现任要缺,即历为优差,从未闻于山林岩穴之中,举一人以备非常之选。甚且借虚怀求士之名,为植党营私之计,贪廉优劣,皆所不计。保荐若此,欲期其得人材,能乎?”政府官吏承担着治理国家的重任,关系民族的兴亡,官吏的才能与德行就成为关键因素。捐

---

① 《汉报》1894年1月31日(十二月二十五日)。

② 《汉报》1894年6月11日(五月初八日)。

③ 《日知录集释》卷十六“经义论策”。

纳的本质就是花钱买官，为有权有钱有势而无能无德的人进阶升职大开方便之门，以致"贪廉优劣"只要花钱，"皆所不计"，通过这种制度选拔的官吏，给国家带来的必然是灾难与衰败。痛陈："今天下之大弊，未有甚于捐纳者也，内官自员外主事，外官自道府州县，皆可以捐，则名器轻。捐者之角色未能深辨，遂至仆隶厮养，亦或旦给使令，暮拥圭符，则流品杂。上以急公赴义为招，下以利市三倍为券，故以资得官，复以官偿资，其势不得不出于贪，则官方坏。"[①]寥寥数语，将捐纳而导致的官场龌龊腐败、乌烟瘴气的景象勾勒无遗。

如何才能选拔到真正实用的人才，《汉报》主张废除捐纳之法，改革科举考试制度。改革的重点是变更考试内容，"其试也，于经古一场，兼出艺学题，或问天算，或考舆图，或试格致，分化学、光学、声学等类，果能原原本本，条对详明，即予录取。"[②]传统的中国士人，饱读四书五经，习惯因袭已久、墨守成规的科举考试，一旦增加自然科学等新的内容，则茫然不知，无所适从。为彻底改变中国实用人才匮乏的现状，《汉报》先后刊发《论富强之道必以培养人材为本》、《育才说》、《论中国宜广设学堂以储人材》、《论官商宜遣子弟游学》等文章，主张变革教育制度，设立各式各类学堂，派遣留学生，以此"祛其蛊惑，开其聪明"，培育具有新才能的人才。只有人才林立，"夫然后而国运蒸蒸，百废具举，外而御侮，内而治国，莫不有基勿坏"。[③]

《汉报》提出的上述新思想、新主张、新措施，是在第二次鸦片战争之后，中国的开明官僚绅士兴办洋务的历史背景下提出的，为改革派从事的商务救国、实业兴国、人才强国制造有利舆论，对顽固守旧派以迎头痛击，其积极意义不言而喻。

三、英商《字林汉报》的变迁

不仅在湖北报刊历史上，就是在全中国范围内，《字林汉报》(后改

---

① 《汉报》1894年1月12日(十二月初六日)。

② 《汉报》1894年6月11日(五月初八日)。

③ 《汉报》1894年8月31日(八月初一日)。

称《汉报》)变迁的次数及复杂程度都是难得一见的。该报首先由英国人创办,创办三年后转让给日本人,日本人接办四年后又卖给中国人。在中国人创办时期,该报又历经绅办、官办和民办几个阶段,至1908年停刊,前后共存在15年。自1893年至1908年的15年间,又是中国重大政治事件频发的时期。其间,先后发生了中日甲午战争、戊戌维新运动、义和团运动、晚清新政等事件。查阅《汉报》,我们会轻易发现,该报刊登的诸多内容与上述关系中国生死存亡的转折性事件密切相关,从此角度来看,该报具有十分独特的地位,研究该报也就具有重要意义。

(一)英商《字林汉报》变为日人《汉报》

对于英商在汉口创办中文报纸《字林汉报》(后称《汉报》)的创办经过及其宗旨、内容,前面已作了较为详细的介绍,在此不复赘述,仅就目前掌握的相关资料,对英商《字林汉报》的第一次转让作简单陈述。

到目前为止,都没有人谈及英商转让《字林汉报》的原因,一份在当时办得有声有色、有相当多的订户和读者的报纸,在毫无征兆的情况下,突然转让给日本人,令人费解。由于资料的缺乏,其中的原因终将成为报界之谜。对于日人接办《汉报》的情况,东亚同文会编的《对支回忆录》有如下记载:

> 《汉报》是1893年(应为1896年)2月由宗方小太郎所创办,为日人所发行的最早的汉文报纸。先是宗方自1890年以来,即提倡发行报纸作为对中国的指导机关为当前急务,因得前辈佐佐友房的介绍,游说于西乡从道、品川弥二郎、高岛鞆之助、儿玉源太郎等诸人之间,努力促其实现。但在时机尚未成熟之际,中日战争爆发,他暂时中止活动,专门奔走于军事方面。战后,因得到海军省方面及高岛鞆之助的援助,收买了向来由中国人发行的《汉报》,仍袭旧名,但由宗方经手办理以后,旗帜一新,在江汉之间摆出严正的阵势,以鼓吹中国官民的觉悟。①

① 刘望龄编著:《辛亥首义与时论思潮详录》(上卷),55页,武汉:华中师范大学出版社,2011。

上述记载有两处与事实不相符，一是宗方接办《汉报》的时间误为1893年，实为1896年。日本人内田佐和吉在写给当时日本驻汉口领事濑川浅之进的信札中说："《汉报》干明治二十九年(1896年)二月中，由宗方小太郎创刊发行。"[①]在濑川浅之进给宝妻寿作的信中亦有类似的表述，"《汉报》于明治二十九年(1896)二月中，由宗方小太郎先生创刊发行，日本人在中国国内发行新闻，以《汉报》为其嚆矢。"[②]致力于辛亥革命史研究的刘望龄具体地介绍了日人接办《汉报》的经过："日人宗方小太郎在日本政府的支持下，……在上海请姚文藻为中介，洽谈接办。1896年，宗方经法国驻汉领事向湖北当局呈请备案，于2月12日正式接办，资金一千元，馆设汉口河街。此即为日本人在汉口发行的最早的中文报纸。"[③]由此可见，日人接办《汉报》的时间确为1896年，而非1893年。二是误认为《汉报》由中国人创办，实为英国人，《汉报》的主笔和编辑是中国人，但主办方是英国人，关于此问题，前面论及，此处不再重复。

上述所引资料都提到了宗方小太郎，这是接办《汉报》的关键人物。他究竟是一个什么样的人，为什么要接办《汉报》? 搞清这些问题，有助于我们把握日办《汉报》的实质。

宗方小太郎生于1864年，日本熊本县人，幼年即攻读汉文典籍，对于中国文化颇为熟悉。他1887年6月来到汉口，加入汉口乐善堂间谍机构。而在此之前，他已经来中国积累了很多实际经验。1884年，他随视察中法战争的日本政客佐佐友房第一次来到上海，住在上海乐善堂药店，结识了对中国问题有着共同兴趣的乐善堂老板岸田吟香及荒尾精，并作为《熊本紫溟新报》的通信记者留在上海。随后，他又开始只身徒步踏察北中国，足迹遍及华北和东北九省，成为徒步旅行中国的第一个日本人。他用了8个月的时间完成了这次个人调查活动，然后来

① [日]内田佐和吉著，薛钧玉译：《武汉的文化机关史》，载《两仪月刊》，1942。

② 刘望龄编著：《辛亥首义与时论思潮详录》(上卷)，105页，武汉：华中师范大学出版社，2011。

③ 刘望龄编著：《辛亥首义与时论思潮详录》(上卷)，49页，武汉：华中师范大学出版社，2011。

到汉口，成为汉口乐善堂的骨干分子，从事谍报事务。由于有了对北中国的谍报活动经验和基础，他于1988年再次北上，建立"北京支部"，担任支部长，以北京崇门外"积善堂"药店为掩护，负责调查清政府消息和直隶、山东、山西、辽宁四省情况。

宗方热衷于对华谍报事务，并因此方面的过人胆识与才能，在甲午战争中成功探得中国北洋海军的重要军事情报而为日本海军立下"卓著功绩"，从而得以布衣身份接受日本天皇的召见，这被日本谍报界传为美谈。对于宗方在谍报事务上的这种苦心追求与"功绩"，日本外务省曾以赞赏的口吻予以披露：

> 此人抱夙志于支那，壮年之交，赴当地以来，专心努力于该国习俗国情之研究，其间，或谍报事务，或国情介绍等等，苦心努力于帝国势力之扩张。外务省自○○○○年（按：原文如此）起嘱其谍报事务，其报告于当局公务裨益颇多，功绩卓著。[①]

正是在多年辗转中国各地进行谍报活动、不断加深对中国习俗国情了解的过程中，宗方深知"文力征伐"事业之于日本势力扩张的重要性，而自1890年起即"提倡以发行报纸作为对中国的指导机关"，认为这是当务之急。为此，他开始不断奔走游说于各方之间，努力促其实现。根据宗方的日记，1893年3月，他从上海辞去荒尾精所创日清贸易研究所学生监督的职务，回到东京后，就已经有了在汉口创办报纸的计划，并为此一直不断忙碌。在当年的3、4月间，为了筹集汉口的办报资金，他先后频频拜访了前外务卿、东邦协会会长副岛种臣，贵族院议员、兴亚会会长长冈护美，海军中将高岛鞆之助，海军少将儿玉源太郎等政要，得到他们大为赞赏之表态及鼎力支持之承诺，但终因时机尚未成熟，当时未能筹集到资金而作罢。不过，终究得到了高岛中将于8月切实相助的承诺。也许是因为这个缘故，宗方的计划果然于8月份有了进展，他在汉口乐善堂旧址设立了一家名为"东肥洋行"的商业机构，并设其分店于熊本。此后，据记载，他开始不断为东肥洋行能够"上轨

---

① ［日］中下正治：《新闻にみる日中关系史》，74页，研文出版社，2000。

道"之事而往返奔波于沪汉之间。至于究竟何谓"上轨道",目前尚不清楚。但从其当时写给中西正树的信中言及希望在汉口开办一家小店、"勿与商业产生直接关系","此中自有意义"之语来看,其真实意图在经营报纸上。也许可以这么推测:宗方原本希望以"东肥洋行"这一商业机构为掩护,延续汉口乐善堂的事务,但比汉口乐善堂时代有所前进的是,一心想在长江流域大展宏图的宗方此时已经强烈意识到,在汉口等战略要地设立舆论机关的必要性和紧迫性,并且萌发了在这些地方占地办报的具体设想。这一心思在其写给佐佐友房的信中表露无遗:

> 如您所知,该国报纸之报道、评论颇具动摇朝野人心之势力,虑及日本今后对清国之政略,于上海、汉口等要地设二、三机关报纸,其必要性自不待言。希望设立,以为国家之事业,为后来之所计。总之,如不安插各种势力于各地,则举步而维艰。①

可见,宗方不仅早就萌发了开创日本在汉口等要地办报的野心,而且还"深谋远虑",直接赋予办报以动摇人心和安插势力两大政治功能,直服务于日本"国家之事业"即侵华政略。但宗方的这一图谋因甲午战争爆发而告中断。如前述,在战争中,他为日本海军立下了显赫的谍报之功,他本人亦为之大受鼓舞,希望在中国继续大展宏图。战争结束后的 1895 年 3 月,他受到日本政府和海军方面的重用,受命参与接收台湾的工作。但不久后(1895 年 8 月)他就辞去了台湾的职务,于 12 月带着海军省伊东军令部长为准备对俄作战而对长江沿岸进行侦察的命令来到上海。一到上海,宗方便着手实施其办报计划,迅速与经营上海《字林沪报》、曾任汉口《汉报》华人主笔的苏州人姚文藻会面,商量收购经营不善的《汉报》一事。姚文藻是 1888 年参加岸田吟香在上海所办"玉兰吟社"的"新入社者"。据记载,姚文藻早年即以"旅沪故"而投考"玉兰吟社",但因文童籍贯之别甚严而受排挤,便"愤而离沪,赴东瀛游历,数载而还,膺《申报》之请任总编纂职,兼作首篇论说,以其时考之,

① [日]中下正治:《新闻にみる日中关系史》,197 页,研文出版社,2000。

当在清光绪中叶，在天南遯叟之前也”。① 赴日本游历数载，回来后担任《申报》主笔，后来又与岸田吟香结交。从这些早期的经历中可以看出，宗方小太郎接近《汉报》的中介人姚文藻与沪上报界文人及相关日本人之关系由来已久。也许就是因为这个缘故，他们的商谈进展非常顺利，很快就成交。这可见于1896年1月11日宗方写给佐佐友房的书信：

> 前些年曾提起过的报纸一事，此次已商就，将接收汉口部分的报纸，欲于阴历年内接收。②

“欲于阴历年内接收”，可见其心之切和接收事宜之顺利。那么，何以宗方奔走多年无果之事此次能够进展如此顺利呢？且看上述书信之下文：

> 此事需费六百圆整，还望与高岛将军议之，汇出款项为盼。③

这表明，此前一直甚是支持宗方汉口办报之事的高岛中将，这次将非常肯定地给予经费支持，其具体事宜则由佐佐友房从中联络接洽。同时，值得注意的是，日本驻汉领事濑川浅之进在接收过程中一直“与闻其事”，暗中支持。④

应该说，这次由宗方出面接收《汉报》的行动，有着日本政府暗中支持与幕后指挥的政治背景，而且其全部经费皆由日本政府提供。具体而言，由海军大臣西乡从道、海军中将高岛鞆之助、台湾总督桦山资纪予以资金援助，以三千日圆分期付款成交。⑤ 这样，《汉报》终于在1896年2月12日成功转至日本人手下，表面上则以宗方小太郎私人的名义进行经营，宗方本人担任社长，冈幸七郎、筱原丰成、柳原文雄等担任主

---

① 阳美燕：《汉口乐善党与〈汉报〉(1896—1900)》，载《湖南大学学报》(社科版)，137页，2008(6)。

② [日]中下正治：《新闻にみる日中关系史》，72页，研文出版社，2000。

③ [日]中下正治：《新闻にみる日中关系史》，72页，研文出版社，2000。

④ 刘望龄：《黑血·金鼓——辛亥前后湖北报刊史事长编》，9页，武汉：湖北教育出版社，1991。

⑤ 宗方小太郎接收《汉报》的成交价格不同的资料上有出入，三千日圆这一数额是中下正治在其《汉报和宗方小太郎》一章中所言。但另有资料称其接收资金为“一千元”，见刘望龄：《黑血·金鼓——辛亥前后湖北报刊史事长编》，11页，武汉：湖北教育出版社，1991。

笔。被濑川浅之进称为“日本人在清国境内创办中文报纸之嚆矢”的《汉报》，自此在汉口开张，为此事立下汗马功劳的宗方小太郎，则由此被誉为日本在华报业的先驱。

(二)日人《汉报》转卖给中国

关于《汉报》转卖给中国的原因，有不同的记载：

材料1：“《汉报》自1986年由日本人宗方接办以来，由于始终坚持‘抑制旧党，援助新党’，扶植亲日势力的方针，而开罪以慈禧太后为代表的顽固派，在湖广总督张之洞的严禁购阅与递送的种种限制下，无法继续经营，是日(1900年9月28日)以三千两价银让与湖北官宪，宣布闭馆。”①

材料2：日本驻汉口领事濑川浅之进向外务大臣青木周藏电告《汉报》转让情况：“我国熊本县人士宗方小太郎于该地发行之唯一中文日报——《汉报》，此次举其报名及一切附属机器设备卖与湖广总督张之洞，出卖契约订立后，于上月三十日(9月30日)完成转让，尔后该报即行停刊。今后该报在该总督手中能否续刊尚属未定，目前尚非其时。关于出卖该报之原因，乃因该报至今始终收支相抵难以维持，幸遇张总督表示愿意收买之机，遂将其出卖。特此报告。”②

材料3：濑川浅之进给宝妻寿作的信中有这样的记述：“《汉报》每日所揭载的记事新闻，触犯武昌官宪忌讳的不少，总督张之洞对此屡次申诉原由苦衷，以地面上发生的事情，任意登载在报纸上，此为达到新闻纸使命吗？在日本原情略节，并无何等处理方法，而中国方面对于日本人所办的新闻纸，亦无其他对策，可以使其停止发行，不得已只可趋于一途，因之所谓《汉报》，遂至停刊，其后日人又发行《汉口日报》以代之。”③

---

① 刘望龄编著：《辛亥首义与时论思潮详录》(上卷)，103页，武汉：华中师范大学出版社，2011。

② 刘望龄编著：《辛亥首义与时论思潮详录》(上卷)，104—105页，武汉：华中师范大学出版社，2011。

③ 刘望龄编著：《辛亥首义与时论思潮详录》(上卷)，105页，武汉：华中师范大学出版社，2011。

材料4:1900年12月东亚同文会的报告《〈汉报〉转让始末》称:"大约是在册立皇太子之后,现政府奉行消灭维新党的政策,结果累及到这家报纸,即时下令禁止该报发卖。禁令解除后不久,发生了北清事变。[①] 汉口方面人心慌慌,再也没有安心从事商业的人。作为报纸主要收入来源的广告费,必须视登报人的收入而收取。在继续办报难以维持之际,又逢唐才常等人在汉起事。随着日本人态度的冷淡,《汉报》进入了更为困难的境地。十月,不得不暂时停刊,白白地保养着印刷机器。鉴于此种情况,与其无止境地支付维持费,不如把它卖掉,将所得之款投入有益的事业。于是断然于本月(十二月)上旬将日报出卖了。"[②]

上述四条关于《汉报》转卖给中国的原因的记载,有的比较全面,有的比较片面,有的比较客观,有的比较主观,有的强调政治原因,有的强调经济原因。实际上,日人《汉报》转让给中国,其原因是多方面的,根据上述材料,可作如下总结:

第一,中国政治局势由趋新而转向守旧是《汉报》被迫转让的宏观背景。甲午中日战争,使中国苦心经营三十余年求富求强的洋务运动宣告失败,花费巨资购买和精心营造的远洋战舰一夜之间化为过眼烟云,一场史无前例的政治改良运动骤然掀起,激进的报刊包括《汉报》为维新运动推波助澜。由于这场改良运动损害了顽固守旧派的既得利益,很快遭到以慈禧太后为首的旧官僚的镇压。高唱维新舆论的激进报刊遭到灭顶之灾,有日人背景的《汉报》在残喘几年后亦不能幸免,这就是材料4所记载的情形:"大约是在册立皇太子之后,现政府奉行消灭维新党的政策,结果累及到这家报纸,即时下令禁止该报发卖。"

第二,张之洞下令严禁售卖和购阅《汉报》,是该报转卖中国的直接原因。作为开明官僚的张之洞,在戊戌政变之前,曾资助过维新报刊《时务报》,并饬令官销:"现已饬知《时务报》馆,所有湖北全省文武大小各衙门文职至各州县各学止、武职至实缺都司止,每衙门俱行按期寄送

① 日本称"庚子事变"为"北清事变"。

② 霞山会:《东亚同文会史》,316页,1984。

一本，各局各书院各学堂分别多寡分送，共计二百八十八分(份)。”[①]对于坚持“抑制旧党，援助新党”(材料1)的《汉报》，在戊戌政变之前，张之洞听之任之，未加干涉。但张之洞是清廷封建官僚，又善于审时度势，当慈禧太后下令各地查封维新报刊后，张之洞由维新报刊的支持者摇身一变，成为维新报刊的封杀者。《汉报》在他的严禁售卖和购阅封锁下，自然难以为继。

第三，中国时局动荡，人心惶惶，人们难以安心于商业活动，《汉报》也受此影响，陷入困顿之中，这是该报转让中国的经济原因。正如材料4所言：“禁令解除后不久，发生了北清事变。汉口方面人心慌慌，再也没有安心从事商业的人。作为报纸主要收入来源的广告费，必须视登报人的收入而收取。在继续办报难以维持之际，又逢唐才常等人在汉起事。随着日本人态度的冷淡，《汉报》进入了更为困难的境地。”

因上述三方面的原因，《汉报》于1900年被迫转让给中国，这是《汉报》的第二次变迁。《汉报》转让给中国后又经历了几次变迁。

(三)中办《汉报》的变迁

第一次变迁：1904年，《汉报》由中国绅办转为官办。

关于日人《汉报》转让中国后，是官办还是绅办，存在着不同的记载：一是官办。日人《对华回忆录》和刘望龄根据日本外务省档案说，由日本人《汉报》主笔冈幸七郎与张之洞谈判后，以三千两价银转卖。1900年9月30日，《汉报》遂由外人手中变为官办报纸。另一种是先归绅办，后改归官办。1904年7月13日的上海《警钟日报》是这样记载的：

> 《汉报》开办有年矣，先归绅办，颇称实录，月销八千余份。武昌府梁鼎芬恶其发己之隐，商之两院改归官办。从此一味颂扬，于中外要件及官场腐败情形概不登载。更可笑者，张之洞之封君墓志铭亦大书特书于其上，此真报章中特别之新例也。有识者皆唾弃不观，月只销二千余份，资本大亏。梁又商

---

① 苑书义、孙华峰、李秉新主编：《张之洞全集》，卷121，3317页，石家庄：河北人民出版社，1998。

之端方，勒派各州县及各局分销大县月三十份。

上述记载的不同之处是先官办还是先绅办。《警钟日报》的报道至少说明1904年以前，绅办《汉报》是存在的，至于1904年以前存不存在《汉报》官办，尚属两可，或存在或不存在。这里所说的《汉报》在中国的第一次变迁，是以《汉报》先由绅办为前提的，“武昌府梁鼎芬恶其发己之隐，商之两院改归官办”。应该说1904年，《汉报》由绅办收归官办是确凿无疑的。

第二次变迁：1906年，《汉报》由官办变为民办。

1905年，《汉报》因揭载俄道胜银行钱铺空虚而遭俄人忌恨，汉口俄领事向中国政府施压，官办《汉报》被查封：“俄人之在中国也，施种种之无礼，为华字各报所痛斥，俄人恶之久矣。于是假借封禁《汉报》之势焰，以儆各华字报，若谓《汉报》为官办之报，俄人犹得封禁之权，尔等民立之报馆启闭之权，亦操于俄人之一言而已。”[①]上述文字在抨击俄人干涉中国操纵中国报馆“启闭之权”的同时，吐露出两个事实：一是此时的《汉报》为官办，二是因俄人的干涉导致《汉报》停办。

《汉报》停办后不到半年时间，“川人朱彦达邀约甘肃吴赓梅共筹资金2200元，于是日（1906年2月4日）顶办《汉报》。馆设汉口花楼正街苗家码头巷内。朱彦达任总经理，吴赓梅任协理，继友堂任主编。日出一大张一附张，每页分两版，可上下对折，便于装订成册。序号重新编码，报名之上刊印清朝龙旗两面，成交叉状，以示与前《汉报》相区别”。[②] 这条资料讲明了民办创办人姓名、创办经过、具体时间及报刊样式。

管雪斋在《武汉新闻事业》一文中，对《汉报》由官办转为民办的原因的记载与《警钟日报》的报道有所不同：“光绪三十一年（1905年），《汉报》已增加到两大张，馆址已经搬到土垱，因为不戒于火，机器器具付之一炬，不能继续营业。这时川人朱彦达（益敬），以知县分发江苏候

---

① 《外人干涉言论权之警告》，载《警钟日报》1905年3月9日（二月初四日）。

② 刘望龄编著：《辛亥首义与时论思潮详录》（上卷），180页，武汉：华中师范大学出版社，2011。

补，筹了2500串文，并邀甘肃人吴根梅（本钧）加入股本500串文，派人到上海另购新机器到汉，接办《汉报》，于光绪三十二年二月（1906年3月）恢复出版，每天两大张，销行4000份。”

管氏的记载，在《汉报》由官办转为民办的原因上与《警钟日报》的报道有所不同，一为因人干涉而导致《汉报》停办，后由朱彦达顶办；一为《汉报》不戒于火，机器器具付之一炬，不能继续营业，由朱彦达接办。《警钟日报》是根据当时发生的事件而作的即时报道，管氏的记载是在1935年，属于事隔数十年后的回忆，相比之下，《警钟日报》的报道更为可信。在朱彦达接办《汉报》的时间及资金上与刘望龄《辛亥首义与时论思潮详录》亦有出入，属是属非，尚难断定。但上述材料能够说明，1906年《汉报》由官办变为民办。

第三次变迁：1907年10月，由民办再度转为官办。

《东方杂志》第5年第1期（光绪三十四年元月二十五日，1908年2月出版）上有明文记载：“汉口《汉报》馆系朱君彦达等所创办，曾经察准前督张中堂立案保护，批由官钱局月给洋100元以资津贴。近因各股东意见不合，联名察请由官办，奉护督批准还商本3000元，遴选经理主笔，于丁未九月（1907年10月）接办。”这次《汉报》转为官办的原因很简单，既不是政治原因，也不是经济原因，而是民办各股东之间发生矛盾纠纷，“意见不合，联名察请由官办”，像这样的情况，在湖北近代报刊中并不多见。

综上所述，《字林汉报》的变迁情况，大致如下：1893年3月首先由英国人创办了中文报纸《字林汉报》（后称《汉报》）；1896年2月由日本人接办《汉报》；从1900年起，由中国人办《汉报》。中国人接办《汉报》后，又经历了绅办时期、官办时期、民办时期和再度官办时期，直至1908年2月被封。几经易主，延续15年的《汉报》，至此宣告结束。

第三章 《湖北学生界》与思想启蒙和革命宣传

《湖北学生界》(《汉声》)是由湖北留日学生在日本东京创办的一份报刊,该刊创于1903年1月29日(清光绪二十九年正月初一),停刊于1903年9月21日(光绪二十九年八月初一),由湖北留日学生同乡会主办,每月一期,朔日发行,共八期,第六期起改名《汉声》。《湖北学生界》以"输入东西之学说,唤起国民之精神"为宗旨,主要栏目有论说、学说、政法、教育、军事、经济实业(农学、工学、商学)、理科、医学、史学、地理、小说、词薮、杂俎、时评、外事、国闻、留学纪录、附湖北调查部纪事等。改名后的《汉声》,"以光复祖国而振大汉之天声",言辞激烈,在不同的栏目以不同的文体提倡人权,反对专制,弘扬"民族主义",反对清朝统治。该刊在政治立场上,可分为前后两个阶段,前一阶段,即第一至四期,以思想启蒙、爱乡爱国为主题;后一阶段,即第五至第八期,以宣传革命、反满兴汉为主题。

第一节 从湖北中心论到中部革命论

一、湖北中心论

湖北在中国历史上的多次转折关头都凸显了其重要性。古有"楚虽三户,亡秦必楚"的佳谚;太平天国曾"三克武昌,四陷汉阳",湖北武汉成为洪杨与清廷必争之要地;辛亥革命,武昌首义,一举成功,宣告封建帝制的终结。

武汉北接汉中、豫南，南纳洞庭潇湘，上衔巴、蜀、滇，下贯皖、苏、沪，成为中国内河航运枢纽，素称“九省总汇之通衢”；长江、汉水穿行市镇，诗仙李白赞之曰“江城”。① 其地理位置的优势无可替代。1900 年，还是青少年时代的宋教仁，来到武昌城头，感慨万千，慷慨陈词：“中国苦满政久矣。有英雄起，雄踞武昌，东扼九江，下江南，北出武胜关，断黄河铁桥，西通蜀，南则取粮于湘，击鄂督之头于肘，然后可以得志于天下。”②这是一位怀着排满革命之志的湖南少年，对武昌战略地位的高度评价，认为“雄踞武昌”，联络东西南北，“然后可以得志于天下”。孙中山曾指出：“武汉者，指武昌、汉阳、汉口三市而言。此点实吾人沟通大洋计划之顶水点，中国本部铁路系统之中心，而中国最重要之商业中心也。”③

在近代中国，较早对湖北的中心点地位予以系统论述的是《湖北学生界》。该刊在创刊号上就明确指出湖北为中国之中心点：

> 自民族主义一变而为帝国主义，亚洲以外之天地，一草一石，无不有主人翁矣。鹰瞵虎视者数强国，四顾皇皇，无所用其武，于是风飙电激，席卷而东，集矢于太平洋。亚洲识微之士，莫不深膑蹙额，惊走相告曰：危哉中国，其为各国竞争中心点也。呜呼！夫孰知以中国竞争之局卜之，吾楚尤为中心点之中心点乎？④

在割据时代以及内乱冲突中，湖北位居中原腹地，为陆路、水路汇集之所，“足为用兵之孔道”。但鸦片战争以后，外侮纷乘，主战场集中于沿海，人们关注的目光齐聚焦于东南沿海各省，湖北地处堂奥，“始终未与其患”，⑤以致欧美列强入侵中国 30 余年，湖北的重要地位为人们所忽视，以为“地无常险，随时而异，昔日所视为要地者，不足以言今日

① 冯天瑜，张笃勤著：《辛亥首义史》，18 页，武汉：湖北人民出版社，2011。
② 陈旭麓主编：《宋教仁集 · 序言》，3 页，北京：中华书局，1981。
③ 《孙中山选集》，260 页，北京：人民出版社，1981。
④ 张继煦：《湖北学生界 · 叙论》第 1 期，1903 年。
⑤ 张继煦：《湖北学生界 · 叙论》第 1 期，1903 年。

之形胜”。[1] 对此,《湖北学生界》予以否定,并从多个角度剖析、论证湖北仍为当时中国之中心点:

第一,湖北为列强争夺中国势力范围之中心点。“锁国时代之楚与开通时代之楚异,通商伊始之楚与门户洞开之楚异。今日之楚,乃因各国竞争之局势,而重其价值者也。英人之于扬子江蓄谋最早,以先取特权自居,不欲他国政治上之势力闯入其内。德人妒之,冀步武其后,乃于撤退上海戍兵时一露其意。夫长江五千里而吾楚筦其中枢,英、德二国既联袂并辔,经营于一隅,则必竭其阴悍之手段,以较他日结果之大小。然而趋重上游则失下游,趋重下游则失上游,此又二国熟视而不欲出此者也。势必厚积其力于中央,以为东西兼顾之计,此非独形势应然,用兵之道亦应尔尔。是为势力圈竞争之中心点”。[2]

第二,湖北为列强在中国经济竞争上之中心点。“吾楚为九省总汇之通衢,江汉殷轸,商贾辐辏,白皙人种联翩并集,以交易总额计之,则长江商埠除上海外,无一能凌驾汉口者,岂非其位置之善,为腹地所罕有耶?吾闻日本矢津昌永之言曰:‘将来铁道四通八达,则滨海繁盛之区,将移于陆地,现为航路、铁路换气之时,故并行而不相让。’呜呼!吾焉知芦汉铁路告成之后,汉口商务不骎骎焉驾上海而上之也。地球资本家之掷资本于是地,以谋吸取吾之子金者,夫岂不十倍百倍于今日也。是为经济上竞争之中心点。”[3]

第三,湖北为列强在中国铁路竞争上之中心点。“上江航路千余里,下江航路二千余里,皆以汉口为起点。吾招商公司下江商轮不过5859吨,上江商轮不过1229吨。而合英四公司之商轮吨数,俱掩有吾之三倍。德、日最后起,而下江商轮,德已有3453吨,日已有4387吨;上江商轮,德已有千吨,日已有2337吨。闻利共逐,如蚁慕膻,商船增加,日未有艾,近日本大东汽船公司又拟以小轮南达洞庭。是为扬子江航路竞争之中心点。芦汉铁路揽于比,粤汉铁路揽于美,川汉铁路比人

---

① 张继煦:《湖北学生界·叙论》第1期,1903年。
② 张继煦:《湖北学生界·叙论》第1期,1903年。
③ 张继煦:《湖北学生界·叙论》第1期,1903年。

又施其诡计以图干预。将来铁路所及之地，即为我主权所不及之地，而皆以汉口为枢纽。是为铁路竞争之中心点。"[①]

在分析湖北为中国上述三大中心点之后，文章最后总结："吾楚位全国中心点，为他人演剧之舞台，已若是矣。"[②]大凡最为重要之地，必为竞争最剧最烈之场。其竞争的结果有二，一为使竞争之地利权丧尽，为人鱼肉，成为最剧最烈之场；二为若因机利导，奋起直追，则"彼之磨牙吭血，竞争之不遗余力者"，又有助于竞争之地之进化，使竞争最剧最烈之场，成为"文明最盛最著之地"。《湖北学生界》的最初宗旨在于"输入东西学说，唤起国民之精神"。[③] 加之该刊发行重在湖北，故欲通过该刊对国外文明的传播，以启迪国人，使湖北在剧烈的竞争中演变为最繁盛之地。

二、中部革命论

《湖北学生界》创刊之初，既没有提倡"反满"也没有主张反专制，以向内地输入文明为己任，这在张之洞电请政府驻日公使蔡均、留日学生总监督汪大燮，饬令制止《湖北学生界》创办的电文中可以得到印证。电云："顷准湖北端午帅勘电，湖北有学生在东洋开办报章，曰《湖北学生略(界)》，以日京为开办所，湖北为总发行，大致尚无违谬字样，但出自学生私立，设沾染上海新说，漫无别择，流弊亦不可不防。"[④]"大致尚无违谬字样"足以说明该刊创办之初，确实循规蹈矩，其言论没有超越清政府容忍的底线即反清反专制。通观该刊1—4期，其言论多为"爱乡爱国"，因此，创刊号在论及湖北为中国的中心点时，只从外国列强在中国竞争的角度，分析湖北所具有的中心地位，而没有从国内民族革命、政治革命的角度，论述湖北的战略地位。

然而留日学生思想的巨变，却出乎意料地迅速，由爱国排外转而为

---

① 张继煦：《湖北学生界・叙论》第1期，1903年。

② 张继煦：《湖北学生界・叙论》第1期，1903年。

③ 《湖北学生界・湖北学生界开办章程》第1期，1903年。

④ 刘望龄编著：《辛亥首义与时论思潮详录》(上卷)，114页，武汉：华中师范大学出版社，2011。

“反满兴汉”，似乎在一夜之间发生。1903年4月29日，留日学生大会在日本东京锦辉馆举行，500多名留学生到会。会议主题是抗议沙皇俄国向清政府提出7项无理要求。留学生们在会议上纷纷发表演讲，要求组织拒俄义勇队，誓与沙俄决战沙场。他们说，无国之辈，哪有安身之地，又何来安学之处。后来由于清政府的阻挠、压制，“拒俄运动”无法进一步发展、壮大，拒俄义勇队北伐行动也未成行。然而，留学生们迸发出的爱国情感，转为指向反对和推翻清朝腐朽统治。

在这样的宏观时代背景下，此后出版的《湖北学生界》和其他留日学生刊物一样，反满革命成为刊物的主题。从第六期起，《湖北学生界》更名为《汉声》，“以光复祖国而振大汉之天声”。言辞趋向激烈，在不同的栏目，以不同的文体提倡人权，反对专制，弘扬民族主义，反对清朝统治。《湖北学生界》第五期地理栏目刊登《扬子江》一文，一反过去地理学家徒知“以测量流域方向，考求道里远近为义务，未能发挥扬子江一切关系”[①]的纯地理派记叙方法，而是从扬子江与中国经济、政治的关系角度，考察扬子江的价值，使一篇看似介绍水系的文章变成颇具战略眼光的政治佳作。

扬子江在过去数千年的历史中，不仅孕育了大汉民族，而且是汉族赖以生存与壮大的基础。近代以来，西洋人、东洋人的足迹遍布整个扬子江流域，考察既周且细，无非是看中扬子江之于中国之意义。外人政治势力、经济势力也纷纷涌入扬子江。外人为何独钟情于扬子江，而忽视中国的黄河与粤江呢？这是因为扬子江在中国的三大水系中具有优与其他两大水系的独特资格，控制了扬子江，就控制了中国。《湖北学生界》对此作过如下分析：

> 扬子江之资格实于中国本部占独一无二之地位。中国称大水者三，曰黄河，位中国之北路者也；曰扬子江，位中国之中部者也；曰粤江，位中国之南部者也。而扬子江之资格，优于黄河、粤江者有二：
>
> 一曰经济上之资格：黄河之水势如建瓶（昔人作诗云黄河

① 《扬子江》，载《湖北学生界》第5期，1903年。

之水天上来），溃决之患史不绝书，兼之泛滥所经，化为沙砾，农业日有退步之象，河身甚浅，轮舟不通，商业永无起色之期，职此之故，黄河流域之人民转徙于他省者，道路相望。中部生活之品料，运输于北部者，舟车不绝也；粤江流灌虽亘五省，而土地丰饶，惟珠江之一带。轮舟航行以梧州为终点，是农业商业之发达不过广东一省。广西、云南瞠乎其后，然查近年输入之项，食品最侈，则广东之农业不待问。自鸦片战争以后，商港日多，则广东之商业不可知，而扬子江航路，能达千里之遥，其影响于商业为何如？四川之绵，两江之丝，江西湖广之米，均为出口大宗；其天然之农利为何如？故以扬子江之农业，辅以扬子江之商业，虽与南北两部不相往来，东西各部不相闻问，尚可以自给自养、自立自强，无需一毫外助之力，此扬子江经济上之资格优于黄河、粤江者也。

一曰改革上之资格：大河以外，顽党渊薮，其专制之热度，河水为沸；其奴隶之种子，逐流皆布。故庚子之乱，持顺民旗，执歌功伞，挺立街巷之际，以俟洋兵之至；而稽首投降于马前者，黄河流域所经之地之人为多，是非燕赵之故土耶？而慷慨悲歌之士，吾不知自何世而绝迹于兹土也。粤江流域，虽不乏茁起之豪杰，自洪杨大事不成，英雄短气，庚子机谋顿败，志士灰心；近来不受压制具有爱国热诚者，大半匿迹于海外，其不去者则排外之心或消灭于习惯，独立之性又见姤于外人，西江洗兵雨，恐终无拨云雾见青天之一日。而扬子江之开化，两湖以下，在幼稚时代，两湖以上，在萌芽时代。开化幼稚时代之扬子江，尚武之精神虽未完全，而热于政治思想、民族主义者，已有如水就下，如蚁慕膻之概。故其昌言时局，痛哭流涕，亦可以为唤醒国魂之助；开化萌芽时代之扬子江，其人最富于勇力，将来借文明潮流于下游者，必付尚武精神之利息于下游。上下互输知识交换，为扬子江必尽之义务，即扬子江独立之基础，此扬子江改革上之资格优于黄河粤江者也。[①]

文章首论扬子江流域经济上具有的优势，次论政治上的优势。经济决定政治，有良好的经济基础，必将会有良好的政治基础。从政治革命、民族革命的角度而言，位于黄河流域的北方，顽固守旧思想根深蒂固，加上位居此流域的燕赵，长期受制于人，历史的惯性，使他们习惯于被奴役、被统治，“其专制之热度，河水为沸；其奴隶之种子，逐流皆布。故庚子之乱，持顺民旗，执歌功伞，挺立街巷之际，以俟洋兵之至；而稽首投降于马前者，黄河流域所经之地之人为多”。奴隶性强，独立性弱，在作者看来，黄河流域的人民是不足以担负起排满兴汉，除腐朽专制而建独立共和国的重任的。

再说粤江流域，“虽不乏茁起之豪杰，自洪杨大事不成，英雄短气，庚子机谋顿败，志士灰心；近来不受压制具有爱国热诚者，大半匿迹于海外，其不去者则排外之心或消灭于习惯，独立之性又见姤于外人，西江洗兵雨，恐终无拨云雾见青天之一日”。其实，粤江流域在实行政治革命、民族革命中，还有一个很重要的不利因素，那就是地处偏僻，其一举一动不足以影响全国。孙中山曾在两广及云南发动过近十次武装起义，但都以失败告终，而武昌起义一举成功，与地理位置应大有关系。

扬子江位居华夏腹地，横贯东西，绵延数千里，不仅在经济上能完全自给自足，在政治上亦有不屈不挠的反抗传统。就拿湖北来说，就有“楚虽三户，亡秦必楚”的民间美谚。扬子江流域的人民，“热于政治思想、民族主义者，已有如水就下，如蚁慕膻之概。故其昌言时局，痛哭流涕”。并且该流域“其人最富于勇力，将来借文明潮流于下游者，必付尚武精神之利息于下游”。扬子江流域无论是在经济上、地理位置上，还是在革命传统与革命精神上，是黄河、粤江流域所无法比拟的。

扬子江独特地位决定了扬子江的未来与汉民族的未来紧密相连，扬子江能自立，则汉民族能自立，扬子江不能自立，则汉民族不能自立。“扬子江之民族不能自立，则政府之割地赔款于外人也听之，外人之敲膏吸髓于我国也听之，鬼气险险，幽囚长夜，酣寝醉卧于扬子江之旁。

---

① 《扬子江》，载《湖北学生界》第5期，1903年。

恐不数年，扬子江必与印度之恒河、埃及之尼罗河同为亡国之一分子，吾四万万民族必以扬子江为葬尸之穴也，可豫为将来之扬子江吊。扬子江之民族如能自立，擎自由之鼓，江流无声；挥独立之旗，江水生色；脱家奴之羁绊，收外失之主权，腐败破坏之扬子江，忽变为庄严灿烂之扬子江，则必与欧洲之地中海、北美之西斯比士河同产文明，占历史上之名誉，而永为汉族一大纪念物也，又可为将来之扬子江贺。"[①]

作者在强调扬子江之于汉族前途命运关系的同时，从心底发出高亢激越的呼唤："扬子江者，我扬子江民族之扬子江，我中国四万万人之扬子江，我黄帝血统子孙之扬子江"，一口气用了三个"我之扬子江"，显示出扬子江不容异族和外人统治的豪迈雄心。面对"四面楚歌"的不利局势，号召"凡我汉族，宁矢破釜沉舟之谋，不作楚囚对泣之态，佐汉族世世子孙，饮一勺自由之水，亘亿万年，居游于扬子江流域全土"。这是拯救汉族的呐喊，是中部革命的号声。面对"禹域久沈，汉族应有同仇之慨，歌风不竞，专制必无立足之区。黍禾故国之歌，被发伊川之痛，望一万一千里之域，谁得其鹿?"[②]号召扬子江流域民族，驱逐异族，报仇雪恨，主宰自己的命运。

作者还将在中部实行民族民主革命，建立"新江汉国"理想蓝图，以"托梦"的方式告诉读者：

> 昨梦游吴淞口门，闻扬子江之水与东海之相击成声，宛如人语。东海之水曰：予即太平洋之特派员，要尔以独立民权各条，如敢托病迟约，痛下哀的米敦书，大率太平洋最新式文明潮流队，与尔数千年专制之祸水，激战于九团南汇线内，更派支队溯流穷追，洋溢膨胀，连结运河、汉水各大支流，泛滥全大陆，破异族顽钝之巢穴，一洗而肃清之。扬子江之水应曰：我亦独立民权主义，惜供异族驱遣之死奴隶太多，洗之恐污吾扬子江水线，以后予担任运动员，饮死奴隶以文明种族水，助尔制造二十世纪初期之新江汉国。予叹曰：水犹有灵，吾汉族庶

① 《扬子江》，载《湖北学生界》第 5 期，1903 年。

② 《扬子江》，载《湖北学生界》第 5 期，1903 年。

有豸乎?①

梦中所云,实为以民权、独立、自由之精神,“破异族顽钝之巢穴,一洗而肃清之”,结束千年来之专制统治,创建独立民权主义的新国家。字里行间,充满革命性和战斗性,可谓是号召中部革命,挽救大汉民族的檄文。

以上所论,实质是指出中国的政治革命、民族革命必须着眼于长江流域,换言之,中国革命必须从中部发动。这是湖北革命志士最早提出的中部革命思想及其论述。这一思想随着革命形势的发展,得到越来越多的革命者的认同。

三、中部革命论的发展与实践

黄兴和他的战友因华兴会成效卓著名播留东学界,学生之激进分子经常与他们共商大计。为了加强团结,黄兴联络湖南、湖北、四川、江苏、浙江等省留学生,组织“革命同志会”,旋又在华兴会的基础上结成“大湖南北同盟会”,坚持中部革命。就连第一次与孙中山会面,黄兴仍力持中部思想。宫崎寅藏回忆说,“孙和黄第一次在凤乐园见面,就进行了激烈的争论,由于我不懂他们的话,不知道吵的是什么问题。后来问人才知道,黄主张从长江一带开始干,孙则主张从广东开始干。”②

1905年8月同盟会成立以后,虽然一度把经营中心置于广东一隅,但中部革命思想在扬子江流域的革命志士中已经形成,并积极着手革命准备。黄兴命刘揆一“驻申江,以图湘鄂江浙之联络”,杨卓霖也偕同廖子良、李发群回沪运动苏、浙两省的新军和会党起事。黄兴还“以四川地险而民富,足资割据”,“授以机宜”。与此同时,湖北的日知会也统一了中部革命的思想,“同盟会成立后,将在日本讨论的革命计划寄回武昌,日知会曾多次开会研讨”,在讨论中,形成了“以湖北为根据地,竭力联络扬子江上下游各省同志,待时机一到则由湖北首义。然后北

---

① 《扬子江》,载《湖北学生界》第5期,1903年。

② [日]宫崎滔天:《宫崎滔天谈孙中山》,载《广东文史资料》,1981(25)。

进以北京为作战目标”。[①]

1907年3月，孙中山被迫离开日本去越南，未几，黄兴也离开日本，同盟会一时处于组织涣散、群龙无首的状态。许多在东京的同盟会员对孙中山专注西南边陲的斗争策略不满，特别是那些与会党有联系的扬子江流域的革命派。当时湖北革命党人杨时杰说：

> 革命潮流，一日千里，进步神速，中国革命似有成功的希望。但是这几年，孙总理、黄克强等专在沿海几省，靠几处会党，携少数器械，东突西击，总是难达到目的。我们长江的党人，都想从腹地着手。尤其是我们湖北人，就想在湖北干起来。[②]

由于对同盟会主要领导人极其注重边区革命的策略不满，扬子江流域的东京同盟会员，为了实现中部革命战略，于1907年8月，成立了以四川张伯祥、湖南焦达峰、湖北刘公、江西邓文辉为首的革命团体共进会。共进会实质是与同盟会分离，是扬子江流域的革命党人为发动中部革命而组建的革命团体。

1908年9月，共进会命各省负责人回国发动，孙武与焦达峰、彭汉遗等先后回鄂，焦达峰与“孙武协商两湖入手方法”，“设总机关于汉口法租界长清里。武昌，就吴肖韩家设分机关”。[③] 在外地还有通讯处，如上海公学、岳州高等小学、长沙太平街同福公栈，宜昌潘级升家等数处。孙武以共进会的名义与“黄申芗、刘玉堂、刘英、袁菊山等联络，借以团结湘、鄂两省的会党”。[④] 长江各省会党名目分歧，故“特改为中华山以统一之，俾泯封畛。会党自焦住汉整理后，日有起色”。为便于统帅，他们还把会党编成五镇，“第一镇副都督袁菊山，驻扎襄、樊一带；第二镇副都督刘英驻扎德安、安陆一带；第三镇副都督刘玉堂，驻扎汉口；第四镇副都督黄申芗，驻扎兴国、大冶一带；第五镇副都督刘汉一，驻黄

---

① 吴德安：《辛亥革命首义总指挥吴兆麟》，载《湖北文史资料》，1986(4)。

② 杨玉如：《辛亥革命先著记》，25页，北京：科学出版社，1957。

③ 张难先：《共进会始末·辛亥革命》(二)，《中国近代史资料丛刊》，上海：上海人民出版社，1957。

④ 李春萱：《辛亥首义回忆录》(二)，武汉：湖北人民出版社，1957。

州。以上五镇军队，内部编制，由副都督各自处理，正都统一职由孙武担任，总部设在汉口鸿顺里三十四号”。①

鉴于湖北革命形势已有较大起色，焦达峰便赶赴湖南活动，他到湖南后，“一面往浏阳联络洪江会、洪福会余部，一面与长沙同盟会会员杨任、曾杰、谢介僧、刘承烈、刘文锦、邹永成、洪兰生等在天心阁下晏家塘租了一间房屋作为同盟会秘密机关”。此时，陈作新、谢介僧、刘承烈等也在新军中撒播了革命种子。

在日本，湖北志士大倡以武汉为首义之地，“湖北人在海外者，有言武汉地据中心，财富械足，新军知识贯各省，易于发难”。刘公、杨时杰“固主张集中全力于武汉者”，②并谓，“武汉乃国内九省通衢、南北枢纽，有兵工厂，楚望台宿储军械，有新练陆军及多数军校出身之将才，官钱局、造币厂、汉口商场尤为无上之饷源，苟举兵当可震撼全国，推翻清室。即不然，亦可背城一战，借以张吾之声势。”③正是抱着这样坚定的信念，他们毅然决然地返回国内谋求实际进行。

1910年6月，谭人凤、宋教仁、赵声、居正等邀集在日本的十一省区同盟会分会长开会，宋教仁在会上提出革命三策：

> 上策为中央革命，联络北方军队，以东三省为后援，一举而占北京，然后号令全国，如葡土已事，此策之最善者也；就沿江各省，同时并举，先立政府然后北伐，此策之次者也；就瓯脱地，密布党羽，进据边要，然后徐图进取，其地则东三省或云南、两广，此策之又次者也。谓上策运动甚难，下策行之而败，且足以引起干涉，酿成分裂之祸，宜决用中策。④

宋氏还就具体计划作了说明，“先从长江结合，依次推行河北”，“庶几一举可期成功”，他建议组织中部同盟会，以策动中部革命。“谭人凤力赀其事，众赞成之”。此为中部同盟会之嚆矢，未几，与会人员也大多内渡。

---

① 李白贞：《辛亥革命回忆录》(一)，北京：文史资料出版社，1981。

② 李廉方：《辛亥武昌首义纪》，武昌：湖北通志馆印，1947。

③ 杨虞夔：《先父杨时杰在辛亥前后》，《湖北文史资料》，1986(4)。

④ 张难先：《湖北革命知之录》，北京：商务印书馆，1945。

1911年孙中山领导的广州起义失败后，谭人凤、宋教仁等加快了中部同盟会成立的步伐，积极策动以武汉为中心的中部革命。此时，谭人凤更加确信"中原大势在长江的信念"。据宋教仁后来回忆，"吾等计划第三著既归失败，于是进一步策第二著，规划湖北，更由陈君英士组织机关于上海，鄙人则从事湖南。"[①]他对湖北的认识也有独到之处："自海通以来，长江门户洞辟，航路畅行，又京汉铁道纵贯中国，而为水陆交通之中心者，厥为汉口，夫汉口非武昌附属之一大商业地乎？左有龟山之险，右有鹦渚之胜，前枕大江，北带汉水，可以扼襄、汉之肘腋，可以为荆、郢之藩垣者，厥为汉阳，夫汉阳非武昌附属之一大军事地乎？""且武昌襟带吴、楚，东下可以制长江之命脉，西上可以杜川、湖之门户，又渡江北上，右可以扼山南之肩背，左可以捣中原之肘腋。"[②]正是基于这样的认识，他们联合其他志士于1911年7月31日成立了中部同盟会。是会成立，即"定议由江、浙、皖、赣、鄂、湘、川、陕八省联合大举，各自分途进行"，"中部同盟会既成立，会员对于长江各省之革命工作，益趋积极"。[③]

这时，历经广州起义失败重创的黄兴痛定思痛，同样把注意力集中于中部。黄兴在给孙中山的信中言及广州起义时谈到，"以经济不足，不能推及长江以北，至为恨事"。[④] 当他得知中部同盟会成立以后，特意写信称赞他们，"得公等规划一切，长江上下，自可连贯一气，更能力争武汉，老谋深算，虽诸葛复生，不能易也。光复之基，即肇于此，何庆如之。"[⑤]武昌起义前夕，他还赋诗一首寄给谭人凤，极力主张在长江上下游特别是武汉起义。诗云："怀锥不遇粤途穷，露布飞传蜀道通。吴楚英雄戈指日，江湖侠气剑如虹。能争汉上为先着，此复神州第一功。愧我年年频败北，马前趋拜敢称雄。"表达了他对武汉首义必胜的信心。

---

① 宋教仁：《宋教仁集·辛亥革命周年纪念会演说辞》，345页，北京：中华书局，1981。

② 宋教仁：《宋教仁集·辛亥革命周年纪念会演说辞》，345页，北京：中华书局，1981。

③ 冯自由：《革命逸史》(二)，215页，北京：中华书局，1981。

④ 黄兴等：《黄兴等致孙中山函》，《孙中山藏档选编》，189页，北京：中华书局，1986。

⑤ 黄兴：《黄兴致中部总会函》，《辛亥革命在上海史料选辑》，216页，上海：上海人民出版社，1981。

1911 年 10 月 10 日，武昌起义爆发，各省纷纷响应，清朝大厦倾倒，帝制终结。由《湖北学生界》首创的中部革命思想，经过扬子江流域革命志士认同、丰富和发展，化作革命的行动，并形成革命的强大合力，一举推翻腐朽的专制王朝，使中部革命思想、革命理论变为现实。

第二节 《湖北学生界》与爱乡爱国

《湖北学生界》第一至第四期所弘扬的主基调是爱家乡、爱祖国，并以此为出发点，刊发大量文章，暴露祖国的深重危机，唤醒蒙昧的国民，“一篇一章，一行一句，无不补国人公德之缺点，启世界民族之思想，科学益其智识，理论开其精神，事实助其感情，文词增其美德，实足养成中国将来之国民”。[①] 号召和激励国民奋起抗争、挽救民族危亡。

一、爱国必自爱乡始

《湖北学生界》是中国留日学生中第一份以省命名的革命报刊，自《湖北学生界》出，其他各省留日学生同乡会纷纷仿效，相继创办了《浙江潮》、《江苏》、《四川》、《云南》、《河南》等刊物。这些刊物以省界命名，既受省界意识的影响，又不囿于本省。

所谓受省界意识的影响，是指当时的留日学生有较强的家乡认同感。省只不过是是行政区划的概念，“省者，中书省也，政府也；行省者，分政府也”。[②] 但在封闭、保守、落后的社会状态下，人们往往以地域观念来区分与他人的关系，“人人心中遂横一大梗蒂，闻一议接一人，遇一事谈一语，必首相叩曰：是何处人”。[③] 由于清政府派遣留学生均以省为单位，各省留学生即以省为单位纷纷组建了同乡会组织。同乡会为留日学生提供的远不只是一种物质上的便利，更重要的是在此基础上的一种朴素的心理联系。实藤惠秀注意到，留日学生赴日留学，是以省

---

① 《湖北学生界·湖北学生界简章》第 2 期，1903 年。

② 康有为：《废省议》，《康有为政论集》（下册），745 页，北京：中华书局，1981。

③ 文诡：《非省界》，载《浙江潮》第 3 期，1903 年。

为单位被派遣的(并由各省在日本设立留日学生监督);抵达日本后的去第一个公共场所,差不多都是各地的同乡组织。"省界"意识就是中国同乡观念进一步强化的产物。

美国学者施坚雅在研究晚清中国城市时指出,大部分中国人想到中国的疆域时,都是从省、府和县这一行政等级区划出发的,人们往往用行政地域来描述一个人的本籍,以表示其身份。[①] 漂泊异域的年青学生,心中潜藏乡土情结、家乡观念,在民族危亡之际,欲寻求心灵上的彼此依偎,力图振作,以担负起挽狂澜于既倒的历史重任。

尽管中国留日学生在日本以"省"确立身份认同,并组织各省同乡会,创办以"省"命名的刊物,但他们的出发点是立足于本省,而志在全国。这正如《湖北学生界》所言:

> 湖北者,湖北学生演其输入之文明之舞台也;湖北调查部者,测量此舞台而辨其所以利用之方针也。学生界中人,越在异国,受外界之激刺,而动其内部之感情,其脑质中无人不印有一中国在,且无人不思有所以效其力于中国者在。夫岂有捐弃大局,偏视故乡,甘使天下人士,谓吾楚人皆沐猴而冠带者乎?[②]

这段话,道出了湖北留日学生的心声。他们胸怀祖国,心系天下,无人不思报效国家。既然如此,为何要以"省"相区别,以"湖北人谋湖北"为基点呢?

中国为封建专制国家,地域辽阔,民族众多,不仅"满蒙藏回自为其风气",而且"交通不便,声息不灵,风俗不能强同,语言不能直解"。在此种情况下,要了解全国的情状,几乎是不可能的。"故不得已而援由乡及国之义,暂以湖北一省为初点,俟各省之调查部皆自完其纲领,而后徐图并一之,非敢自相畛域也,实智力之小,不足以谋远大也。"[③]显然,湖北留日学生想把爱国热忱化作实际行动,避免不切实际的空谈,

---

① [美]施坚雅:《中华帝国晚期的城市》,叶光庭等译,1页,中华书局,2000。

② 《湖北学生界·湖北调查部纪事叙例》第1期,1903年2月。

③ 《湖北学生界·湖北调查部纪事叙例》第1期,1903年。

就要寻求一种最有可能和最有效的报效祖国的途径，行政区划中的“省”就成为他们下手之处。

在确定以“省”作为爱国的具体对象后，就得有切实的方案并付诸实施。就湖北留日学生力所能及和中国人的历史病症而言，最好的方案就是组织学生团体，将分散的个体融为整体，将利已的私心化为利他的公心，将在竞争的弱势个体凝集为强势的群体，于是就有了湖北留日同乡会。《湖北学生界》在《湖北同乡会缘起》中如此表述：

自皇古以迄今兹，凡属含生负气之类，无日不在此天择物竞之中，优者以胜，劣者以败。然其所以致此者，果何道夫？曰：其始以有群者与无群者战，而有群者胜，其继以群之团结力强者与群之团结力弱者战，而群之团结力强者胜。莽莽人群，不知亡种若干？灭国若干？慨古今一丘之貉，徒以供后人之凭吊者，皆由此不能合群之恶根性阶之厉也。至于今日天演之祸愈演愈烈，群之团结力弱者几不能稍留残影于地球之上。红人黑人橙色人之日促于天演界者，其明鉴矣。我中国民族四万万，可谓众矣，而外人之旅居中国者，不过二万人，即足制中国之死命。华人之商于南洋美洲者，所在以亿计，而随处不免臧获奴隶之惨焉。岂天之爱彼民族而嫉我华人哉！则以群之团结力强与弱之分耳！

外人之诋中国也，曰中国人无公共心，如滩头乱石一盘散沙，故无论商战兵战，一遇外人，即如汤沃雪，不能稍存。呜呼！我炎黄之子孙，其以不能合群之故，而为此最惨最酷之天行所淘汰矣夫！同人游学海外，目击世局，知非合群策群力结一大团体，断不能立于生争竞存之恶风潮中，但大团体由小团体相结而成，故爱国必自爱乡始。①

自然界的法则是优胜劣汰，个体对抗团体，弱者对抗强者，在竞争中注定要失败。在当时的中国，只有二万外国人，却能制中国四万万人之“死命”，而在南洋美洲数以亿计的中国商人，则沦为“臧获奴隶”之惨

① 《湖北学生界·湖北同乡会缘起》第1期，1903年1月。

地。这不能不让人心痛和深思。要想在天演竞争中立于不败,必须由个人而集合为小团体,由小团体结为大团体,以群体对抗群体,以强力对抗强力。鉴于此种认识,湖北留日学生从自身做起,组建湖北同乡会,下设四部即杂志部、编辑部、教育部、调查部。每部都有明确的职责,以期实现“湖北人谋湖北”的宏愿,并进而谋划中国,摆脱被瓜分灭种的境地。

不仅湖北留日学生秉承“爱国必自爱乡始”的观念,其他省份的留日学生亦是如此。欧榘甲在1902年发表的《新广东》中,就阐述此观点。针对当时中国省与省之间“不相亲爱”,以及“爱中国者不如爱其所生省份之亲”,欧榘甲提出“莫如各省先行自图自立,有一省为之倡,则其余各省,争相发愤,不能不图自立”。并且认为,此之注意,有四者焉:“一因人心视其生省份之亲切,易于鼓舞;二因专力一省,易为措置;三因一省自立,各省得以感动奋起,不致于泛言中国,各存观望而无实志;四因一省自立,即立即为中国自立,人人视其省为中国之土地,而图自立,则视此中国,自为切实,将来联合,亦自容易。”①《江苏》亦刊文指出:“国之亡也,亡于不能群,而惟爱力足以救之,虽然,人未有不爱其亲而能爱其乡党邻里者,即未有不爱其乡党邻里而能爱国者。今之人竞言爱国矣,吾言爱国必自爱乡始。”②

爱乡为基点,爱国为终归,是《湖北学生界》的第一至第四期的主基调,在其设置的20多个栏目中,尽管栏目名称各异,有的名称看似与爱乡爱国毫无关系,但研读其内容,一章一节,一字一句,无不洋溢着湖北留日学生澎湃激昂的爱乡爱国热忱。

二、“以湖北人谋湖北”

《湖北学生界》同人秉承“爱国必自爱乡始”的观念,确立了“以湖北人谋湖北”的行动目标,接下来的任务就是将这一行动目标付诸实践。

---

① 欧榘甲(太平洋客):《新广东》,见《辛亥革命前十年间时论选集》第1卷,269页,北京:三联书店,1960。

② 《留学界:江苏同乡会创始记事》,《江苏》第1号,1904年。

《湖北学生界》谋划湖北、治理湖北、振兴湖北的实践活动，主要表现为两个方面，一是成立湖北调查部，对湖北方方面面实地调查；二是对湖北进行全方位报道。

（一）成立湖北调查部

鉴于“各国人之于其国也，无一事不有调查会，或政府提倡之或民人自组织之”。① 他们成立了湖北调查部，“调查本省务，使全省利病了然于全省人人之心”。② 谋划湖北，就得知道湖北的利弊所在，就像医生医治病人，必须了解病人病症一样，病症找到了，就能药到病除。“医者，必知病之所在，而后可施药；为治者，必知弊之所在，而后可兴利，爰设调查部，而地方一切之现状及其利病均详之，以为国民之记录焉。”③《北学生界》首倡进行社会调查，为输入西方文明、实现湖北近代化提供根据。该刊第一期所刊《湖北调查部纪事叙例》，长篇论述其重要意义，强调：“湖北者，湖北学生演其输入之文明之舞台也；湖北调查部者，测量此舞台而辨其所以利用之方针也。”又谓：“吾辈既为湖北人，则以湖北人谋湖北”，“今日调查之事，则主人翁之事也，举一省巨细之务而一一归其运筹，一一受其支配，以为吾国民发其智，通其情，兴其利，剔其害。凡有主人翁思想者，必当于此乎注目。”④所列社会调查“巨目宏纲”，凡十一大类，包罗万象。《叙例》所列调查纲目如下：

1. 政治上之调查。包括官吏、幕僚、家丁、吏役、局员、绅董、警察、讼狱、新政之名实、旧政之存废、对待外人之政法、对待人民之政法等项。

2. 教育上之调查。包括学会、学堂、学务处、报馆、图书、学生等项。

3. 经济上之调查。包括生产、分配、消费、岁入、岁出、钱法、积储等项。

4. 实业上之调查。包括实业教育上之影响、实业之局厂、农业、工

① 《湖北学生界·湖北调查部纪事叙例》第 1 期，1903 年。
② 《湖北学生界·湖北同乡会章程》第 1 期，1903 年。
③ 《湖北学生界·湖北同乡会缘起》第 1 期，1903 年。
④ 《湖北学生界·湖北调查部纪事叙例》第 1 期，1903 年。

业、商业等项。

5. 军事上之调查。包括军事教育上之影响、驻防旗兵、绿营、练军、团练、军器、水师、炮台等项。

6. 历史上之调查。包括民族、政治、学术、教育、文学、实业、交通上之历史和历史上之遗佚等项。

7. 地理上之调查。包括气候、山脉、水道、平原、湖沼、政治地理、实业地理、军事地理、地理沿革等项。

8. 民族上之调查。包括民族之户口、民族之道德、民族之强弱、民族之智愚、民族之贫富、民族之职业、民族在内之团体、民族在外之团体、流寓湖北之民族等项。

9. 生产上之调查。包括动物、植物、矿物、生产权利所有之规则等项。

10. 交通上之调查。包括航路、汽船、帆船、铁路、电信、邮便、中国固有之邮政。

11. 外人势力上之调查。包括商埠、教会、交涉案件、洋员等项。

湖北调查部成立后,进行了卓有成效的调查工作,由于篇幅所限,《湖北学生界》对调查报告刊登十分有限,但调查部所做的调查,对"以湖北人谋湖北"提供了重要事实依据。

(二)《湖北学生界》对湖北的报道

《湖北学生界》对晚清湖北的报道主要体现在以下几个方面:

第一,揭露湖北污吏之贪腐。《湖北学生界》第二期刊登了《广济县令》一文,讲述广济县完饷向来用银完纳,县令何锦琮要钱不要银,一两易钱一串贰佰文。何令高抬时价要钱一串伍佰六十文又以一两加耗三钱二分扣算。一两整要完钱二串零八十文。向来粮饷重征,以此为最,湖北广济县令何锦琮采用贵银贱钱、又加耗扣算的手段,从而达到重征赋税的目的。描述精确细致,一目了然。

又有《杂俎·新算学》一文,"今有贪官语于贪狗曰,吾食民肉尔食民骨,共事有年,日前由湖北调查部调查吾辈头数得甲数六分之五,调查尔辈头数得乙数三分之一,但知甲数与乙丙共数等,乙数得甲丙共数七分之一,求贪官与贪狗两头数之比例若何?……答曰,贪官小十倍于贪狗数。”[①]此文的标题为数学题，要解答的是难以算清的数字，这个数字是吸民骨髓的贪官与贪狗，贪官已多得不可计算，而贪狗有又是贪官的十倍。作者以寓言兼数学题的形式，巧妙而诙谐地揭露当时湖北官场吏治之腐败。

第二，揭露湖北赋税之繁重。自从帝国主义入侵和张之洞大办洋务以来，湖北的财政经济危机日益深重。清朝中央政府为偿付各场战争失败后的赔款，以分赔、代赔的名目不断摊派到湖北省。庚子之役后，清政府赔款九万万两白银，湖北每年担负 120 万两，而湖北官府从各州县搜刮的总额则是 120 万两的六七倍。对此，《湖北学生界》报道：

> 庚子之役赔款九万万，而吾湖北每年派一百二十万，筹款之方法不一，办法亦不一，各州县以及大吏吞食浮报之数亦不一，始有糖捐、烟捐、酒捐、富户捐、招牌捐，继有签捐。而签捐者，犹为办法之集大成，而各州县以及大吏浮收横敛浮于一百二十万之定额殆六七倍，今由一百二十万之数，调查签捐各地方各办法所入之数，每年约六百余万或入私囊，或借办学堂各种以为名，终不外报消一百二十万以外之余数而已。吾湖北人何罪？汉江南北狼虎成群，云赔款则吾国民有应出之义务，湖北人独非吾国国民乎？官吏之浮收逼纳何为者？云藉此款为肥己之用乎？中国灭亡渐至，恐尔官吏之孙孙子子，不得长保此浮敛之款项也。今由每县士民案调查签捐所出几何？办法若何？浮收若干？实用若干？使吾湖北人膏血虽被人吸尽，而吾犹知吾痛，知吾痒，知祸吾湖北人者，其心孔毒也。[②]

该报道披露了湖北官吏巧立名目，浮收款项，搜刮民脂民膏的真实情形，并站在被掠夺、被搜刮的百姓立场，对湖北贪官污吏表达万千愤慨，对民众疾苦深切关注。《湖北学生界》还以民权思想，启迪湖北人民，指出：西方民主国家“凡民人出一钱于国家，必问一钱之着落于官吏，官吏无敢隐匿者，国民之公奴也”，“国民有察核之权也”。所以我们

---

① 《新算学》，载《湖北学生界》第 2 期，1903 年。

② 《湖北各州县筹抵签捐办法》，载《湖北学生界》第 2 期，1903 年。

也应该对各县摊派的数额、筹款的方法以及各地“浮收若干、实用若干”进行详细的查核。

第三，客观评价湖北教育得失。《湖北学生界》肯定了湖北学堂教育在戊戌变法后取得的长足发展，“湖北自戊戌变政后，学堂次第林立，讲求实学为天下倡，较他省书院之仍八股试帖以课士者，不既多乎？”① 同时又指出了湖北民间教育的惨淡，“湖北官立之学校稍具规模，比诸日本其德川氏之时代欤，至于民间之教育事业则暗乎。其莫莫闻言之，以为士林愧也”。② 又用大量的笔墨，指出了新式学堂存在的诸多问题。“鄂中学堂间有彼此界线之分”，由于每学堂的监督不同，而“监督之善于攀缘长官，粉饰规模者，每奖其学堂之学生高各学堂学生一级，而己之位置乃能高各学堂监督一级，而长官遂加以特别之保荐。庸俗浅陋者反挟以自傲，以为我某大人之门徒也，身艺优长之士以监督不能夤缘之故，常屈抑于其下层”，故而“积不相能也”。又由于学堂科目不一，“甲曰吾文学堂学生也，当道之所重，将来有好出身。乙曰吾将弁学堂学生也，更为当道之所重，将来有好出身。而实业、方言、师范、仕学各种种学堂学生，亦罔不如是云云。各怀一好出身之宗旨，互相讥笑”。③ 此种状况，必不能使其“联络声气”，结为一体。这是晚清湖北教育最为严重的弊端，不适合革命思想的宣传与传播。《湖北学生界》特别强调，教育并不仅仅在于兴办学堂，施教者与受教者必须“破釜沉舟、卧薪尝胆，日日以救亡国亡种为宗旨，以爱同胞合群力为精神，以输灌新道德新智识为手段”，只有如此，“或其有效哉，或其有效哉”。他们认为应该“提携鄂中文武实业各学堂同胞相亲相友，相劝善相规过，相补助利益，研成一坚固完全之学生社会，旬一小会演说课其学程焉，月一大会演说课其学程焉。精神相鼓荡而愈磅礴，才力相摩擦而愈锐利，智识相交换而愈博通，其进步将有不可思议者”。④

第四，剖析湖北文化中的消极观念。谚语浓缩了一个国家的文化

① 《敬告同乡学生书》，载《湖北学生界》第 5 期，1903 年。

② 《湖北调查部纪事叙例》，载《湖北学生界》第 1 期，1903 年。

③ 《敬告同乡学生书》，载《湖北学生界》第 5 期，1903 年。

④ 《敬告同乡学生书》，载《湖北学生界》第 5 期，1903 年。

观念，影响一个国家民众的心理行为，“观其一国之俗谚，而其盛衰强弱即可了于指掌”。[①] 同样，考察一个地方的谚语，可知该地方盛衰强弱。《湖北学生界》收录一些反映民间“卑鄙猥琐”思想的谚语，如“好铁不打钉，好男不当兵”，“女子无才便是德”，“墙上一茎草，风吹两边倒”，“人人不做官，做官都一般”，“宁做大户人家奴，不做小户人家主”，“沟这边也是睡，沟那边也是睡”，“官打民不羞，父打子不丑”，“官场如戏场”，“衙门深似海，弊病大如天”，“八字衙门朝南开，有理无钱莫进来”，“清官清到底，只要银子不要米”等等，这些谚语，体现了传统文化中消极、躲避、顺从、缺乏正义与抗争的观念，“使国民高尚之人格尽失尽矣”，实乃“亡国之言”。《湖北学生界》指出，“读法兰西之谚，则皆自由独立之言也，读日本之谚则皆好武尚侠敢死之言也，故一国为欧洲文明之中心点，一则为亚洲列强之先进国者”。[②] 通过对谚语的中外比较，以期从文化观念上，革除国民消极、退缩、忍让、甘居人下的奴性，树立积极、进取、独立、勇于担当的国民品格。

三、《湖北学生界》的爱国救亡宣传

《湖北学生界》的爱乡情怀在民族危机的情势下，自然而然地升华为爱国情怀，在其所设置的所有栏目中，“爱国”二字融贯其中。

该刊在论说栏目中刊发多篇文章，诸如《叙论》、《学生之竞争》、《论中国之前途及国民应尽之责任》、《尊我篇》、《中国民族论》、《敬告通向学生》等，分别从不同的角度表达爱国主题。如《叙论》以六大要义作为办刊准则：其一义为“不尚空谈”，其二义为“不责精深”，其三义为“专为社会说法”，其四义为“专就目前说法”，其五义为“陈病症而兼及方法”，其六义为“为婉劝而戒嘲骂”。表达留日学生将挽救国家危亡的爱国情怀化为切实的爱国行动。《学生之竞争》一文满怀深情，指出“介于上层和下层社会之间”的中国学生，应担负起时代赋予的挽救国家的历史使命。作者以悲凉沉痛的笔调写道：“爱国少年，痛国势之日危，种族之将

---

① 《亡国之言》，载《湖北学生界》第1期，1903年。

② 《亡国之言》，载《湖北学生界》第1期，1903年。

灭，四百兆黄帝之子孙，将为奴隶、为牛马”，供西洋人蹂躏践踏，“不复使亚洲大陆，留吾同胞角逐之场。旦旦而哭之，夕夕而呼之，枯吾泪、渴吾沫、裂吾喉、焦吾舌，乃挺身拔剑而起。西望中原，见夫阴霾障天，鼾声震地，莽莽四百余州，方博夜、方大昏，甘心作亡国奴而不耻。气悒悒不能自忍，遂喷其万斛之热血，发为哀号之声，为吾同胞之为学生者告。”①其深爱祖国之情，洋溢于字里行间。

在教育栏目刊文，主张教育救国。在教育救国的措施上，提倡国民教育、义务教育和尚武教育。通过与西方强国教育的比较，《湖北学生界》认为中国的教育应从国民教育入手，因为只有这样才能树立和张扬“国民之精神”，如若不然，教育则成“木无其本”、“水无其源”。“中国今日之教育方针”，应该是“其组织当为军队的，其学问当为普通的，其精神当为种族的，而其总则当以养成强毅规则之风为第一议”。② “游雄盛之国，披独立之史，有感服推从者曰，英以欧洲西北部一岛国实行帝国主义，殖民海外，使世界上无地无盎格鲁撒克逊人种足迹者，无他，维有国民教育”。“今吾中国为万矢之的，如累卵之危而适当或存亡之过渡时代。其存也则拓土殖民将有统一全球之势，其亡也则灭国绝种将为世界第一种贱奴永生息于异种人压制之下。有志之士忧之，见吾国新法有年前所整顿军事、财政、吏治、外交诸要端未足以图存救亡也，于是探本索源曰‘教育教育’。又见吾国办学堂亦有年，前所讲求水师陆师农务工艺诸实学，仍未足以图存救亡也。于是更探本中之本、索源中之源，大声疾呼曰“国民教育，国民教育”。③

义务教育在西方强国早已实行，独中国不然。“故各国所谓国民教育即强迫教育观国之文明程度者，以强迫教育年限之多少为断，吾国兴教育不可独悖此例也明矣”。④ 在义务教育之中，他们强调必须重视教师的素质和小学教育。“审其培植之要，则良教员，其国民之孕育母

---

① 《学生之竞争》，载《湖北学生界》第 2 期，1903 年。

② 《中国当重国民教育》，载《湖北学生界》第 2 期，1903 年。

③ 《国民教育》，载《湖北学生界》第 3 期，1903 年。

④ 《教育与群治之关系》，载《湖北学生界》第 5 期，1903 年。

也”。[①] 优良的老师才能教育出优秀的学生，所以“普之创立国民学校，必先设师范学校”，国民教育的第一步是先建立优秀的师范学院。“考其措置之方，则小学校其国民之出产地也”。任何人的成长都自小开始的，习惯的养成、理想的形成都是在小学阶段奠定的。“筑百尺之台必先厚其基址，植千寻之木必先固其本根”。[②] 今日的小学生必为明日的国之栋梁，所以必须从小学就养成“特色之国民”。

《湖北学生界》认为，国民不仅需要在智识上加强教育，还需要在体质上加强教育，即尚武教育。半个多世纪以来饱受外族的欺凌，加上留日学生对日本武士道精神和日本强大的切身认识，使之非常推崇尚武精神。其着眼点在于：以军事、体育训练来统一国民的意志与行动，洗刷“东亚病夫”形象，进而达到拯救民族危机，争取民族自尊、自立、自强的宏大目标。

在实业栏目，主张实业救国。国与国之间的较量，不仅是军事的较量，更是实业的较量。要想在世界竞争风潮中立于不败，必须振兴实业。该刊在《世界农业一斑》一文说：“二十世纪军事竞争之舞台，移之于实业，而实业遂有左右世界之力。……实业盛则国势盛，实业定则国势定，实业有进步则国势有进步，实业甲全球则国势甲全球。呜呼，二十世纪为实业竞争之世界，今之经济家所同口一词者也。”实业之重，关系着国家的生死存亡。而这其中，商业有特别重要的作用。《论中国商业不发达之原因》认为“悲夫，今之论者，莫不言中国亡于外交政策，亡于武备不修。夫岂知商务弗兴……实足亡中国而有余也”，“我国之贱商数千年矣，不保商而扰商，不利商而剥商不止。无怪乎商权常落入外人之手，需用供给不适其度，国势日益萎靡不振也”。[③] 他们认为中国商业不发达，主要有八大原因：“视商太贱”、“居商于四民之末”、“视商太易”、“不通商情”、“不重商信”、“无商报”、“无商会”、“无汽船社与银行”、“无奖励与保护”。因此，必须重视商业、实行商战，对商业采取保

---

① 《国民教育》，载《湖北学生界》第 3 期，1903 年。

② 《国民教育》，载《湖北学生界》第 3 期，1903 年。

③ 《论中国商业不发达之原因》，载《湖北学生界》第 3 期，1903 年。

护和奖励的政策，扩大国外贸易以获取越来越多的货币，这就是国家富强的主要途径。

在留学纪录栏目，刊登了许多文章，报道留日学生的爱国热忱与爱国行动。其中，《学生军缘起》记录了中国留日学生组织义勇队，誓死抗俄的详细过程。文云：

> 东三省风云急，一发已牵，全身将动，吾十八行省将从此分割，吾父母伯叔兄弟姊妹，将从此累累作人奴。呜呼！热血爱国儿，其何以堪此！男儿死耳，宁为亡国儿，不为亡国人，头可断，血可流，躯壳可糜烂，此一点爱国心，虽经千尊炮万枝枪之弹子炸破粉碎之，终不可以灭。于是学生乃愤乃怒乃奋起，大呼曰："速死速死！"而"学生军"三字乃出现于烟云惨淡魔气弊天之二十世纪舞台之上。某不敏，请濡染吾热血寒泪之爱国笔，叙述我学生军之缘起。①

学生军的成立，在中国历史上，是史无前例的创举。在军队不能御敌、政府不能保国、国人酣睡不醒之际，爱国学生只有以一腔热血、一颗头颅，报效祖国。

《湖北学生界》的爱国宣传，在政法、经济、医学、地理、时评、小说、词薮、杂俎、外事、国闻等栏目中比比皆是，不胜枚举。

第三节 《湖北学生界》(《汉声》)转向主张革命

如前所述，《湖北学生界》第一至第四期的政治立场是爱乡爱国，反贪官而不反政府，反列强而不反满族。以呼唤同胞挽救民族危亡为职志，"今日之中国，非世界竞争风潮最剧烈之漩涡哉？俄虎、英豹、德熊、法貔、美狼、日豺，眈眈逐逐，露爪张牙，环伺于四千余年病狮之旁。割要地，租军港，以扼其咽喉；开矿山，筑铁路，以断其筋络；借债索款，推广工商，以敛其膏血；开放门户，划势力圈，搏肥而食，无所顾忌"。② 面

---

① 《学生军缘起》，载《湖北学生界》第 4 期，1903 年。

② 《学生之竞争》，载《湖北学生界》年第 2 期，1903 年。

对中国灭亡在即紧要关头，呼唤同胞奋起抗争，矛头直指帝国主义。即便是弘扬民族英雄岳飞，其主旨亦在排外而非排满。文章结尾指出："世界民族的国家、民族的历史，必有一绝大民族的人物，为本族庄严金碧深入人心之标准，俄之大彼得、法之拿破仑、日本之丰臣秀吉，诚一族之英雄哉！非民族的国家、征服统一的民族，不敢有此。中原豪杰之士，有敢以岳忠武飞为本族第一人者乎？盍来一读此传。"[①]作者把岳飞与其他国家的抵御外国侵略、争取国家独立的民族英雄相提并论，说明该文弘扬岳飞，是立足于整个中华民族，而非狭义的汉族立场，是以岳飞的精忠报国精神激励青年学生，献身祖国，共御外侮。

然而，《湖北学生界》从第五期起变得言辞激烈，从第六期起改名《汉声》，政治立场由爱乡爱国、反对外国列强、争取民族独立转变为反对专制统治，推翻清政府。这一转变，因一重要历史事件——"拒俄运动"所导致。

一、拒俄运动与《湖北学生界》更名《汉声》

1903年的"拒俄运动"是"辛亥革命前的留学生运动"和国内知识分子运动中的一个重要事件，是国内外知识分子，尤其是留日学生政治立场发生根本转变的关键性事件，它使以爱国救亡为己任的留日学生彻底认清清政府对外卖国求荣、对内防范镇压的真实面目，促使青年学生由爱国排外迅速转变为革命排满。《湖北学生界》更名为《汉声》就是湖北留日学生由爱国转向革命的宣告。

早在1902年4月，清政府与沙俄签订《东三省交收条约》，规定沙俄军队应在12个月内分期从中国境内撤走。1903年4月，撤兵规定期限已到，沙俄不仅没有撤兵，反而乘机提出七项新的侵略要求。1903年4月2日，日本东京《时事新报》发表"号外"，登载了沙俄驻日公使的谈话，说什么"俄国现在政策断然取东三省归入俄国版图"云云。[②] 4月28日，《东京新闻》进一步揭露了俄国政府向清政府提出的强占我国东

① 《中国民族主义第一人岳飞传》，载《湖北学生界》第4期，1903年。

② 《拒俄事件》，载《浙江潮》第4期，1903年。

北“七项要求”的具体内容，“学生见之，哗然大愤”。[①] 于是，一场波及国内外知识分子的“拒俄运动”骤然而起。

4 月 29 日，东京留学界继上海张园集会之后，在神田锦辉馆召开全体大会，决定立即成立“拒俄义勇队”，表示“誓以身殉为大炮之引线，唤起国民铁血之气节”。[②] 过了两天，留学生们决定将“义勇队”改名为“学生军”，并正式制定了《学生军规则》，明确规定：“目的：拒俄；性质：(甲)代表国民公彼；(乙)担荷主战责任。”[③]东京留学生的这些爱国行动，在国内也引起了强烈反响。上海张园集会就曾向全世界庄严宣告：沙俄强迫我国签订新约，“现我全国人民，为之震愤，即使政府承允，我全国人民万不承认。”[④]他们同时决定编练“义勇军”，对东京留学生表示支持。以后，在集会的基础上，还由邹容等发起，建立了一个统一的爱国组织——“四民公会”。与此同时，在北京、武汉、安徽等地，各类学校的知识分子也纷纷集会，致电上书，要求“拒俄”。知识分子的这些活动尽管都还没有超出一般的爱国范围，但也为清政府所不容。就在留日学生编成“拒俄义勇队”，准备开赴东北前线时，清驻日公使即致电清廷：“东京留学生结义勇队，计有二百余人，名为拒俄，实则革命，现已奔赴内地，务饬各州县严密查拿。”清廷还密谕各督抚：“前据御史参奏，东京留学生已尽化为革命党，不可不加防备。又日本蔡钧来奏，此间革命业已组成军队，将托拒俄一事分奔各地，前岁汉口唐才常一事，则托勤王以谋革命，此间则托拒俄以谋革命，其用意与唐才常相似。而党羽较密，编练尤严各语，不胜诧异。”清政府对学生的爱国行动的反应竟然如临大敌，连忙“移文州郡，传电畿疆，罗织搜索，防若寇贼，观其儆戒之情与张皇之态，盖几较俄事有过之而无不及者”。[⑤] 同时，清廷还勾结日本当局，勒令解散了“义勇队”，并禁止留学生练习兵操。爱国有罪，救亡问刑，国人被剥夺了抵御外侮的正当权利。这正像留学生的文章所

---

① 《拒俄事件》，载《浙江潮》第 4 期，1903 年。

② 《拒俄事件》，载《浙江潮》第 4 期，1903 年。

③ 《学生军缘起》，载《湖北学生界》第 4 期，1903 年。

④ 《对于俄约之国民运动》，载《江苏》第 2 期，1903 年。。

⑤ 《革命其可免乎?》，载《江苏》第 4 期，1903 年。

指出的："今既拒俄则非革命固无疑矣"，而清政府"必欲合并而混同之"，在这种驱迫之下，"革命其可免乎"？[①] 于是，"拒俄运动"便很快发展到了它的新阶段——以推翻满清封建王朝为主要目标的"军国民教育会"时期了。

5月11日，在"拒俄义勇队"被迫解散以后，一部分激进的队员如黄兴、陈天华、秦毓鎏、吴樾等人，不为高压所屈服，而以更为激烈的手段，在"义勇队"的基础上，组织了"军国民教育会"，明确指出清王朝是"拒俄"的"阻力"，提出了"欲求出发，必先除阻力"的口号，[②]从而将"拒俄运动"由单纯的抵御外侮推向了反清革命，实现了知识分子运动从爱国到革命的飞跃。

为配合留日学生的反满革命宣传，《湖北学生界》从第六期起更名《汉声》，名称的变化，实质是刊物政治立场的转变。《湖北学生界》以湖北命名，地域色彩浓厚，其宗旨标明为"输入东西之学说，唤起国民之精神"，在其发刊词和刊登的大量文章中，体现出来的是在输入西方近代文明的同时，贯穿着一条爱乡爱国的主线。拒俄义勇队被镇压后更名的《汉声》，打破了地域的界限，"以光复祖国而振大汉之天声"为宗旨。《汉声》发刊词郑重宣告："誓将赋同仇之什，光复宗邦，击自由之钟，重选独立。"斗争的矛头直指清朝腐朽统治。

> 呜呼！北风正竞，东南谁是男儿？国魂何方？江山又将易主？嗟空谈之无补，余欲无言；病国民之莫知，奚容坐视？聊和墨泪，时写狂言。牢已亡羊，补犹未晚；地将逐鹿，居岂能安？惟我邦伯叔兄弟，闻风投袂，庶各奋兴，扬民族之风潮，兆汉祀于既绝，岂非最急之先务哉！今日者满洲问题风云日急，东亚大局争此须臾，望野蛮之政府难为止渴之梅，议立宪之问题，永作三年之艾，置诸死地然后能生，惟有振刷独立精神，拔除奴隶性质，喋血苦战，以竞生存，庶我汉族国民终足担任近世之和局，而铲除其不平之种子。在吾辈居于江汉流域者，亦

---

① 《革命其可免乎?》，载《江苏》第4期，1903年。

② 冯自由：《发起军国民教育会意见书》，见《革命逸史》初集，110页，中华书局，1981。

可以不坠之三户遗风，奋其武怒，报其大耻，以揭竿而为中国倡，吾望如此，同胞若何？时不我待，丧乱弘多，投笔援剑，歌大汉之歌。①

在这里，作者将满族统治集团置于汉族的对立面，"国魂何方？江山又将易主"，"国魂"即民族主义，"江山又将易主"直斥清政府的投降卖国将使汉族面临被西方列强主宰的厄运。"望野蛮之政府难为止渴之梅"，表明《湖北学生界》对清政府的敌视与绝望。于是，争取民族独立就面临两大任务，一是反对满族统治集团，一是反对西方列强。在民族生死存亡关头，《湖北学生界》号召青年学生"投笔援剑，歌大汉之歌"。

《湖北学生界》更名《汉声》后的立场转变，在"算学"栏目中刊登的"新算学"最能体现。在《湖北学生界》第二期《新算学》中的题目是：

今有贪官语于贪狗曰，吾食民肉尔食民骨，共事有年，日前由湖北调查部调查吾辈头数得甲数六分之五，调查尔辈头数得乙数三分之一，但知甲数与乙丙共数等，乙数得甲丙共数七分之一，求贪官与贪狗两头数之比例若何？……答曰，贪官小十倍于贪狗数。②

在《汉声》中《新算学》(续)《湖北学生界》1903 年第 2 期)的题目是：

设如甲乙两种人，甲种人四万万，乙种人五百万。甲种人受压制于乙种人计二百六十年，今欲以乙种人受压制于甲种人，问须若干年始能抵偿？

按题言，甲种人四万万，乙种人五百万，较其倍差，甲种人八十倍于乙种人，今欲以乙种人受压制于甲种人应八十倍，甲种人受压制于乙种人之年始足抵偿。③

两道数学题都以寓言的形式反映现实问题，前者为官吏腐败，为阶

① 《汉声》，载《湖北学生界》1903 年第 6 期，1903 年。

② 《新算学》，载《湖北学生界》第 2 期 1903 年。

③ 《新算学》，载《湖北学生界》第 7、8 期合刊，1903 年。

级矛盾，后者为满族统治集团压制，为种族矛盾；前者意在反腐朽统治，后者意在反清朝统治。同样的栏目，同是数学题，表达的政治立场完全不同。由此可见，1903 年 4 月爆发的“拒俄运动”，直接导致《湖北学生界》更名《汉声》，并致力于反满兴汉的革命宣传。

二、《湖北学生界》(《汉声》)对国民性的批判

要想抵御外侮，推翻清朝统治，实现民族的独立与复兴，前提是作为个体的国民必须自立自强，勇于担当。然而，历经数千年封建文化的熏染和专制制度枷锁的长期桎梏，国民性中的种种愚劣表现，与时代赋予的反帝反封建任务极不相称。换句话说，如果不进行国民性的批判与改造，“反满兴汉”只能是“镜中月，水中花”。

所谓国民性，是指一个社会的绝大多数成员由于文化、制度、经济和地理环境等因素的影响和作用而长期形成的共同心理特质、思维习惯和行为方式。在影响国民性的诸多因素中，最为重要的应是封建文化和专制制度。这两大因素，造就了国民知有个人而不知有国家，重物质而轻理想，喜安逸而惧冒险，乐依赖而不尚独立，趋守旧而不思革新，甘被奴役而不抗争等等劣根性。《汉声》从反封建专制的立场出发，针对国民性中若干弊端展开批评，其最具代表性的批判文章为《日本与支那》，原文如下：

> 日本人有国家无个人；支那人有个人无国家。
>
> 日本人生活于理想；支那人生活于物质。
>
> 日本人无人不有武士之根性；支那人无人不有商贾之根性。
>
> 日本人迷信宗教，故受宗教之益而不蒙教士之害；支那人迷信势力，故蒙教士之害，而不受宗教之益。
>
> 日本人以保国家为荣，故排幕府尊王室；支那人以作官为荣，故媚异种杀同胞。
>
> 日本人教育重尚武精神，故体格虽小而不损威重；支那人教育重奴隶资格，故躯壳虽大，适增其拳曲臃肿。
>
> 日本人学西文，造成学者；支那人学西文，造成买办。

日本人学宋学，造成维新之人杰；支那人学宋学，造成事异种之忠奴。

日本人忧国是佥曰是国民义务，故国强；支那人有一二人忧国是佥曰是大言欺人，故国亡。

日本人言忠，忠于本族；支那人言忠，忠于外族。

日本人神经之感觉快，故主进取；支那人无神经，故主保守。

日本人嗜酒，故有豪气；支那人嗜烟，故有死气。

日本人居岛国，异种人来侵犯，易于震动；支那人居大陆，异种人握其主权数百年，酣睡而不知。

日本人男女主相爱；支那人男女主相敬。

日本人不杀尽其种，不能亡其国，故二千余年未亡国；支那人杀其少数人，其全国人皆降，故胡人屡亡其国。

日本人最爱祖宗，故爱天皇为祖宗之子孙也；支那人忘其祖宗，故奉异族为君，虽异族杀其祖宗之仇，亦不思报也。

日本人最重侠气，故多刺客暗杀人；支那人全无气骨，故多谗言暗伤人。

日本人如骏马，视自由如命，不喜羁绊；支那人如猪，圈之牢中，只知酣睡不求逃出也。

日本人最不怕势力，故小日本敢与大俄国相抗；支那人最怕势力，故多汉人作少满人之奴。

日本人各有独立之资格，故能立政府，亦能倒政府；支那人无独立之资格，故好官来则欢，坏官来则戚。

日本人最好名，无论何国欲买其“大日本”三字不可得也；支那人最好利，虽卖其国家卖其祖宗所弗恤也。

日本人当兵以御外族，支那人当兵以杀同种。

日本人有激性，稍遇不平辄忿怒；支那人有忍性，灭其家覆其国杀其祖宗割其土地，彼依然磕头，呼天恩高厚，小臣死罪死罪者也。[1]

文章从我们看得见、摸得着、感觉得到的二十三个方面，对比中国与日本国民性的区别，以期望寻找到日本强盛、中国衰败的国民性根源。其中的诸多比较，虽有些偏激，但也切中要害，能启迪国人深思和警醒。

《汉声》在《奴痛·记薛女士》一文中，讲述了薛女士在美国寻找旅宿之处时，四处碰壁，无人愿意留宿的悲惨遭遇。美国人之所以拒薛女士于门外，就因为薛女士为中国人，中国人被认为具有十足的奴隶劣根性，比亡国丧家的“印度奴”、“波兰奴”、“马来人奴”、“非洲黑蛮奴”还要低贱，原因就在于汉人不仅做洋人的奴隶，还做满洲的奴隶。美国人不让薛女士留宿，是害怕感染奴隶根性，不愿和薛女士交往，是怕遭人耻笑，耻笑和世界上最低贱奴来往。其中一段对话道出了作为双重奴隶的国人所感受到的内心痛楚：

一日，女主人谓女（笔者：薛女士）曰：吾闻日本四面皆海，景色佳绝，避暑最宜，妹他日归国，当共行也。女曰：予中国人，非日本人。女主人闻之诧然失色，曰：此地不居中国人，向以妹为日本人，故赁屋。既属中国，今晚请选他所，决不可留此。女曰：予与夫人甚得，何见拒之深也？予亦无事开罪于夫人。女主人曰：予与妹交情圆满，决无破裂，望时时送书信来面谈，但不可停宿予家。女曰：何故？女主人曰：现今世界奴隶最下层者，莫如中国人。印度为英奴，波兰为俄德奥奴，马来人为荷兰英德奴，非洲黑蛮为欧洲国之奴，独我美国南北战征后，禁贩黑奴，旧日奴种今亦平等，奴隶入我国，我皆大发慈悲，超之使脱奴籍。独汝中国为游牧人种奴，较之为文明奴已相去万里，且辫发累累，衣裳丑猥，万不肯去奴隶记号，商工于吾国者，殆二百万，首冠奴号，殊自得毫不为耻，心中已认可野种主人。开保皇大会曰：小奴臣死罪死罪。故欧美各国视有中国人主其家者，咸视主人沾染奴气，避道而行，过门无人入

[1] 《日本与支那》，载《湖北学生界》第5期，1903年。

其室者。汝中国现况如此，非予有怪于妹也。女闻之默然。[1]

上述两篇文章，一篇以杂文的形式，一篇以故事的形式对国民性展开批判。杂文涉及面广，直刺国民病症；故事集中火力，炮轰病根。当然，《汉声》对国民性的批判，并不只有这两篇，而是随处可见，不可能一一列举。

三、《湖北学生界》(《汉声》)的反满动员

清政府奉行的“量中华之物力，结与国之欢心”、“宁赠外人，不予家奴”的政策，不仅使祖国的财富、资源、领土丧失，同时也将其置身于人民的对立面。1903年的爱国“拒俄运动”被清政府视为革命的行为而惨遭镇压，资产阶级革命派压抑已久的愤怒情绪骤然演变为反满的革命怒火。留日学生纷纷刊文，发出革命反满的怒号。《湖北学生界》从第五期至第七、八期(合刊)，在论说栏目刊发了《敬告同乡学生书》、《汉声》发刊词、《原祖》、《论中国合群当自自治始》；在历史传记栏目刊发了《黄梨洲》、《牢狱之英雄》、《菲律宾亡国惨状纪略》、《亚米利加之大英雄哈密顿传》；在地理栏目刊发了《扬子江》；在军事栏目刊发了《军队之精神》；在教育栏目刊发了《家庭教育》；在时评栏目刊发了《内政外交二大争斗时代》；在小说栏目刊发了《血泪痕》、《天半忠魂》、《燕子窝》、《陆沉痛》；在传奇栏目刊发了《扬州梦》；在词薮栏目刊发了《新人篇》、《爱国庐诗话》、《渡美纪行诗》；在杂俎栏目刊发了《奴痛》、《支那人之真影》、《兰心楼史话》等文章，以不同的文体，从不同的角度，历数满族入主中原所犯下的种种暴行，给汉族所造成的种种灾难，呼唤汉族同胞团结一心，“反满兴汉”。

为宣传反满，《湖北学生界》还发行增刊《旧学》，专册辑录宋、明两代旧籍名篇，借以激扬“反满复汉”的民族思想。编者在《题词》中揭示宗旨曰：“摅怀旧之蓄念，发思古之幽情；光祖宗之玄灵，振大汉之天声。”[2]在《旧学》广告中宣称：“表古今之思想，合中西而贯之，念华夷界

---

① 《奴痛·记薛女士》，载《湖北学生界》年7、8期合刊，1903年。

② 《旧学》，载《湖北学生界》第5期，1903年。

限，必代春秋呼冤，展腥膻历史，誓为种族流血。”[①]全书内容分设诗、词、曲、诏、诰、谕、制、令谕、檄、批、表、疏、笺、序跋、史论、论、铭、墓表、祭文、杂纂等门类，内容丰富，刊有岳飞、文天祥、瞿式耜、夏完淳、顾炎武、王夫之、朱元璋等的杰作，如《送紫声张先生北伐》、《胡笳曲》、《满江红》、《明太祖驱胡檄》、《读通鉴论》等，呼号“直捣燕幽”，“恢复神州”。又将名言、警句如“汉皇万岁”、“人心思汉，天意扶明”、“匈奴未灭，何以家为”、“不许夷狄入主中国”、“但使龙城飞将在，不教胡马度阴山”等分别插印于内页空隙之地，反映出强烈而激越的反清思想。

根据《湖北学生界》后四期刊的刊登的文章，总结其革命反清的舆论动员主要表现为以下几个方面：

第一，揭露满足入主中原所犯下的种种暴行，激发汉人对满人的民族仇根。

《湖北学生界》以“扬州十日”为题材，刊发传奇故事《扬州梦》，以诉说当年满人将人间天堂变为人间地狱的惨状。故事的主人公名叫宗祖，曾目睹二百多年前满人在扬州暴行，二百多年后的1903年，恰遇到扬州城内几位读书人因俄据东三省事而百思无策，宗祖乃化身成仙，向四位扬州人讲述“扬州十日”的血腥悲剧：

> 是今岁二百二十年前，正初下旬仲，洋河燎遍烽烟，督镇退守奋空拳，满兵长驱如弩箭，东城告警，六街风传，南关出逸，雨泪珠悬，痛群生无一个能逃玄黄战。
>
> 扬州城破……溃卒儿夺门请逃，城头人如枯叶扫，顺民儿焚香上表，案前烟共锦旗飘，甚腥风彻奈何桥，甚血雨洒长安道，望苍天苦号，那蛮刀无老少。……骑兵策马，鞭声震屋瓦，促人儿伏刀下，问有无，计多寡，把金帛财货索向家家。
>
> 你听那城外啊一声声如策牧豕，尔看那城内啊一阵阵如豢家鸡，前导卒儿单刀提，后驱卒儿长槊举，苦沿途愁云惨雨，更谁敢左顾爱子，右睨娇妻，街头巷里纵千般捶楚欲行还止。
>
> 最惨的是少妇和弱女，既忍长索颈系，更兼是弓鞋行迟，

① 《旧学》，载《湖北学生界》第5期，1903年。

把乳儿抛衬马蹄，把血痕溅污凤髓，驺前荐席，辱及女尼，筵中裸戏，羞杀美姬，几见那贞淑闺中人饵刀匕。

那些妇女受种种污辱，我也谈不出口，但是有一层话我们是要知道的，满卒党语人曰，咱们征高丽掳妇女数万，无一失节者，何堂堂中国竟无耻至此，诸生自家试想一想，好不丑极好不痛极。

洗城令下，魂惊五夜，满城居人纷挐，任是耄孩都付风雨落花，楼巢无鸦，窟穴空兔，封刀成虚话，惨人血渠水流霞，痛见尸山骨枕藉，哀馀泪向谁洒。

诸生生在今日同声拒俄，莫非是恐东三省为俄人占了，旋将波及内地，试问今日十八行省，有那一省是属汉人的？照上说来，满人昔年屠扬州比俄人在东三省还残忍得几倍，俺到坛谈这一番话，初无别意，要你们知报复俄人，且先排去满人才是。

天荒地老情无尽，要二百前冤魂目儿瞑，除非是十八行省齐革命。①

第二，揭露统治集团仇汉与奴汉的统治政策，以激起汉人革命，推翻清政府。

《湖北学生界》以满族贵族刚毅为典型，揭露清政府奉行的仇汉与奴汉的统治政策。

刚毅任江苏巡抚时，曾与驻沪美总领事相见，美总领事谓“江南人物秀美，实贵国材智之区”。刚毅答曰：“此皆吾家伶俐奴仆，吾亦颇原驰使之。”②

刚毅擢升尚书后，入军机谏西后曰：“满汉不并立，老佛爷用汉奴宜慎。”西后曰：“徐桐忠实可靠。”毅叩头曰：“徐桐虽好，终属汉军，不如我一家人最为可靠。”一日谓西后曰：“江南财赋，汉奴皆柔懦，易搜括。”西后曰：“劳尔一行。”毅抵江南，首清田赋成宿志也，裁学堂戒养汉奸也，

① 《扬州梦》，载《湖北学生界》1903年第6期1903年。

② 《兰心楼史话》，载《湖北学生界》第6期，1903年。

整顿驻防防汉变也。毅曰:“昔摄政王御蒙古法必使蒙古奇穷始不敢衅,我江南产物殷富,照行摄政王法,则汉人永无衅志矣。”①

义和团提出扶清灭洋的口号后,刚毅告西后曰:“此种家奴可用以攻洋人”,“不胜不过送托汉奴土地一二块,与其送于家奴,不如赠于朋友,使彼攻外人减生仇我心,且借外人手尽杀之。”②

中俄密约,刚毅实为大主动力。刚毅对西太后说:“联俄大利有三:满洲旧部原发祥于松花江,俄国西比利亚人民实与我同种,汉奴终有崛起一日,我倚俄人以归故土,事必济,利一;西洋各国距我寥远,设一旦汉奴反噬,骤难获救,俄人与我东三省接壤,驻防兵不胜,可借我兵以平家奴,且可保全列祖发祥旧地,利二;满洲人资财,西洋各国皆不可托,更不可假手汉奴,俄华道胜银行经理满王大臣财产甚好,愿老佛爷信用之,利三。”③

刚毅临终之际,还留下遗折,曰:“洋人不足惧,即瓜分中国必留一隅土,使我满洲得为小朝廷,决无绝我血食理。汉人余世仇也,无满有汉,无汉有满,汉人得志,吾满人之忧也,愿无假以事权,无开其智识,则得驾驭之法矣。”④

第三,弘扬汉族英雄,以激发汉民族自豪感和反清斗志。

《湖北学生界》认为:“英雄者,其觉性锐,其御外侮扞,同胞之念强,故爱身爱家不如其爱国”,⑤“立于社会进化之时代,而不能养成国民之爱国心,利用民族之能力,组织一团体国家者,其国土必夷为殖民地,其国民必降为贱种。国民之有爱国心者,虽受之于禀生之初,实英雄取诸其怀而予之也”。⑥《湖北学生界》在第五至七、八期(合刊)先后刊发《黄梨洲》、《记朱舜水先生》等,弘扬他们的爱国之心和抵御外侮的英雄事迹。现仅以《记朱舜水先生》为例述之。

---

① 《兰心楼史话》,载《湖北学生界》第6期,1903年。
② 《兰心楼史话》,载《湖北学生界》第6期,1903年。
③ 《兰心楼史话》,载《湖北学生界》第6期,1903年。
④ 《兰心楼史话》,载《湖北学生界》第6期,1903年。
⑤ 《黄梨洲》,载《湖北学生界》第5期,1903年。
⑥ 《黄梨洲》,载《湖北学生界》第5期,1903年。

朱舜水(1600—1682),名之瑜,字鲁屿。舜水是日本学者对他的尊称,因家乡浙江余姚的一条河而得名。他出身望族,九岁丧父,家境开始衰落。他从小禀性刚毅,爱好史学,抱有经世之志。因见"世道日坏,国是日非",故"慨然绝进仕之怀"。1644 年清兵入关以后,在经济上实行野蛮的圈地运动,在文化上强制推行满族的风俗,还对汉族人民进行残酷的屠杀,制造了"扬州十日"、"嘉定三屠"等惨案。从 1647 年至 1658 年,朱舜水历尽艰辛,先后五次东渡日本,途中辗转安南、交趾、暹罗等地,意欲借兵,"而资恢复之势"。1659 年,他曾受郑成功、张苍水之邀,返国从军北伐。他在军中出谋献策,并奔走呼号,联络各地的抗清力量,以支援北伐大军。是年夏,北伐失败,他怀抱孤愤,再一次流亡到日本长崎,开始了持续 24 年的寓日生活。但是,朱舜水仍然没有放弃反清复明的坚强信念,无时不惦记着大海彼岸的故土和同胞,因此"虽客寓于此,莫不日向乡而泣"。

他在临终之际,亦不忘恢复古国之念:"先生临终遗嘱无棺无履,谓亡国之人,死欲速朽,墓门西向,后数十年百年当有逐满胡出关,光复汉业者,予死犹望之。"①

其遗嘱曰:"予不得再履汉土,一睹恢复事业,予死矣。奔走海外数十年,未求得一师与满胡战,亦无颜报明社稷。自今以往,区区对皇汉之心绝于瞑目,见予葬地者,呼曰故明人朱之瑜墓,则幸甚。"②

应该指出的是,这一时期,资产阶级革命派把革命矛头直指腐朽专制的清政府,提出"反满兴汉"的口号与主张,带有时代局限性。

四、《湖北学生界》(《汉事》)宣传自由、独立

由于几千年黑暗的封建统治,中国人都养成了一种奴隶劣根性,缺乏自由、独立的人格。这正是中国衰败的精神根源。要想建立独立国家,就得倡言自由、独立,去掉"奴隶性",铸造"国民"精神。《湖北学生界》强调:"人人有自由之权,而后人人能自立。人人知自由之道,而后

---

① 《记朱舜水先生》,载《湖北学生界》第 7、8 期合刊,1903 年。

② 《记朱舜水先生》,载《湖北学生界》第 7、8 期合刊,1903 年。

人人知自治。中国素不知人权之说,是其弱之总因也。故欲救中国,当自平权始。"[①]"将见城人而考察之,其人必有完全独立之资格而不为国民分子中之一弱点也。取一省而考察之,其省必有完全独立之资格而不为中国部分之一弱点也。吾中国其何患不能独立于地球之上哉。"[②]自由和独立在西方已是风行的人权观念,在中国被视为禁忌。为冲破这种千年禁忌,《湖北学生界》刊发多首诗词,鼓吹自由、独立的天赋人权。现略举其中几首:

其一:

流血成川渠,百万头颅舞;君见自由乐,不见自由苦;
庄严自由花,慷慨自由士;海石有枯烂,自由终不死;
卢梭不得意,戕身等蝼蚁,不为自由人,犹为自由鬼;
茫茫大陆隅,千年长屈服,吁嗟,专制人不如自由物。[③]

其二:

自由有真价,赤血与黑铁,伟矣自由神,遗风犹烈烈;
堂堂自由阵,烈烈自由党,不纳自由价,休作自由想;
驱车遇昌衢,纪念塔岳岳,白叟与黄童,咸识自由乐;
同胞四万万,人人有天职,休作临渊羡,早建自由国。[④]

其三:

人生不自由,百年亦草草,思想出天天,快哉自由脑;
京核自由债,偿之自一念,华盛顿巴黎,自由出买店;
万派自由潮,晴空震霹雳,君看世界中,孰是自由敌;
言言皆歌泣,字字尽激昂,文艺园虽乐,不如自由乡。[⑤]

其四:

苍天欲压海云垂,杂志新翻独立旗,楚浙湘吴相继起,人权恢复属男儿。

---

① 《论中国合群当自地方自治始》,载《湖北学生界》第7、8期合刊,

② 《教育与群治之关系》,载《湖北学生界》第5期,1903年。

③ 《自由吟》,载《湖北学生界》第6期,1903年。

④ 《自由吟》,载《湖北学生界》第6期,1903年。

⑤ 《自由吟》,载《湖北学生界》第6期1903年。

美雨欧风震地来，玉关消息费疑猜，楼兰未斩心难死，携手相将上舞台。

声声铃响彻东京，漆室悲吟总不平，己国同关儿女事，早妆梳罢赋从征。[①]

这些诗词，表现了对自由、独立的向往，对同胞不幸的悲悯，对专制制度的抨击。自由与独立尽管是苍天所赋予，但并不是人人都能真正享有，封建文化思想让我们在精神上远离了它们，封建专制制度让我们在行为上与之背道而驰。民族的独立，国家的兴旺，需要具有自由独立精神的国民去创造。为此，同胞必须携手同心，以赤血与黑铁为代价，换回本属于我们的被剥夺了的自由与独立。

五、《湖北学生界》(《汉声》)倡言女权和女子革命

近代以来，接踵而至的民族灾难、亡国灭种的危机，促使进步的中国知识阶层寻求救亡图存，保国保种，独立富强的途径。在这个过程中，占中国人口半数的妇女群体，也开始自我觉醒，萌发近代意识。留学日本的施南女士王莲就是其中的代表。她讲述了自己的求学遭遇，说："找几部小说或是唐诗看看就算我们姊妹中了不得的"，然而，"中国这几部经书小说里头，除了忠臣孝子怨夫离妇以外，哪里有人说到爱国。所以能够识字的和那不识字的一样，并且有比那不识字的还坏得狠些。所以俗话说'女子无才便是德'，就是教她不识字读书，莫学成崔莺莺、林黛玉那般人事。"她指出："但是我等中国女子讲学问有两宗难处：一是穿耳缠足收拾得像罪人一样，没得精神时候去读书；二是女子到了十二岁，就是底亲的男子也不许会面，哪里能够读书。所以二万万女子都不过像做梦的过了一世。"[②]在自我觉醒中揭批了中国女子"女学不兴，缠足祸烈"[③]的悲惨境遇。

在封建纲常伦理的规约下，中国的男女两性呈现极不平等的格局，

---

① 《留学界纪事》，载《湖北学生界》第 6 期，1903 年。

② 《同乡会纪事》，载《湖北学生界》第 2 期，1903 年。

③ 《论中国近日有农业无农学》，载《湖北学生界》第 7、8 期合刊，1903 年。

“夫为阳，女为阴”，“阳贵阴贱，阳尊女卑”，这一传统的社会心理现象和现实境遇，直到晚清依然没有多大改观。一些开明的资产阶级知识分子，在西方天赋人权思想的影响下，对沿袭了数千年的剥夺女子权益的封建礼教予以猛烈抨击，并旗帜鲜明地倡导女权，呼吁男女平等。《湖北学生界》在此方面也作出了积极回应。

《湖北学生界》指出，“支那女子非完全人而附庸人也，非国民而家民也，女子之生命财产全权，皆操之为夫者。”[①]控诉中国女子无权的惨痛现状，号召女子起来革命争取权利。他们强调，女子也是国家的一分子，也能够为国家做事：“要知道国家这个东西我们女子也有份的。今国家弱到这样，我们女子也有错处。做贪官污吏的都是做丈夫做儿子的人，做英雄豪杰的也是做丈夫做儿子的人。我们都知道爱国家，那做丈夫做儿子的他还爱别的么？要讲爱国家，须要爱自己。自己不明白必要读书看报，自己身体弱，必要放脚走动。自己越强壮越聪明，就是国家越强盛越文明了。”[②]

随着民族危机的加深，民族灾难的加重，清政府腐败无能而且更加专制，促使大批资产阶级知识分子由爱国转向革命，革命思潮风起云涌。《湖北学生界》顺应时代潮流，刊发了一系列文章，阐释女子之于民族国家的责任与义务，唤醒女子从沉睡中觉醒，教育女子加入到革命行列。

《支那女权愤言》中说：“勾践伐吴，与其夫人分任内外之责且使臣聘……孔子圣不能不屈于男子……女权光明之埋没，当自汉之贱儒。”甚至更进一步说：“世世儒者赞诵历史之任务曰‘大丈夫’而不曰‘大女子’，曰‘英雄’而不曰‘英雌’……实我历史之污点也。”“孔子之生于今日中国，有提出男女平等之问题者，孔子必与于名誉赞成员之列，而不否决之也”，要求“男女联婚，学问生计，皆须立于平等之地位”。[③]

《爱国庐诗话》则讲述了板桥杂记中所记载的宋蕙湘女侠的事迹，

---

① 《支那女子之爱国心》，载《湖北学生界》第3期，1903年。

② 《同乡会纪事》，载《湖北学生界》第2期，1903年。

③ 《新人篇》，载《湖北学生界》第5期，1903年。

认为"如女侠爱国爱种之深情见于辞表,吾欲翘之以羞杀二万万男子,吾欲张之以唤醒二万万女子,吾欲世界之历史家一执笔记此女侠之哀啼,毋令后之评断人种性质者谓支那女子无爱国爱种心,而以亡国灭种之祸横加于女子也"。[①] 强调女子同男子一样,也有革命爱国的传统,也应当加入革命的行列。

第四节 《湖北学生界》(《汉声》)的文学理论

文学理论可以用来指导文学的创作实践,对于作者而言,有什么样的文学理论,就会有什么样的文学作品。《湖北学生界》为实现其前期的办刊宗旨"以输入东西之学说,唤起国民之精神",提出了"不责精深"的白话文理论,并以此理论为导向,使刊物的文章浅显易懂;为实现其后期的办刊宗旨"以光复祖国而振大汉之天声",提出了"文学与群治"关系的理论,在此理论指导下,刊发了大量激越的、有战斗力和号召力的革命性文学作品。现就其两方面的理论作简要阐述。

一、在文风上采用"不责精深"的白话文

晚清时期白话文的勃兴,离不开维新报刊与革命报刊对白话文的倡导,而对白话文的倡导又是处在巨变中的社会时代的必然选择。走过康雍乾盛世的清王朝在鸦片战争及义和团运动的内外双重打击下日渐衰落,危机四伏,开明官绅掀起的挽救清朝危局的洋务运动经甲午中日战争而宣告破灭,维新志士和光绪皇帝主导的政治革新瞬间成为泡影,走上层路线的求富求强、救亡图存的努力无济于事,一些有识之士开始把目光投向普通民众。此时,人们在与西方文化的接触中开始认识到民众的作用。然而,西方社会中的"民"与晚清社会的"民"并不相同。西方的"民"具有一定文化,思想中有民主平等的观念,而中国的"民"大多处于文盲状态,骨子里还是"君君臣臣"观念,遵守封建伦理纲

---

① 《爱国庐诗话》,载《湖北学生界》第5期,1903年。

常。那么，改变民众的思想就变得至关重要。严复发表了《原强》等文章，首先提出了“开民智”的口号，将提高国民的精神素质视为救亡兴邦的根本。梁启超也著《新民说》等系列文章，阐述启民智对于国家的重要作用，一场波澜壮阔的文化启蒙运动就此拉开帷幕。当时，时代的主题已呈现为救亡与启蒙，启蒙民众是为了“救亡”国家。维新志士们提出“新民”是企图运用西方的独立、民主、自由等人权说，通过对人的肯定，使国民克服麻木、旁观、忍让等弱点，主动承担救国责任。这种“开民智”的理论在中国知识分子阶层中立即得到广泛响应，也成为改革社会的实践活动。开民智的具体手段有兴办近代教育、翻译西方文学著作、普及基础文化教育等等，但在一系列开启民智的活动中却遇到了语言、文字的阻碍。语言、文字是人们交流思想、传播知识的重要工具，由于历史的原因及中国文字自身的特点，造成言文分离的现象，“妇孺农甿，靡不以读书为难事”。同时，自鸦片战争之后，经世致用思潮在晚清社会又一次兴起。经世致用的观念影响着士大夫们的心态，实用性已成为一种重要的价值评价标准。语言、文字是人们日常生活中频繁接触的东西，但百姓看不懂古奥的文言，新的思想无法通达大众。所以，改文言为白话，使广大民众更快地获得知识成为速开民智的先行途径。于是，维新报刊和革命报刊相继提出了各自的白话文理论。

《湖北学生界》在其类似发刊词性质的《叙论》中，还规定了该刊要坚持要六大要义：其一为“不尚空谈”，其二为“不责精深”，其三为“专为社会说法”，其四为“专就目前说法”，其五为“陈病症而兼及方法”，其六为“为婉劝而戒嘲骂”。其中的第一义“不尚空谈”和第二义“不责精深”两部分一千余字，论述的是文风问题，属于文学理论范畴。但到目前为止，该《叙论》尚未引起近代文学批评研究研究者的注意，郭绍虞、罗根泽主编的《中国近代文论》没有收入此文，黄霖先生论著《中国文学批评通史》第七卷即近代卷也没有提及，更无其他学者从文论的角度研究该文。可以说这是一篇被学界遗漏了的早期革命报刊以发刊词性质发表的文论。

《叙论》宣称的第二要义为“不责精深”，即是要求文章采用通俗易懂的白话文。晦涩艰深的文言文，不说在当时文化落后的状态下人们读不懂，就是在文化程度普遍提高的今天，人们亦难理解。对于人们无法看懂的文章，即便内容富有进步思想，也不能起到应有的社会效果，故可称之为“无益之文”。《湖北学生界》指出：

> 夫无益之文，岂必词章，岂必帖括，岂必寻常酬答称颂之文字，即吾国著作家殚精疲神，数十年而成一书，斧藻其言，艰深其义，使浅学者不能竟读，读者不能骤解，岂得谓有益之文哉？夫文字者，在以吾之思想传于人之脑筋，在以吾之精神达于人之灵魂，若以奇古渊邃自矜，而不为阅者计，精神思想不能普及于国人，吾知其为一己之名誉计，非为国人谋公共之幸福也。不宁唯是，吾见今之专门名家亦蹈斯蔽，耻为浅近易解之书，而述其高深不可企及之学，甚至以浅近易解之理而亦纡轸其词，故作廋（意即隐藏，笔者注）语，使阅者如对大海而叹汪洋，如入五都之市，光怪离陆，不可思议，不可穷诘。[①]

上述引文，表达作者对文风的主张：一是谴责传统著作家绞尽脑汁“斧藻其言，艰深其义”的行文风格；二是批评当时文人“亦蹈斯蔽，耻为浅近易解之书”；三是指出作文的目的是让己之精神思想传至人之脑筋灵魂，为国人谋幸福，不是“为一己之名誉计”；四是提倡为文要浅显易懂，使浅学者能够“竟读”，读之“骤解”。

《叙论》对福泽谕吉在日本率先“以世俗共解之文体”创作“通俗书”，“作文明之先导”的开拓精神极为赞赏：“虽为文士所讥，而获效则大。呜呼，此其书所以能启锢蔽，开民智，平新旧之争，而为汉学家之所不逮者也。”《叙论》在文风问题上宣称：“宁使国人共喻共晓”，“不愿使国人冥思穷索”。惟有如此，才能实现“以输入东西之学说，唤起国民之精神”的办刊宗旨。

二、在内容上“不尚空谈”，提倡“激荡精神”的文学

《叙论》公然宣称“不尚空谈”为第一要义，并引用日本学者的观点批评中国旧学的弊端：“东洋旧学，徒托空言，人人均以治平自诩，而于

① 张继煦：《湖北学生界·叙论》第1期，1903年。

一切有用之学，反不甚讲求，故无由收其效。"这种现象被认为是"吾学界之第一病根"，并清晰地勾勒了这一病根的递嬗流变，自春秋战国以后，"由实而渐趋于虚，递嬗递降，二千余年，一坏于训诂，再坏于庄老，三坏于词赋，四坏于章句考据，匪为精神无存，而形式亦不知归于何乡矣"。[①] 对埋头研究字词的训诂之学，热衷于"虚堂习听"、"垂拱平章"、"无为而治"的老庄之学，喜好吟风弄月、歌功颂德的词赋之学，沉迷于故纸堆、皓首穷经的考据之学，从思想内容到表现形式予以全面否定。对旧学的否定，实质是对封建文学和封建文化的否定。中国旧学由实而虚，而西人之学，却由虚而渐趋于实："欧洲中世以前，宗教家以其凭空构造之谬论，风靡一世，其腐败宁有愈于吾之今日。乃歌白尼之天文学出，而学界一变；倍根倡格物之说，而学界一变；笛卡儿倡穷理之说，而学界又一变。迨至今日科学大盛，而宗教几乎息矣。且其实学之阶级，犹有可征者，唯物主义昌则唯心主义微，天然之哲学进而为轨范的科学，人道学派进而为实科学派。"[②]欧洲在中世纪以前，处在黑暗时期，惟教义是从，不许人有思考余地，使人沦为宗教的奴隶。自哥白尼太阳系学说出，打破宗教上地球中心说的迷信；倍根倡格物之说，笛卡儿倡穷理之说，使得自然科学大兴；达尔文物种原始出，知道人类是从猿猴脱变而来，打破宗教上上帝造人的谬误，于是人类理性的发展，大有一日千里之势。这些学说的意义在于使人从神权的禁锢中解放出来，摆脱了做神的奴隶。这是文艺复兴的伟大贡献。到资产阶级启蒙运动时期，出现了孟德斯鸠、福禄特尔、卢梭等人，他们竭力提倡民权，使人从君权中解放出来，摆脱了做人的奴隶，即摆脱了一个平民同时要做多人的奴隶：国王的奴隶，贵族的奴隶，僧侣的奴隶，地主的奴隶，以及官吏的奴隶，这是启蒙运动的伟大贡献。而当时中国人，同时也要做多重奴隶：满族统治阶级的奴隶，君主的奴隶，官吏的奴隶和列强的奴隶，可是中国人却无法从中解脱出来，原因就在于中国旧学崇尚空谈，误国误民。"吾国开化在欧洲之前，而文明居欧洲之后，此殆其原因

① 张继煦：《湖北学生界·叙论》第1期，1903年。
② 张继煦：《湖北学生界·叙论》第1期，1903年。

耶?”有鉴于此,《湖北学生界》“将取他人之长,以补我之短,夫安敢以空渺无裨之谈,误我国人也”。[①]《叙论》反对空谈,崇尚实用,并非只重视自然科学,轻视社会科学或文学。作者指出:“所谓实用,又非偏重物质而遗理想之谓。日人波多野贞之助言之矣,曰:‘理想在前,物质在后,理想有进步,而后物质有进步’。欧洲政治人群之进化,何一非斯宾塞、达尔文之精神鼓荡而驱使者乎?蒸汽电气之日益发达,何一非哲学家为其先锋,科学家为其后劲,推阐新理,精益求精,较其功力,莫能轩轾者乎?”[②]由此可以看出,文中主张的“不尚空谈”,是要摒弃于社会、于政治之进步毫无意义,甚至禁锢思想、阻碍进步的封建旧学,要介绍、引进和创造有益于社会进步、政治发展的资本主义新学。其中应居首位的是能够“激荡精神”的文学或哲学。

三、在功能上主张文学关乎社会

在文学与社会现实之间的关系上,《湖北学生界》深受梁启超功利文学观的影响。早在1902年,梁启超在《新小说》杂志上发表《论小说与群治之关系》,第一次将小说提高到“文学的最上乘”的地位,认为:“欲新一国之民,不可不先新一国之小说。故欲新道德,必新小说;欲新宗教,必新小说;欲新政治,必新小说;欲新风俗,必新小说;欲新学艺,必新小说;乃至欲新人心,欲新人格,必新小说。何以故?小说有不可思议之力支配人道故。”[③]很显然,梁启超文论的根本出发点和实质是改良传统文学,以使之能更有效地用于社会启蒙,即通过“新小说”以“新民”。这里给我们提供了两点信息:一是他要通过改良来呼唤和催生出一种不同于传统观念的新的文学,二是他改良文学的目的仍然是为了改良社会。

《湖北学生界》刊发的《论支那文学与群治之关系》将梁启超文论中的“小说”变换为“文学”,也就是将小说与社会的关系扩大到文学与社

---

① 张继煦:《湖北学生界·叙论》第1期,1903年。

② 张继煦:《湖北学生界·叙论》第1期,1903年。

③ 梁启超:《论小说与群治之关系》,《梁启超文选(下)》,3—8页,北京:中国广播电视出版社,1992。

会的关系，并且，《湖北学生界》的文学观是杂文学观，即将用文字符号书写的一切作品都视为文学。该文指出：

> 孔子以鲁论而为儒宗，老子以五千言而为道祖，孟子以七篇而配四哲，是支那宗教家亦文学家也；周公制礼，王业是基，汉祖约法，遂收人望，是支那之主权者亦文学家也；韩非为法律之先河，管商为经济之巨子，皆以数卷之书，食报末叶，是支那之法律家经济家亦文学家也；太公之六韬，孙子之兵法，为谈兵学者之所崇拜，是支那之军人亦文学家也；左丘明之春秋，司马迁之史记，以优于文学，夺四千年历史家之席，是支那之历史家亦文学家也；庄子南华之篇，晋人世说之著，皆以言语之妙为士大夫所乐道，是支那之哲学家亦文学家也；箕子过故都而赋黍离之章，屈原怀祖国而作招魂之什，是支那之爱国巨子亦文学家也。支那数千年历史之范围，不如谓之文学的历史之范围；支那四千年事业之范围，不如谓之文学的事业之范围较为尤恰。[①]

尽管其观点值得商榷，但文章的意图是通过将儒家、法家、道家、政治家、经济家、爱国家等纳入文学的范畴，以便从旧文学的角度探究中国衰败的根源，进而批判旧文学，改造旧文学，创造新文学。这与梁启超从传统小说的角度寻找中国社会的种种弊病，进而抨击旧小说，提倡新小说有类似之处。

《论支那文学与群治之关系》从功利主义文学观出发，将中国过去亡国灭种的原因归结为文学，将起死回生的希望亦寄望于文学，“过去茫茫之支那历史，孰为亡国灭种之媒？曰以文学故，未来轰轰支那之历史，孰执起死回生之济？曰以文学故”。[②] 为什么传统的中国文学成为“亡国灭种之媒”？文章历数各种文学流派的罪状：

> 老氏之学，闭塞阴险，灭人类之幸福，阻世界之进步，惟太古时代之野蛮无欲望无希求者能行之。二十世纪之新天地，

---

① 《论支那文学与群治之关系》，载《湖北学生界》第5期，1903年。

② 《论支那文学与群治之关系》，载《湖北学生界》第5期，1903年。

此种之学说，已付咸阳之一炬，此种之民族，寻遍五大洲无其遗种之地，独支那之上流社会人士，尚守其知足保身之戒，图现在的肉体旦夕之乐，而不知未来的种族之祸，此支那老氏之文学之祸也。

孔孟之学，日月经天，江河行地，渊渊浩浩，无得而名，然后之人，但师民可使由不可使知之旨，而忘为民贵之言，久假不归，夜行无独，此蒙孔孟之学，为虎皮者之祸也。

法律为保家产之秘诀，而国民不得与闻，代言之业，悬为厉禁，（支那之讼师与泰西之律师同，特一有教育，一无教育耳）刑书虽繁，通人不读，参政之权被夺于少数之国士，而多数之国民乃放弃其责任，民法与刑法，国事犯与私事犯同科。嗟，此国民殆无噍类。今之业申韩者，舞刀笔，杀同胞如儿戏，此申韩辈文学之祸也。

取之锱铢，用之泥沙，剥国民之膏血以供少数之挥霍，以奉外族，此管商之文学之祸也。

不明种族，不识英雄，而但师左氏之谈妖怪，司马迁之述谶纬，成则为龙，败则为蛇，成则为帝，败则为寇，杀人如麻，流血成河者，则其于历史上愈占重要之地位，此历史家文学之祸也。

无军国民之教育，见异种则却，敌同胞则勇，支干谬说，牢印于脑，贻误事机，腾笑万国，此支那军事文学之祸也。

效庄周之放达，而不究实有社会之生活，有晋人之理想，徒供谈助笔阵，而不救种族之沦胥，此支那哲学家文学所种之祸胎也。

作劝进之表，草投降之文，握主权者尽尧舜，替纶扉者尽周召，宰郡邑者尽召杜，损人类之价值，长枭雄之气焰，此无爱国心之文学家之祸也。①

该文对中国传统的道家、儒家、法家、政治家、历史家、兵家、哲学

① 《论支那文学与群治之关系》，载《湖北学生界》第 5 期，1903 年。

家、爱国家的批判，实质是对中国传统文化的全盘否定。这种批判和否定的背后，是留日学生接受了西方的进化思想、民权思想、平等思想，并在这些进步思想的影响和指导下，对中国传统文化所做的检讨和反省，与其说是文学批判，不如说是文化批判。批判是为了反省，否定是为了重建。《湖北学生界》试图以这样的激烈方式，冲击传统文学对中国人的牢笼，使之跳出传统文化的泥潭，以新思想、新观念"革新各种文学"，从而"革新各种社会"，[1]创造新生活，建立新国家。

[1] 《论支那文学与群治之关系》，载《湖北学生界》第5期，1903年。

第四章 湖北地方官报与商务、教育之革新

中国近代官报的诞生与中国近代民主化进程密切相关,甚至可以说是民主、民权思潮推动的产物,是中国由秘密政治向公开政治的转折。正如御史赵炳麟所说"近年国家行政,多尚秘密,凡谕折稍关政法者,多不发抄,举国之人,耳目愈闭,视听愈惑,以致弊端百出"。[①] 所以设立官报的目的就是,凡立法行政皆公诸国人,"使绅民明悉国政,以为立宪基础"。[②] 宪政编查馆大臣奕劻也认为:"预备立宪之基础,必先造成国民之资格,欲造国民之资格,必自国民皆总能明悉国政始。东西各国开化较迟而进化独速,其宪法成立乃至上下一体,气脉相通,莫不藉官报以为行政之机关,是以风动令行,纤悉毕达。或谓英国民人政治智识最富,故其宪法程度最高,盖收效于官报者非浅鲜也。"[③]正是基于这样的认识,清末"新政"时期出现了官办报刊的高潮。

湖北在张之洞的苦心经营下,"新政"成绩堪称卓著,其创办的湖北官报系在全国亦独占鳌头,数量之多、种类之全、声势之大都不亚于袁世凯的北洋官报系。关于湖北官办报刊的总体概况及特色在前面的第一章中已详细介绍,在此不加赘述,仅就其中的具有代表性的两份官报《湖北商务报》及《湖北教育官报》为个案,展开论述,以求管中窥豹,一

① 故宫博物院明清档案部编:《清末筹备立宪档案史料》,1059 页,北京:中华书局,1979。

② 故宫博物院明清档案部编:《清末筹备立宪档案史料》,1059 页,北京:中华书局,1979。

③ 故宫博物院明清档案部编:《清末筹备立宪档案史料》,1060 页,北京:中华书局,1979。

叶知秋。

第一节 《湖北商务报》与"开商智,振商务"

《湖北商务报》1899年4月30日创刊,由汉口商务局主办,馆设武昌文昌门外纺纱局内。旬刊,月出3册,以"开商智,振商务"为宗旨,专刊有关商务的谕旨、奏疏、中外商情、商务通议、商务专案、商务月表、商学商律、创造发明等方面的专业性文论新闻。该报终刊时间不详,已知发行五年,出版163期,是国内最早发刊的商务官报。而由清政府商部谕办的《商务报》,迟至1903年4月才出版,《商务官报》更迟至1906年4月才创办。至于各省商报,亦大多在1905年才跟着创办。

1899年是中国近代报刊史上最黑暗的时期,戊戌变法的失败,维新派人士惨遭迫害,维新报刊被勒令关闭。而恰在此最危难之时,《湖北商务报》却能顺利创刊,其原因何在?

面对列强瓜分危机和巨额赔款造成国贫民困,朝野上下对待商务的态度发生了重大改变,均视"商务为当今要图",设立商务主管机构,创办商报、商会和商学等提上议事日程。在早期王韬、郑观应等人提倡特设商务大臣和商务局的基础上,不仅维新派人士倡议在各地设立商局,"举国之商务、商学、商会、商情、商货、商律,专任讲求激励之",一些官员也奏陈应在沿海各省会设立商务局,以沟通官商悬隔。光绪帝将此交与总理衙门议奏,总理衙门覆奏中提出由官设局,一切仍听商办,并请饬下各督抚于省会设立商务局,各府州县水陆通衢之处设立通商公所。此后,部分省份开始设立商务局,但除个别督抚切实整顿讲求外,大部分省份并未设立。1898年,总理衙门议奏侍郎荣惠奏请特设商务大臣,总理衙门认为此前已准许各省设立商务局,无需再另设商务大臣,只需各督抚实力遵行创办即可。

在戊戌变法推行期间,光绪帝发布上谕:"振兴商务为目前切要之图,泰西各国首重商学,是以商务勃兴,称雄海外。中国地大物博,百货浩穰,果能就地取材,讲求制造,自可以暗塞漏卮,不致利归外溢。著刘坤一、张之洞拣派通达商务明白公正之员绅，试办商务局事宜，……应如何设立商学、商报、商会各端，暨某省所出之物产，某货所宜之制造，并著饬令切实讲求，务使利源日辟，不令货弃于地，以期逐渐推广，驯致富强。"[①]随后，张之洞上折奏明《汉口商务局酌拟开办章程》，提出要从启发、倡导、合力、塞漏、法习、保护、体恤、奖励八端来振兴商务，抵制洋货，而"商报、商会、商学皆系启发之事"，表明振兴商业以图富强成为共识，拉开了清末设立商务管理机构，创办"商务报"的序幕。

此后不久，尽管变法失败，各项新政遭到守旧派的破坏，但因慈禧太后也认识到"商务为利源所系"，下懿旨要求张之洞、刘坤一继续兴办："刘坤一奏农学、商学，请准其设会、设报等语。前禁报馆会名，原以处士横议，其风断不可开，至于农商人等，联络群情，考求物产，本系在所不禁，著即由该督出示晓谕，听众咸知，仍不准其妄议时政，以杜流弊。"故商务局与京师大学堂一起被保留下来，成为此次变法仅存的成果。随即，时任湖广总督的张之洞向朝廷奏准创办《湖北商务报》。在其带动下，其他各商务局主办的"商务报"相继问世。

最早于1899年创刊《湖北商务报》，因时任湖广总督张之洞的大力支持而迅速开办。他对于报刊的舆论宣传作用极为重视，认识到"商务为富国第一义，内保利权，外筹抵制，居今更不容缓，民间智识未开，器术未兴，官商之情未通，中外之局未悉，尤以商报一端，为开通风气之权舆"。[②] 故在奉旨创办汉口商务局时，就将商报、商学和商会作为"启发"之事列为首务，先后延请原《萃报》主笔朱克柔、陈衍等担任该报主编，内容则遵照其指令："兹查商报一事，凡有关商务谕旨自应恭录，奏疏文牍均应采录，此外，商局讲论、中外商情暨各报商务通论、商务交涉案件，均应采入，其东洋西洋各报，商学商律诸书，亦应择要译编，按旬出报。"[③]指出该报所载与振商要图有关，非寻常民报可比，故札饬各属"转发绅商阅看，使知中外货殖之盈虚，制造之良楛，行销之通塞，庶可

① 朱寿朋：《光绪朝东华录》，4096页，北京：中华书局，1984。

② 张之洞：《致鹿滋轩》，苑书义、孙华峰、李秉新主编：《张之洞全集》，10229页，石家庄：河北人民出版社，1998。

③ 《湖广督宪张派阅湖北商务报札》，载《湖北商务报》第3册。

透晰利病，力图振兴”。[①] 并咨送19省区督抚，由此，该报成为最早面向国内外发行的商务报，除在湖北省内广为行销外，并发行至京城、江苏、浙江、福建、广东各省城，与天津、上海、厦门，以及日本、南洋各岛、欧美各州各处。[②]

一、传播商业信息，介绍商业知识

《湖北商务报》在内容上主要宣扬重视商业，收录有关商务的朝廷谕旨、官员奏疏、文牍，广泛传播清政府和各地商务局的商业政策、信息，编译国外商学、商律，并选录当时华文各报、东西文报与商务相关事宜，大量报道当时各国的商业状况，及时介绍本省内和其他各省的商务情形，为当时相对封闭的社会提供了最新的商业信息和情报。对于向来以农立国的中国来说，《湖北商务报》的创办，真可谓前所未有的一大变化。尤为重要的是，其编撰者们突破“由来吾国士夫贱商为不足学”的传统，开始具有面向商人、商务官吏和社会大众启蒙和普及商务理论知识为己任的自觉。

《湖北商务报》以“开商智，振商务”为宗旨，主编自撰的论说和刊登的来稿，每期千字左右，立论鲜明，短小精悍，或积极宣传发展民族工商业，抵制列强的经济侵略，或搜罗各国商业信息、商界要闻，或辑录国外各种商律和商务章程、合同条例等，或阐述商会、商标等现代商业新式经营技术，而且重视传播国外新兴商业观念和商学理论知识，大力介绍日本、西方商学专门论著和各国商业教育等新知；有的还采用白话，促使国人眼界大开，透过这些认识到现代商业经营已与旧式商业大为不同。一些近代商业常识也相对系统地传播到普通社会大众中，对于近代商学观念和知识的广泛流布具有重要启蒙作用。

《湖北商务报》在创办之初就提出，东西商学书甚多，馆中须择其尤切要者附报刊行，积极倡导“商务报馆宜译商务书”。所以，特设“商学商律”栏，“一译东西学堂读本，由初级以至高等，循其课程译之，以备异

---

① 《湖广督宪张派阅湖北商务报札》，载《湖北商务报》第3册。

② 《本报阅报派报例》，载《湖北商务报》，第1册。

日商务学堂之用，一译东西各国商律，以备定中国商律之用”。[①] 为此，该报第3期转录《中文日报论译商业书要例》，开篇指出中国地域广阔，人口众多，“何商务之不振若是耶？盖机工之未兴，工学之不精，实则商学之不明也。欲明商学，先立商报，藉开风气而挽利权”。[②] 接着列出十类商业书：商业史、商业地理、商业书、银行书、商业贸易书、商业交通书、商业法规书、商学权衡度量书、商业相场书、商业簿记书。所开列的这些书目与康有为《日本书目志·商业门》所列大同小异，已大大不同于中国传统以书算为主的商业知识。

此后，该报主编陈衍撰写了不少介绍国内外商务的文章，如《英国货殖志》、《日本商务学堂章程述略》等。更为可贵的是，他与下属日本人（高等商学毕业）河濑仪太郎合作，陆续编译了9部商业与法律著作：《商业博物志》、《商业经济学》、《银行论》、《商业开化史》、《商业地理》、《货币制度论》、《欧美商业实势》、《日本商律》、《破产律》等，向国人系统介绍了国外商业金融和经济理论。特别是陆续刊载的日本法学士清水泰吉所著《商业经济学》，作为第一部系统译介到中国的商业经济学论著，不仅率先使用了“商业经济学”这一术语，而且基本上涵盖现代商业经济学的核心内容，系统阐述了商业起源、商业经济要素、商业经济机关和市场关系等，首次较为系统地向国人介绍了日本“商学”理论知识，标志着现代经济学分支学科之一的商业经济学开始经由日本输入中国。

其中，专门探讨了商业经济学的意义和地位，指出经济是“关于货财之生产、交易、分配、消费之一切行动也”。而“商业经济学者，就关于商业经济上现象，讲究其原理原则之学问也”。从而明确地区分了二者关于商业经济学的地位，认为需要从经济学之中或经济学之外的学问加以说明。但因经济学以外的各种学问颇为复杂，经济学可分为总括和特别两类，“商业经济学，属特别经济学之一部，而分为理论、应用二部，然政策上立论，与实际上挂用，不得不同，故叙述商业经济，亦以理

---

① 《本报略例》，载《湖北商务报》第1册。

② 《中文日报论译商业书要例》，载《湖北商务报》第3册。

论与政策为宗旨，而明了其原理原则为要”。[①] 由此，使国人对现代商业经济学有了较为深刻和清晰的认识，理论上突破了商业非生产事业的偏见。

二、提出武汉为中国商务中心的构想

1902年8月，《湖北商务报》连续发表了《论武汉为中国商务中心》和《论督办商务大臣与商业中心关系之要》两篇文章，从商业中心的含义、作用、形成规律，以及武汉独特的地理位置、“经济特区”和张之洞政治权势，论述了把武汉打造成商务中心的可能性。

《论武汉为中国商务中心》首先阐述了商务之于国家的重要性：“商务素为中国人所鄙夷而不屑道，而卒使中国凌夷积弱至于此极者，则商务之不競故也。……国于今日之天下，凡商务不競者，皆将凌夷积弱与中国相先后者也。讲商务最早如西班牙，讲商务最迟如印度，其盛衰兴亡之故盖可识矣。其藉商务以兼弱攻昧者，遽数不能终，方骚骚而未有艾。”[②]商务兴则国兴，商务废则国衰。而欲兴商务，必须打造具有全国性的商务中心，以引领商务的发展。依据商务中心形成和发展的规律以及武汉的“天时、地利、人和”，《湖北商务报》提出将武汉建设为全国的商务中心的构想。文章认为，所谓商务中心即是“四方舟车之所辏，百货之所聚，直接之商务于此贸易，间接之商务亦于此通转者也”。[③]商务中心具有重要的作用：“商务既于此乎归，货币遂于此乎集，交通遂于此乎繁，移民遂于此乎众，百税遂于此乎增。”[④]所以，“商务之有中心，商权之所由握，营商务者所属耳目，而有国家者，所百计以图之者也”。[⑤] 文章在论述了商务中心的含义及作用之后，进而总结商务中心的形成规律：“商务之中心成于天者半，成于人者亦半。”“成于天者半”是指商务中心的形成一半的因素在于地理位置，这一结论的得出，来源

① 《商业经济学》，载《湖北商务报》，87册。
② 《论武汉为中国商务中心》，载《湖北商务报》1902年9月。
③ 《论武汉为中国商务中心》，载《湖北商务报》1902年9月。
④ 《论武汉为中国商务中心》，载《湖北商务报》1902年9月。
⑤ 《论武汉为中国商务中心》，载《湖北商务报》1902年9月。

于对商业中心地理位置的考察："凡商业之渐次发达也，其始为陆路贸易，其继为河流贸易，则居水陆枢要者为中心矣。又继为沿岸贸易，又继为海上贸易，则居海岸枢要者为中心矣。又继为陆海联络贸易，则居陆海枢要者为一大中心矣。"①"成于人者亦半"是指商务中心的形成一半在于一国政府及国人多方面的努力经营，包括"扩充航业，开拓市场，建置公司，推广殖民地，讲外交以资保护，整舰队以备干涉，善经营以整阜头，速铁道以争控御，皆人事也。今环球万国，皆于经济上比较国力。……皆力争商业中心也"。②

依据上述总结的商务中心形成的规律和主客观因素，对照武汉的现实状况，《湖北商务报》认为把武汉打造成全国的商务中心是有可能的："内地铁路，芦汉完成，可望渐通山陕，更成粤汉，则闽粤一带海上之商务，由闽沪航行者必减，而长江之航路转盛。若更有川汉之议，则英法之经营西南者，必于此为其出路。则武汉诚商务一大中心。而香港、上海尚瞠乎其后矣。"③除此之外，武汉还有一个极重要的政治经济因素，即清廷授予武汉特殊地位，类似"经济特区"。张之洞被任命为督办商务大臣，有对外谈判商务之权，"前相国商务大臣李公（注：李鸿章）既殁，而督办商务大臣之任，朝廷不以命南北洋通商大臣，而以命宫保，微特中国之振兴商务者，宫保为第一人。而武汉为中国商业中心，其开物之人，必其成务之人。……而是时适与各国改修商约，自免厘加税以至路矿等，凡十余大款，皆独任其难，冥心孤往，统筹全局，不为一时苟且之计，而上约遂以定。"④由此可见，凭借武汉水路交通优势，商业贸易由沿海而向内地快速发展的趋势，武汉"经济特区"的政策性扶持，还有胆识过人而又开明的张之洞督鄂并操持商务大权，这一系列有利的因素，使武汉建设成为全国的商务中心成为可能。事实上，武汉也正是在这一时期迅速崛起，后来居上，成为当时仅次于上海的第二大商业中心。

---

① 《论武汉为中国商务中心》，载《湖北商务报》1902 年 9 月。

② 《论武汉为中国商务中心》，载《湖北商务报》1902 年 9 月。

③ 《论武汉为中国商务中心》，载《湖北商务报》1902 年 9 月。

④ 《论督办商务大臣与商业中心关系之要》，载《湖北商务报》1902 年 9 月。

三、主张改革金融货币制度

《湖北商务报》刊发多篇主张金融货币改革的文章，主张实行类似英国的货币制度，以金元为主的金本位，辅以银元、铜元（相当于英国货币中的金镑、先令、便士），再发行等值的纸币作为辅助。

《湖北商务报》刊发的文章，一针见血地指出了中国货币制度存在的问题，这些问题主要集中在以下几方面：

第一，国家没有掌握货币大权，货币之权利，掌握在钱商手里，造成货币混乱。当时货币的使用情况是公家用银两，民间用铜钱为主，辅以银两和银块。《湖北商务报》评论晚清货币时指出："中国主用银块，参用金叶者，千百之一二。国家制币，自古至今，实止用铜而已。"[①]"地球上各大国，正币率用金，辅助货币乃用银铜。……各国不行用生金、生银、生铜。而必用铸造之金、银、铜者。以有国家之名号、法令在其上，如某物面积若干、重量若干、作为若干用、作为若干换算。既定之后，奉行不变。若有变改，又必国家有更新之法令而后可。今欲求中国货币之权，则不在国家，而在钱商。有金、银、铜于此，国家曰值若干，钱商曰不值若干，此可言也。生金、生银、生铜，不过一行销之货物，与百货等。市面有盛衰之不同，即价值有低昂之不同，无足怪也。有国家者，本不当以此为流通之宝也。"[②]所以，中国应当向西方学习，由国家操纵货币大权，并以法律明确规定，这不仅有利于维护国家利益，也有利于商业经济大发展。

第二，中国货币由铜本位转而为银本位，而非金本位，导致与各国贸易处处受损。"中国一用铜之国也，至近年而仅仅可称用银。通商日盛，当事者目击墨西哥银元灌注中国。中国人之使银元，远过于使银块，其信银元，亦远过于银块，于是始铸银元，行用几遍各行省，骎骎乎收回利权。徒以各省多设铸造局，成色未尽划一，而行用亦未尽相通。遂至银元一出本省，价值顿受贬抑。独让墨银之到处流通，价值如一，

---

① 《商务报世界主要诸国货币铸造额表书后》，载《湖北商务报》1900 年 1 月。

② 《论铸造小银元贵在实能行用》，载《湖北商务报》1901 年 1 月。

为可惜耳。然而，目下税课铜银等，皆以银元搭收搭付，上至廉俸，亦议用之。则由铜本位之国，进而称银本位之国，谁曰不宜。顾本位未至于用金，则与地球上各国通商，货币物价已无处而不受亏。货币未遍用银，则银块、铜钱时出入淆杂乎其间，各进而操轻重之权。两者皆大失理财之道"。①

鉴于上述货币制度存在的两大问题，《湖北商务报》提出了解决问题的具体措施：

第一，整顿银币市场。《湖北商务报》针对当时银币（尤其小银元）混乱的情况，提出：1. 各省不必多设银元局，一省设一局，不如数省共一局。"货币之交易与货物之交易，本不相同。货物者生产各有其主地，制造各有其专门，而又有年岁丰荒，居积盈虚，品式新旧，种种不齐，故可各开行业，以争逐而兢进。……况货币之局，设之于官，本省之中，无与争逐而兢进者。故货币者以天下为一市者也。……设局以造货币者，一省设一局，自不如数省共一局之为费省矣。"②由一省设一局改为数省设一局，这必然导致各省利益上的矛盾，那么，如何平衡利益，化解矛盾呢？《湖北商务报》建议采取协商搭铸的办法，其所有赢余之利，公平分配。搭铸者多分，代铸者少分。这样，搭铸者不需开支而稳得分配之利，代铸者以已有之设备和职工代为加工，分配赢利，即使少些，固无损而有益，这样就兼顾了搭铸者与代铸者双方的利益。2. 确定银本位已是"逼不及待矣"。当时公家无不用银元，"然其用于市也，除汉口洋行洋货外，一切物价上自数千、数十百千，下至数文、数十百文，皆以钱（指铜钱）计。武昌则洋货亦以钱计"。于是，就出现了银元随铜钱价为高下的现象。这是银币与铜币相歧，不以银币为本位，不以铜币为辅助货币的弊病。"中国既有银币亦有铜币，则铜币应只为辅助货币。而铜币乃自有价值，不听命于银币，是银币不足为本位，仍铜币为本位矣。铜币仍为本位，则银币转听命于铜币矣。"3. 货币的供给与需要应保持平衡。无论是银元的供给，还是铜元的供给，都不能超过社会的需求，

---

① 《银价日低急宜整顿钱法论（上）》，载《湖北商务报》1902 年 12 月。

② 《论银元局各省不必多设》，载《湖北商务报》1901 年 6 月。

也不能短缺。"以银元为主币,则银元之供给即当足银元之需要。而铜元为辅助货币,则铜元之供给,亦当足铜元之需要。"[①]如果不能保持货币供求之间的平衡关系,必将导致货币的剧烈波动,影响市场交易和金融的稳定。光绪年间比同治年间银价下跌了一半就是供求关系所致。"今日银货之贱,其原起于欧美,而牵动及中国。……一因美国堆积银块,卖出之多;一因中国与印度需要银之少。总而言之,供给银者多,而需要银者少耳。银价既全球如此低落,何能独特于中国。"[②]银价、银元价日贱一日,而铜钱价日贵一日。按定例一元银元可易一千文铜钱。但是,到光绪二十八年(1902 年)只能易八百一二十文铜钱,下跌近二成。而且有继续下跌的趋势。银价下跌是银货供过于求,而中国铜钱价上升是因为铜贵钱缺,既有供求关系,也有价值问题。

第二,整顿铜币市场。光绪年间,国际市场上铜价上升,银价下跌,一两银只换铜二十两,而在中国一两银则可换铜一百两。所以,民间和外商将铜钱化为铜块出口谋取暴利。中国则铜块外流,市面铜钱奇缺,引起严重钱慌。铜钱价值上升,即前面所说的一银元只能换七八百文铜钱。汉口铜价,光绪二十五年为每百斤铜瓦售银二十四两,红铜皮售银二十九两、三十两,黄铜皮二十三两。而到光绪二十六年则分别涨至三十两、三十五六两和二十九两。针对上述情况,《湖北商务报》提出:"非仿铸外洋之铜钱,断断无以为抵制也。果能仿铸外洋铜钱,则宜多铸五文、十文、二十文之钱,少铸一文、二文之钱。民间市买一切小物,惟五文之下,始用一文、二文之钱也。若收买旧钱,以为改铸,必须更酌公允之法。收价从优,而官民又两不相亏方为无弊。然则谋裕国者,何惮而不改铸铜钱,坐视一钱之铜,外洋可作数钱之用,而我只作为一钱。此即民不私毁,亦不漏出洋,而我已束手自困矣。况大利所在,固万不可保者矣。"[③]张之洞采纳《湖北商务报》的建议,于光绪二十八年(1902年)创铸当十文铜钱的铜元。因为湖北先铸造和使用铜元,一时济急市

① 《银价日低急宜整顿钱法论(上)》,载《湖北商务报》1902 年 12 月。
② 《银价日低急宜整顿钱法论(下)》,载《湖北商务报》1903 年 1 月。
③ 《商务报世界主要诸国货币铸造额表书后》,载《湖北商务报》1900 年 1 月。

场，行用南北各省，所以获利。至年底，不及四月，已赢利五十万银元；第二年赢利二百万银元。前后数年共盈利一千四百余万银元，用于汉阳兵工厂添造快枪，练第二镇新军，派遣留日学生等等。后来，由于各省竞利，分划行用疆界，湖北铸造的铜元就闭塞滞销了。

第三，行用钞票和暗字银纸。张之洞创设官钱局、造币局，行用钞票、铸银圆，以固根本。民间信用官钱票。然而，时有伪造官钱票者。于是建议仿造外国暗字银纸，民间难以伪造。湖北官钱票行用由二百万银圆，十年扩至四千万银圆，信用达十余省。[①] 有鉴于此，《湖北商务报》主张推广钞票的行用："交易之道，其所以转换流通，能愈推愈广者，无非取其便而已。……人之用钱者，喜铜不如其喜银，喜银不如其喜金。均是货币也，有现钱复有钞票，人之喜用现钱，不如喜用钞票，所以然者，用铜不如用银之便，用银不如用金之便，用现钱不如用钞票之便也。官票所以通用甚广者，亦利其便而已。其便奈何？曰赍之甚轻，而钱铺皆可交换，价又划一故也。若交换官票，时时必向官局，则略有所不便矣。"[②]

第二节 《湖北教育官报》与湖北教育改革

《湖北教育官报》创刊于 1905 年，其前身是 1903 年由湖北官报局出版发行的《湖北学报》。《湖北学报》是湖北省第一份教育类官办报刊，也是中国近代影响最大的教育期刊之一。《湖北学报》是在张之洞的筹划推动下，由当时的湖北巡抚兼署湖广总督端方所主办的一部教育旬刊。其办报宗旨为"激发忠爱，开通智慧，振兴实学"。[③] 专载学务谕旨、学务文牍、学界近闻、湖北学务汇录等。除此之外，还刊载了大量译著，介绍以日本为主的东西各国教育制度与教育思想。该报发行两年，从不脱期，计出 66 册。1905 年《湖北教育官报》在武昌创办，取代

① 陈声暨等:《陈石遗先生年谱》家刻本，卷四，13 页。
② 《论行用钞票亦须辅以小银元》，载《湖北商务报》1901 年 10 月。
③ 《湖北学报·例言》，1903 第 1 期。

了《湖北学报》,至1912年终刊,前后存在8年之久。

就两刊的刊载内容来看,《湖北教育官报》在教育谕令、文牍、章奏等内容上篇幅大量增加,更加关注教育行政与章程管理之内容。而对于《湖北学报》所注重的东西方学制与教育理论的译著部分大大减少,仅留"译著"栏,其篇幅不足全刊之十分之一。后期的《湖北教育官报》甚至直接删减此栏而专载公文。《湖北学报》具有传播教育制度、教育理论的学术性特征,《湖北教育官报》则纯粹为传达教育行政命令、公文的特征。

作为官办报刊,与民办报刊相比,呈现出明显的不同特征:民办报刊包含很多评论内容,代表着办报人的主观态度与个人情感;《湖北教育官报》则没有社论部分,与其说它是一部连续出版的近代刊物,不如说它是一部按照时序排列的湖北教育类官方文书汇编,是清末新政时期湖北教育类公文的档案合集。是清政府教育活动与改革实践的过程记录与结果的直接呈现。从资料价值角度而言,相较于其他私人的著述、编辑的史料,以及民办报刊,《湖北教育官报》中的材料是最为原始的一手材料,所载内容的可信度也很高。虽然我们把官办报刊视为为官立言的工具与喉舌,无处不体现政府的立场与态度。但事实上,官报作为清末新政时期上传下达的传播媒介,其实践性决定了它所载公文较其他史料而言更为真实也更加准确。因此,要研究清末湖北教育改革的进程、内容、利弊得失,必须研究《湖北教育官报》。现根据《湖北教育官报》所刊内容,对清末湖北教育改革的措施与得失作简要陈述。

一、创办新式学堂,改良旧式私塾

鸦片战争以降,伴随着西方坚船利炮与新式文明的传入,中国人被动走上了近代化道路。体现在教育方面,即是人们开始向西方学习,建立新式学堂,培养新式人才,以求富国强兵之道。特别是庚子事变以后,伴随着清末新政和清政府挽救统治的主观欲求,湖北地区的教育近代化进入了快速发展时期。1903年《癸卯学制》的颁布,促使湖北建立起了一个从童蒙教育到高等教育的系统教育体系。新式学堂的遍设成为当时湖北教育近代化变革的主要内容。至1910年,湖北地区的学堂已基本设置成型，官立学堂深入各个州县。

按照《癸卯学制》的规定，小学分为初、高两等。初等小学学制五年，招收七岁以上儿童入学；高等小学学制五年，招收初等小学毕业生，或年龄在十岁以上，十五岁以下略通文义的学童入学预科两年。[①] 据《湖北教育官报》统计，至1909年，湖北省内每州每县都设立起了初等、高等小学堂。至光绪三十四年，湖北省内的官立、公立、私立小学堂达1860所。[②]

小学堂的设立是清政府推广教育与深化教育的重要举措，从无到有再到普及遍设，只用了短短几年时间。以1909年的数据为例，小学堂的数量是其他所有学堂数目的16倍有余。可见清政府对小学教育的重视程度。清政府之所以重视小学教育，是希望通过初等小学教育达到"启其人生应有之知识，立其明伦理爱国家之根基"的目的，通过高等小学教育达到"培养国民之善性，扩充国民之知识，强壮国民之气体"的目的。所谓少年强则国强，对于青少年的教育是一切教育发展的基石，注重小学教育是教育发展规律与清政府政治需求的共同选择。因此，即使在小学堂已经遍设的情况下，清政府仍然对其投注了较多的关注。

私塾作为中国传统基础教育的重要形式，由来已久且分布地域广、存在数量较多。据官报载1910年松滋县仅有小学3所，而私塾有189所。[③] 江陵县有小学堂7所，私塾212所。[④] 就影响力而言，虽"学堂已设数载，有固陋塞不知学堂为何物者，甚至还有父兄充学堂教员而子弟仍肆业私塾者"。[⑤] 可见，虽然此时西学倡新，各种近代新式学堂林立，但在广大的湖北乡村社会，很难依靠州府县城的数所新式小学堂达到

---

① 《学部通行京外学务酌定辩法并改良私塾章程文》，载《湖北教育官报》1910年第6期，"文牍"第1页。

② 《湖北教育官报》1910年第2期。

③ 《本司札松滋县整顿学务文》，载《湖北教育官报》1910年第1期，"文牍"第29页。

④ 《本司批江陵县视学李之时报告调查事实并筹备普通教育由》，载《湖北教育官报》1911年第5期，"文牍"第41页。

⑤ 《本司通访各属选送教员入单级教授研究所肆业文》，载《湖北教育官报》1910年第9期，"文牍"第14页。

教育普及之功效。且学堂作为新兴的教育形式，由来尚浅，其教育影响力远不及传统私塾在州县乡里产生的根深蒂固的效用。故而随着改革的推进，清政府也逐渐认识到，要想达到教育普及，凭借现有的小学堂是远远不够。在政府资金十分有限的情况下，惟有将私塾加以改良，使其符合新式教育的发展需求，这将是其推广教育的不二之选择。

时至1910年，改良私塾成为湖北学务重心之一。在1910年的《湖北教育官报》中，刊发了很多从中央到地方的私塾改良办法。1910年1月刊载《学部通咨查择京师及河南省改良私塾章程》，1910年2月又刊载《学部奏京师试办改良办法情形折》等，介绍了他省私塾改良之办法，作为湖北省开始改良的借鉴与参考。至1910年6月，教育官报发布《学部通行京外学务酌定办法并改良私塾章程文》刊行了改良私塾的具体办法五章二十二条，对改良私塾的宗旨、如何调查、劝导私塾之改良，如何认定私塾是否改良及私塾学生的毕业考核升学办法做出了说明，这是湖北省进行私塾改良的主要依据。湖北省的私塾改良主要体现在课程内容及授课方法的改良上。据1910年5月《嘉鱼县视学郑杰调查学务报告》载，改良私塾分为以下三步：

第一步改良事件凡三：(甲)读经用新颁教授法，一讲解，二背诵，三默写，四回讲。(乙)国文用学部审定教科书。(丙)每日教授六钟点。

第二步改良事件凡三：(甲)加课算数(珠算)、体操。(乙)购置黑板、粉笔，设讲台，学生面教师坐。(丙)按期举行月考期考。

第三步改良事件凡三：(甲)加课修身，用部定教科书。(乙)算数教以常用之加减乘除，国文教以联字作文诸法。(丙)实行初等小学一切规条。

由此观之，提学司对私塾的上课内容及程度、课程设置、上课时间、管理规则等方面，都参照简易小学堂的相关章程加以规范，为那些以教授传统经学为主的私塾，加上算数、体操等课程，已与新式小学堂无异。此外，对于改革卓有成效的私塾及对改良私塾极为用心的劝学员，由劝学所出资予以奖励，奖励额度视学生人数而定，一般在300～600元不等，以示提倡。湖北提学司希望通过此种办法，作为促进私塾改良的有效手段，扩大基础教育的范围，尝试将传统私塾纳入新式教育的范畴，以补充小学教育之不足，达到教育普及之效用。

二、设立实业学堂和简易识字学堂

设立实业学堂是崇尚实业的理念在教育领域的体现。湖北的实业教育在张之洞的极力倡导下，走在中国的前列。1910 年年初，湖北提学司奉学部饬令："两年之内，各府应设中等实业学堂一所，各州厅设初等实业学堂一所。"[①]命令地方官克期办理，并将办理之实际效果纳入官员的业绩考核。令他们不可因循观望，而要切实作为。行政命令的传达，致使各地将实业学堂的创设摆在了学堂建设之首要位置。在资金一定的情况下采取实业学堂优先之政策，从而促进了湖北实业学堂在短时间内的迅速设立。据《湖北省教育志》"湖北实业教育一览表"统计，至 1911 年为止，湖北各州县所设立的实业学堂有 90 所。其中，初等实业学堂有 66 所，中高等实业学堂 13 所，其他实业性质的学堂有 11 所。

在创办实业学堂过程中，面临最大的难题是资金短缺。为解决这一问题，湖北提学司采取了一些变通办法：对于那些资金不足的州县，准他们支用前司札发的赔款捐。在创办学堂时，"应先查明该属原办高等小学共有几所，如不止一所，即当选定一所改办。若仅有一所，则始可遵用前札附堂添班办法"[②]来建立实业学堂。如此既节省了讲堂宿舍的费用，也节省了建房选址的时间，能使实业学堂快速兴办起来。对于那些办学条件尚缺，师资不足，不能农工商三科遍设的地方，则根据不同的地域条件进行实业科目的减设。一般来说，农工商三种实业学堂中，工业学堂最为重要。因此，在武汉、黄德、荆宜等商务繁盛的通商要区，均以创办工业学堂为先。[③] 而对于郧阳等"并非通商繁盛富于出

---

① 《本司札府厅州县勉期筹款举办中初等实业学堂文》，载《湖北教育官报》1910 年第 1 期，"文牍"第 10 页。

② 《本司札府厅州县勉期筹款举办中初等实业学堂文》，载《湖北教育官报》1910 年第 1 期，"文牍"第 10 页。

③ 《本司移各道依限开办中等工业学堂文》，载《湖北教育官报》1910 年第 2 期，"文牍"第 6 页。

产之区，则注重农业亦其本意”，可以以办农业学堂为先。[①] 针对那些生源不足，难以招到合适受学水平之学生的地域，责令他们采用先办预科的办法。一般而言，初等实业学堂需要招收初等小学毕业生或具备同等学力者。而酌情改为初等小学两年肄业者即可考入预科先行补习。并根据预科学生即将升入的农工商学堂种类的不同，有针对性地设置预科课程，使两者之间良好衔接。

在实业教育过程中，湖北教育司重视实业教育的操作性，注重培养学生的实际操作能力。同时，学校从选址运作开始，就十分注重实习的可能性。湖北提学司就曾批驳中等农业学堂就贡院地方办理的申请。其不准的理由即在于“农业最重实验，贡院即在城区房属比栉，没有余地为学生开办实验场所”。[②] 可见对实习功课的重视。此外，在各类学堂中，均设有实习钟点，并规范学生亲历完成。学生在学习期间，必须亲自参与大量的农工商实践活动，不可雇佣工人、夫役为助，[③]要求十分严格。

由于湖北提学司对实业学生实践教育的重视，湖北地区的实践成绩也十分突出。以农业试验场为例，每所农业学堂都附设有农业实践场所，实验场内划区编号试种五谷杂粮、棉麻实木、蔬菜花卉等，参考东西农学家所创新法加以试验。并要测候天时之寒热燥湿，以此比较各种植物之宜忌。学生需每日下田勘验各种植物栽植之方法，施肥之重量，发育之状况，收获之丰歉，随时详记以便比较。且农业试验场的试验成绩在每期教育官报的别录部分以专栏刊载。至辛亥革命前期，“湖北省官报试验场二处，林业试验场六处，桑苗园一处”。“湖北试验场垦地四百余亩，林业试验场及桑苗园育成苗木在四百万株左右。”[④]这样

① 《本司批郧阳府禀筹议农工商中等预科次第变通办法折》，载《湖北教育官报》1910年第2期，“文牍”第32页。

② 《本司批中等农业学堂堂长申该学堂请仍旧贡院办理各情形由》，载《湖北教育官报》1910年第1期，“文牍”第32页。

③ 《本司移高等农业学堂添习英文文》，载《湖北教育官报》1910年第1期，“文牍”第9页。

④ 《奏办理农工实业情形折》，载《湖北教育官报》1911年第9期，“章奏”第4页。

的设置使知识和实践活动紧密结合起来，不仅可以实地教学，还可用于科研，推动了实业的发展。由于湖北农业试验场设立的效用显著，这一做法还被学部加以肯定，饬令各省学习农业学堂酌量仿行。可见，湖北在实业教育的实践操作方面，投注了较多心血，以试验田为代表，在全国起到了示范作用。

简易识字学堂是清末新政时期专为年长失学，贫寒子弟及无力就学者而设立的学习场所。1910 年 1 月，学部开始了制度化成人扫盲教育的进程。学部颁发了简易识字学塾章程，湖北提学司积极响应。章程中规定："学生一律不收学费，毕业年限规定为三年以下，一年以上。授课内容专教部颁发的《简易识字操本》、《国民必须操本》，酌授浅易算本（珠算或笔算），并酌授体操作为随意科。每日授课时间定为三时或两时，以便为忙于生计的成年学员，节缩其操作之光阴，以从事于修业。"[①]道明该学堂的创办宗旨在于"辅小学教育之不及，而期以无人不学，无地不学为归"。且清政府认为，学堂多一读书之人，世间多一明理之人，为归于宪政关系甚大，其意义十分重要。因此，"本年（1910 年）筹措普通教育开办此项学塾最为当务之急"。同月十九日，湖北提学司还为简易识学学堂的创办，写了一张白话告示，随即刊印，广为发布。告示中提到"现在的世界，是人人都要识些字义，明白些事理，才能安守本分，营谋生活"。政府令开一种学堂，专门针对"贫寒不能上学及幼年没有从先生读书，如今年纪大了的人"，倘若"进去发愤学习，到学习好了，一切眼面前应用的字，认也会认，写也会写，算也会算，并这为人处世的道理，懂不得的也懂得了，做不来的也做来了"，将是一生享用的事。可谓以通俗易懂的语言形式，告诉湖北州府府乡民读书的功用及政府的政策，引导和吸引更多的人前来就学。

另外，简易识字学堂的创设也正如其名，十分简单，官立、公立、私立的各项学堂均可附设识字学堂，亦可由其他学堂改办。[②] 即使在穷

① 《本司批南漳县赵令禀呈请发简易识字课本由》，载《湖北教育官报》1910 年第 2 期，"文牍"第 26 页。

② 《黄陕县视学陈冠冕筹办简易识字学塾情形报告》，载《湖北教育官报》1910 年第 4 期，"报告"第 1 页。

乡僻壤之地，没有学堂的地方，也可以租借祠庙及民屋随处设立，“图书器具不必求备，教员学科不必求全”。由于授课内容为各科知识最浅近者，故而即便没有部发的课本，亦可以选择小学课本中较为容易的知识翻印讲授；即使没有专门的教师，亦可令各学堂现有教员兼而教之。[①]故而从1910年开始，简易识字学塾的数量成倍增长。至当年9月，由各厅州县禀称、省视学报告，“简易识字学塾陆续开办者，计全省共一千零七十所，学生约二万二千四百有奇”。在湖北提学司政策支持下，资金节约、师资易筹的简易识字学塾在1910年得到了快速发展与普及，对于促成教育之普及，效果卓著。

湖北提学司之所以将学堂建设的重心转向实业学堂与简易识字学塾，其原因主要有两点：一方面是因为湖北基础教育之学堂，历经十年发展已日趋完善，自光绪三十四年，初等小学已于湖北州县遍设。高等小学亦是每府设一所。同时，新式教育改革初期的师资急缺问题也得到缓解。师范学堂培养的大量师范生已基本解决了初等小学的师资问题。故而至改革后期，如何在前期教育发展的成果之上，进一步在更广大的区域范围内实现教育普及，如何更快增强教育的实用性与实效性，则成为当时湖北提学司所关注的问题。因此，加快乡民文化素养提升的简易识字学堂与对工商业发展起到实际效用的实业学堂，在此时赢得了最多的关注。这样的转变，是湖北提学司对原有的新式教育体系的调整、补充与完善。另一方面，则是因为学部政策的直接导向。张之洞离鄂以后，湖北省的教育改革主要以学部下达的政令方针为主要导向。1909年开始，学部颁布《简易识字学塾章程》，并饬令湖北两年之内需在各州县建立实业学堂，以辅助清末预备立宪要发展实业与开启民智的需要。对于湖北学务官员来说，中央指令的完成情况是上级衡量自己业绩的重要标准，直接关系到事业前程，按章办事方可无碍考成。故对上达命令，多是顺应办理，积极响应。因此可以说，学部的指令直接推动了新政末期实业学堂与识字学堂在湖北地区的大量涌现与

① 《本司批南漳县赵令禀呈请发简易识字课本由》，载《湖北教育官报》1910年第2期，“文牍”第26页。

迅速普及。

三、加强对教师及学生的管理

教师作为教学活动的主体，是知识的传播者，也是学习的向导者，在整个教育实践、教育发展与教育改革过程中，发挥关键性作用。清政府学部及地方教育主管机构对此都有清醒的认识，故对清末新政时期，政府教师的管理有严格的规定。

首先规定教师的任职资格。在清末倘若要成为一名教师，特别是基础教育的教员，往往要经过严格的鉴定程序和专门系统的师范教育。按照部章规定，毕业于中学即中等以上学堂，或外国同等层次之师范学堂，并在学堂接受两年以上教育的人，才有任职小学老师的资格。中学教师则学历要求更高。据《湖北教育官报》"教员资格统计表"来看，清末湖北的教师，大部分都是有过新式学堂教育经历，很多毕业于师范学堂，是有教育之专门技能之人。清政府在选用教师时，提高门槛的规定，是提高教员队伍水平与素养的必要手段。

其次，对教员、管教员实行考勤管理，若考勤不合格，将会被免、撤。在当今社会的学校教育中，按时上课是对于一个教师最为基本的要求。但在清朝末年，由于教学组织形式的相对松散，教师不到学堂与旷课的现象十分普遍。如当阳县，当地籍贯的教员，"居住地离城(学校所在地)数十里，平时任意回家，动辄经逾数月。所任功课或请人代理，或听其旷废"。[①] 湖北各学堂在寒暑假结束时，明明到了开学的时间，却常常出现教员迟迟不到的情况。因此，湖北提学司针对教员旷课事，要求各学堂给教师制定考勤制度。将教师应任课程、实到钟点及旷课原由制成表格，一体报部。寒暑假结束时，各学堂亦需呈送教师到堂日期表，并据此对教师的旷课行为做出惩处。一般而言："凡管教员于假满后迟到一星期不到，教员于假满后迟到两星期不到者，均即随时撤换"，"合计每学期内，教员旷课逾两星期者，按日扣除薪水，逾四星期者撤

---

① 《本司札当阳县整顿高等小学堂文》，载《湖北教育官报》1910年第7期，"文牍"第37页。

差，曾经请人代课者免撤。”①

再次，对教员的教学能力和教学效果进行考核。湖北提学司深知，学堂之有无进步，全视教员之能否得力。因此，对教员的教学能力与效果的考察，也是必不可少的。一方面是委托学堂对教师进行考核，对于学问浅陋不能胜任教员之任者进行裁汰，另一方面，直接通过学生的考试成绩，作为衡量教师教学业绩的标准。例如，中学堂毕业生毕业之后，需要赴京赴省进行复试，倘若复试中有三分之一以上的学生达不到中学毕业应有之水平，则该学堂相关教员、管理员将被予以撤换。②

最后，严禁教员参与赌博。湖北提学司饬令各学堂“认真查禁，无论教员、管教员，如有习染赌风查实者，将教员、管教员立即撤换并报部存案，不准再充教员、管教员”。③ 似是永不续用之意。一朝赌博，终身禁教，可谓惩处十分严厉。

对学生实行严格的管理，也是清政府教育改革的重要内容。清末政府对学生的管理主要体现在以下几方面：

第一，体现在对学生考试成绩的管理上。成绩是学生学习效率的直接表现，对于清末湖北地区学堂的学生来说，他们毕业升学、任职都依靠考试成绩来得以定论。一般而言，学堂学生每学期都会参加考试，考试分数在六十分以上者方可升入下一年级，六十分以下者留级，而那些考试分数不满二十分者将予以开除。对于那些学期已满的学生，需要在本学堂参与一次毕业考试，同时还需赴省或赴京复试一次。该生最终获取的成绩是复试成绩、本学堂毕业考成绩、平时成绩的平均值。此项成绩将记录在学生的毕业文凭之上，同时将依据此分数，将学生分为优、中、下等。对其优秀者，或调任职务，或准其升学。

第二，体现在对学生学习风气及生活习惯的管理上。对于一般普

---

① 《本司札各学堂严定逾假旷课惩戒章程文》，载《湖北教育官报》1910 年第 2 期，“文牍”第 8 页。

② 《学部札解释原奏名省高等中学毕业赴京赴省复试文》，载《湖北教育官报》1910 年第 4 期，“文牍”第 1 页。

③ 《学部札移各学堂严禁管教员及学生赌博文》，载《湖北教育官报》1911 年第 3 期，“文牍”第 8 页。

通学堂就学的学生而言，湖北提学司对他们的要求有二：一是不得旷课废学。湖北提学司札各学堂规定：凡学生于假满后逾两星期不到者，无论路之远近一律开除。合计每学期内学生旷课逾一百五十钟点者开除（其有特别事故为部章准许者不在此内）。二是不得聚众赌博。1910年，湖北提学司访查得闻，省城各学堂走读学生，寄宿旅馆，每多明目张胆，肆意聚赌，甚至在堂住宿学生亦或沾染习气。不仅败坏人才，且有伤风俗。故而责令学堂管教员勤加考察，严为防范。但凡有学生在外赌博，将被立即开除学籍，且照章追缴学费。以此方法禁绝赌风。除此之外，对于特殊的学生群体，在其日常生活中也有特殊的规定。如留学生群体，清政府规定他们不得与外籍人结婚。担心他们娶外国妇女之后易有乐居异域、厌弃祖国之思，则虽造就成才而不思归国。故但凡中国留学生，一律不得与外国人通婚。对于女子学堂的女学生们，则对她们的服饰作出规定，令女学生不可缠足，不得簪花、傅粉、披发及以发覆额，不得效东西洋装束等。希望她们不要过多关注自身容颜，而专心求学。

第三，体现在对学生思想与行为的控制上。清政府发展教育，培养人才，是为了巩固其统治，因此学生思想需与政府意志保持一致，不能有丝毫违背之举。光绪三十三年十一月二十一日，皇帝发布上谕：严明规定学生，“不准干预国家政治及离经叛道，联盟率众，立会演说等事，均经悬为厉禁。又如不率教必予摒除，以免败群之累，违法律必加惩儆，以防履霜之渐。又如品行不端，不安本分，而管理员不加惩革者，不惟学生立即屏斥惩罚，其教员、管理员一并重处，决不姑宽。”[①]此项规定成为当时管理与控制学生的指导思想。湖北提学司于宣统二年五月初七饬令“学堂管教员，宜禁学生结会演说。令各堂管教员对学生立会演说，并与闻各会之事严加防范，否则一并惩处”。湖北各学堂对学生聚众闹事一事，处罚最为严厉，往往不问原因，不问过程，即行裁决。如1910年3月7日，实业学堂学生因没有实际操作之课程，又被追缴学

① 《本司札各学堂整顿学风士气文》，载《湖北教育官报》1911年第3期，“文牍”第17页。

费,而以罢课之形式示以不满。而湖北提学司下达的处理方式为:将为首学生开除,若众学生仍不来上课,则可解散全体学生,以儆效尤。可见清政府对聚众闹事处理态度之坚决。实际上,要求课程的调整实为学生之正常诉求。晚清湖北学务部门,难图课程之改进,即以强硬的行政手段压制学生的意愿。除此之外,清政府对于学生剪辫易服之风也加以严令禁止。1907 年提学司下令,倘若有学生不尊约,私行剪去辫发的,则该生将被立即开除并追缴学费,以示惩戒。但事实上,这一规则并不奏效,剪辫之风却越堵越盛。时至 1910 年 9 月,“湖北各学堂往往三五成群游行街市,且多剪去发辫,身着长衣洋帽洋靴”。针对此种情形,清政府令各项学堂,将剪辫之学生核定上报,令他们蓄发并戴假辫,而未行剪发之学生,则禁止剪发,否则开除。

以上种种湖北提学司对学生行为约束的规条,均以抑制学生思想、防止学生动乱为前提,是出于行政稳定之考虑,而非为学生发展而想。时至辛亥革命前期,各处革命思潮、改革思潮盛行,对于如何避免新式学堂的学生接受新式革命与改革思想,清政府只有采用防范措施,严加惩处之法。希望以行政重裁威慑学生,而将思想束缚于清政府既定安排的范围之内。此种处理之方,即如禹父鲧之治水,欲堵而不知疏。时代之潮流,新思想的传播,又岂是如此微弱的掩耳盗铃之举可以抵挡的?事实上,压制学生正常诉求,滥施违背社会发展规律的严酷规条,反而加速将学生推向了提学司即清政府的对立面。政府的措施愈加严峻,反抗之行为则愈加频繁。

四、清末湖北教育改革的缺失

清末湖北的教育改革如同其他各项改革一样,在被称为“中国第一通晓学务之人”张之洞的推动下,不仅取得了重大进展和突破,而且领先于其他各省。但在教育改革中,尚存在诸多缺失。这些缺失,我们可以从《湖北教育官报》中找到答案。

第一,办学经费严重不足。"今以甚绌之款,办日渐扩充之事",[①]反映了当时湖北资金紧张与兴办学堂之间的矛盾。造成这种两难困境的原因,主要有三方面:一是清政府不拨办学经费,靠地方自筹。为推动教育事业的迅猛发展,改变中国落后的面貌,培养国家急需的人才,提高国民素质,清政府硬性规定地方政府必须在规定的期限兴办一定数量的新式学堂,并作为地方官员政绩考核的重要指标。而清政府又拿不出办学经费,靠地方自筹。地方政府只好将办学所需款项以各种名目摊派到百姓和富绅头上,导致百姓无力缴纳学款,富绅拖欠学款。如竹溪县,1911 年未收齐的富绅捐就达一万九千串,[②]黄冈县 1904—1911 年拖欠学款四万余串,[③]蕲水县欠解学款二万八千千串,[④]蕲州 1907—1910 年欠解约三万三千余串。[⑤] 二是乡绅把持学款。在湖北省各州府劝学所建立以前,各地方原有宾兴、公车,以及印卷、膏火等费,原该乡绅掌管,后经湖北提学司高凌蔚通饬湖北地方将以上经费发充学堂经费,并尽数收归劝学所一并管理,不准挪用。但事实上,既定的规则难以在一时之间打破,乡绅继续把持学款的现象仍十分严重。以襄阳县为例,至 1911 年宾兴各款仍归乡绅掌管,且地方政府亦任其行之,不加干涉,继续由旧绅掌管学款似乎是当然之事。就天门县而言,每年有丝捐长数百串,但却历年被该地绅首彭国炳把持,"并连接行户彭顺和因缘为奸,捐款所入悉归中饱",[⑥]名为学款所收之钱,实则涓滴未行学堂之事。更甚如石首县,该县的官立初等小学堂,由于资金支

---

① 《本司札竹山县清厘学款整顿学务文》,载《湖北教育官报》1910 年第 2 期,"文牍"第 21 页。

② 《本司批南漳县趁命详请另派初等宝业堂长暨武堰雨等监学改派模范初等堂长文》,载《湖北教育官报》1911 年第 2 期,"文牍"第 27 页。

③ 《本司札黄冈县清理学款文》,载《湖北教育官报》1911 年第 4 期,"文牍"第 20—21 页。

④ 《本司札蕲水县清理学款文》,载《湖北教育官报》1911 年第 5 期,"文牍"第 29—30 页。

⑤ 《本司札黄冈县厘定高等小学经费文》,载《湖北教育官报》1911 年第 3 期,"文牍"第 13 页。

⑥ 《本司札天门县整顿学务文》,载《湖北教育官报》1910 年第 7 期,"文牍"第 13 页。

绌，难以维持。学堂乏食，石首总董刘雯梅只得典押自己的衣物，得钱数十串，暂行供用。省视学到堂视察时曾函托该县县令，照会掌握宾兴款项的绅首，暂行发借本就属于学款的宾兴母本钱四百串，以解燃眉之急。但该绅首却不予理会，将把持的学款假自治之名，行攘利之实。[①]面对学堂的紧迫之需，仍行一毛不拔之事。三是学款管理混乱。清末湖北各州府县的劝学所在学校的管理上存在一些漏洞，一方面表现为学款收支记录的混乱。由于收入学款的范畴较广，征收时间不一，各地在记录学款时有不尽不实之处较多。如长乐县，在收入学款款项中，分为原案学堂经费和推广学堂经费，“该县原案学堂经费，除官发茶厘外，多未能核实。推广经费，核算收数皆与定案不符”。[②] 每年收支如何，可谓一笔糊涂账。另一方面，各地吞蚀学款、冒领及挪用学款的问题频发。如武昌县“1910 年宾兴租稞实收一千三百串，经理人仅缴七百串”。[③] 其中差额即被人为吞蚀，去向不明。生员至劝学所强行索要宾兴，并将所得学款自行发出，霸有劝学所收入账本，不予归还。如孝感县禀生屠仁烈于考试毕时，向劝学所冒领学款九百八十五串，“劝学所各职员于此款只据禀生一人之辞私行发给，并不详细调查”。[④] 应城县“中人捐本全归学款，年可得三千串，该县私移三分之一改办新政，且调查局自 1909 年七月起至 1910 年五月止，共由县署挪去学款一千余串，以作该局之费”。[⑤] 由于学款章程不甚明确，加上经办人员的疏忽，混乱的经费管理致使学款减少。由于无钱支撑，时至清政府新政的最后两年，很多学堂都难以支持，甚至有因此而停学者。

第二，劝学所成为渎职之所。劝学所是自 1906 年《奏定学堂章程》颁布以后，清政府在各厅、州、县所逐步建立起来的，专门管理一方教育

---

① 《本司札石首县维持学务文》，载《湖北教育官报》1910 年第 7 期，“文牍”第 14 页。

② 《本司札长乐县整顿学务学款文》，载《湖北教育官报》1910 年第 3 期，“文牍”第 29 页。

③ 《本司札武昌县整顿勤学文》，载《湖北教育官报》1910 年第 1 期，“文牍”第 11 页。

④ 《本司批潜江县陈令禀归并张港高等小学令就传经书院添办一堂由》，载《湖北教育官报》1910 年第 4 期，“文牍”第 33 页。

⑤ 《本司札应城县筹还学款并奖撤教员文》，载《湖北教育官报》1910 年第 1 期，“文牍”第 27 页。

的行政机构。清政府希望通过此专属行政机构“筹措经费，劝导兴学，调查学务及宣讲教育宗旨”，[①]以达到促进教育发展的作用。然而就1910年的情况来看，这一行政机构并未良好运行，反而问题重重，成为渎职之所。其中之主要问题体现在任职人员的混乱与渎职上。据清政府的初衷，劝学所职员要聘请地方上品行端正、热心学务之人。地方上实际用人时，这一标准更是如同虚设。据《湖北教育官报》中刊载，长阳县的劝学所总董即是仅凭文辞优美一则，即被授予学务要职。竹山县的劝学所由劣绅奸商把持。再加上劝学所本身缺乏约束职员行为的规条，故很容易出现渎职的现象。如武昌县，本分内外两乡，设立劝学所有二，可外乡劝学所总董早已服满辞差，而内乡总董虽在其职，却是若有若无，根本无人总理学务事宜。[②] 至于蒲圻县劝学所，有劝学员五人，却并未实施劝学，且长期不到所，每月还可白拿薪酬。建始县总董“染有嗜好，常年到所仅一两次”。[③] 其他各县的情况基本如此。可见，这些劝学所已名存实亡，根本不能起到劝学的作用。

第三，办学“务求多数，徒饰听闻”。从《湖北教育官报》中可以得见，湖北在清末最后十年的确创办了数量可观的学堂，但是在这快速增长的学堂数量背后，其实际办学效果又是如何呢？如1910年，省视学曹林在视察了湖北学务后指出：各州县的初等小学堂“有教员无学生者有之，有学生无教员者有之。甚至教员学生具无者亦有之”。[④] 竹山县“初等小学经禀报40余堂，官立仅西关、南关大致可观。乡间抽查数堂学生均属寥寥，功课亦甚杂乱。其宝丰一堂，竟至两教员并学生不知去向，门户深闭，满屋尘封，堂上桌椅交错，似是近日未曾上课”。[⑤] 如此建制不全之学堂，也充作学堂数目上报，实属荒唐。学堂徒有其名，而

---

① 江陵县教育志编撰领导小组：《江陵县教育志》，37页，1984。

② 《本司札武昌县整顿劝学所文》，载《湖北教育官报》1910年第1期，“文牍”第11页。

③ 《本司札建始县查核简易识字学塾并总董教员有无嗜好文》，载《湖北教育官报》1911年第4期，“文牍”第29页。

④ 《省视学曹林整顿各州县学务通弊条陈》，载《湖北教育官报》1911年第2期，“报告”第1页。

⑤ 《本司札竹山县奖撤各教员追缴各捐款文》，载《湖北教育官报》1911年第2期，“文牍”第18页。

无教学之实际。官员们在办学之时往往“务求多数，徒饰听闻”。其原因即在于清政府下达兴办学堂命令之时，多以强硬手段，饬令地方在规定的时间内，建立起规定的学堂数量，并把地方官是否完成这一任务作为考核官员政治业绩的重要指标。这确实为重视教育发展之举措，但却忽视了各地办学的实际条件，无视资金不足、生源不足及师资尚缺等方面的问题。对于地方官员来说，在无办学条件又须完成指标的情况下，只有被动地设立这些名义上的空壳学堂，以期上报有数而使自身考核无碍。这样促成了学堂数目迅速增长与实际授学窒碍难行之矛盾。清政府固有办学之热情，却难达教育之成效。

第五章 《江汉日报》与晚清革命和革命文学

辛亥革命前夕，诞生于湖北武汉的《江汉日报》，是晚清上海、穗港和武汉三大革命报刊中心最具代表性的一份反清反帝革命报刊，该报在创刊号以不同的文体形式昭示其主旨：作革命之“喉舌”，新闻之魁星。它提出了近代文学史上具有里程碑意义的革命文学理论；刊登了许多革命社论、革命小说、革命杂文、革命诗词等形式多样的作品，使革命思想深入人心，为武昌首义的爆发奠定了坚实的舆论基础，堪称晚清国内报刊革命文学和革命舆论发生的先导或标志。

《江汉日报》的图像新闻，如同其所刊发的各类文体一样，自始至终，承担着反帝反清、宣传革命的使命；其报道的范围广泛，视野宏阔，高瞻远瞩，具有宏观性和全局性；其报道的主题主要集中在中国面临的局势、外国列强对中国的侵略与掠夺、腐败的封建专制制度以及文武官吏的百面丑态，具有鲜明的政治性。在策略上，运用立体的和连续的报道方法，增强舆论力度；在形式上，图像直指现实政治和现实社会，通俗易懂，具有直观性。其图像新闻大胆、泼辣、犀利，具有革命性和战斗性。

第一节 《江汉日报》的创办及宗旨

一、《江汉日报》的创办

1908 年 3 月 17 日，革命党人胡石庵等（一说饶翼儒、方聪甫）在汉口一码头歆生街余庆里创办对开大报《江汉日报》，赴日留学生饶翼儒、姜旭溟先后出任总经理。《江汉日报》每周出 6 期，每期 8 版，采用新闻纸双面印刷。《江汉日报》一版为提要，二版刊发专电、译电，三版刊发社论、紧要新闻、本地新闻，六版刊登调查小说、词林、插画，四、五、八版为广告。《江汉日报》以广开民智、鼓吹改革、宣传革命为宗旨，为武昌首义的发动起到了推波助澜的作用，功不可没。清朝最后覆亡已有诸多征兆，《江汉日报》可谓是在武汉为其敲响丧钟者之一。1908 年 2 月 12 日，《江汉日报》发布出版预告称："汉口一镇，在今日之中国具有极大之资格，于世界之前途更有非常之关系，故政学军商诸问题，皆于全国全球有大影响，此究中外者皆欲得其真相。"

其创刊的时候，革命派与改良派的论战已烟消云散，革命派彻底击败了改良派，革命思潮风起云涌，革命宣传、革命舆论的中心开始由日本转移至国内。湖北的留日学生不仅人数众多，而且思想激进，创办了在当时极具影响力的革命刊物《湖北学生界》（后更名《汉声》），并提出了以武汉为中心的革命理论。在海外，当革命成为压倒其他一切思潮的主导潮流之际，他们中的一些革命人士把革命宣传的目光投向国内，武汉被他们视为中国的中心，要发动革命必须从中心开始。要想有革命的行动，必先有革命的舆论，要想有革命的舆论，必先有革命的报刊，《江汉日报》便应运而生。

《江汉日报》从 1908 年 3 月 17 日创办到 1908 年 8 月 14 日被封，共出版 149 期。自创刊至今，已有一百多年。时至今日，学界很少有人提及。笔者查阅了中国内地的《近代报刊史》《中国报刊史话》《黑血·金鼓——辛亥前后湖北报刊史事长编》《晚清期刊全文数据库》和台湾的《中国报学史》《中国近代之报业》等权威性新闻史著作，仅华中师范大学刘望龄教授的《黑血·金鼓——辛亥前后湖北报刊史事长编》有简短记载，其他专著无一涉及。这份在当时极具影响力的革命报刊不仅在相应的权威著作中没有提到，而且在学术期刊全文数据库中，除笔者在《文学评论》（2014.1）发表的《〈江汉日报〉与晚清革命文学的发生》之外，也没有一篇关于该报的论文。笔者因课题研究的需要，四处搜寻该报，得知湖北省档案馆花巨资从收藏家手中购买了该报并珍藏于特藏馆，在档案馆领导的支持下，才得以阅览并研究该报。《江汉日报》从创刊到现在重现于世，可谓尘封百年。该报可称之为革命舆论先锋，为湖北最早影响力最大的一份革命报刊，为辛亥革命在武昌爆发做了充分的舆论准备。武汉后来相继创办的《商务报》、《大江报》、《大汉报》及《天声报》等革命报刊，无不受到《江汉日报》的启迪与影响。

二、《江汉日报》的宗旨

该报可谓晚清国内革命报刊的先驱，其宗旨为“张吾自由之帜”，作革命之“喉舌”。报馆同人为了让读者了解其主旨，在创刊号发表社论《对于本报发刊阐明宗旨》，标揭“张吾自由之帜”，作革命之“喉舌”。该文开篇以犀利的文笔倡言：“天下无喉舌之国民，亦无无耳目之政府。民无喉舌谓之暗，国无耳目谓之废。专制之害，至于秦而酷矣。然而族有诽谤之诛，巷有妖言之禁，则是其民之喉舌犹存，而其耳目不死。夫以秦政之阴鸷猛毒，而当世之民尚敢假喉舌以鸣其不平。”[①]其直言不讳地宣告，苍天赋予人民喉舌，即赋予人民有言论自由的权利；赋予人民耳目，即赋予人民有监督政府的权利。旗帜鲜明地对专制制度剥夺人权、限制言论自由予以批判，显示了其慷慨激昂的革命英雄主义精神。文章还指出“揣摩离合之阴谋，出于战国纵横家，取功名，图利禄，热中之术，其风一唱，二千余年之民族，虽有喉舌如无喉舌，今欲挈之以还于自由之极轨，必去其病根，破其谬见。庶几喉舌之机关，不转移于他人之喜怒，好非所好，而怒非所怒，则言论亦安往而非自由哉”![②]《江汉日报》大声疾呼言论自由，不是“取功名，图利禄”，不是“热中之术”，而是使言论回到真正自由的轨道。他们大声疾呼，“以越天下之喉舌，而张吾自由之帜，见智见罪，悉听当时”，[③]表现了为自由呼号，为革命动员置个人安危于不顾的牺牲精神。为避免报馆被封、报人惨遭迫害，报馆同人决定以平和的笔法、隐讳的策略表达其革命主旨，但又担

① 《对于本报发刊阐明宗旨》，载《江汉日报》1908 年 3 月 17 日(二月二十五日)。
② 《对于本报发刊阐明宗旨》，载《江汉日报》1908 年 3 月 17 日(二月二十五日)。
③ 《对于本报发刊阐明宗旨》，载《江汉日报》1908 年 3 月 17 日(二月二十五日)。

心读者不明其用心，特在创刊号发表《出版余谈》一文，广告读者，“本报初出，貌似平淡”，其后将建“掀天揭地之事业”，作“惊世骇俗之举动”，“天下事必其始之平淡无奇者，而后以继长增高之锐力，为着进行之手续，以达于完全无缺、满志踌躇之地位而后已”。[①] 编者在出版的第一天，就将其立足长远而又气势宏博的宗旨昭示读者，其魄力在当时报界首屈一指。

为进一步表明革命宗旨，《江汉日报》创刊号发表署名“杲”的寓言小说《新闻之魁星》。小说的两位主人公一姓葛，名丞，字慕化：一姓怀，名达仁。“葛”即割，“丞”即振，“慕”即没，“化”即华的谐音，意即割除没落王朝，振救中华。“怀达仁”乃“怀大任”的谐音，即胸怀大任。这种借谐音的命名手法是晚清小说的重要表现形式，是在专制政府统治下不得已而使用的隐讳表达小说主旨的艺术。这两位主人公以善饮闻名村里，所饮之酒为“千日酒，中山氏之所酿也，弟子饮之当有佳境”。[②] 从孙中山在日本成立同盟会，提倡三民主义，主张革命，至《江汉日报》创刊正好历时千日。在中山氏佳酿的作用下，葛先生酒酣目眩，眼前浮现一座美丽壮观的长桥，“卧作新月形，由北岸横贯南岸，势如螺旋”，顿惊诧，谓怀曰：“异哉，昨者予自鄂城返，犹忆乘小艇，胡一夕幻成桥梁，彼舟楫又乌在，何昨是而今非？”怀曰：“子过矣，明明今是而昨非。”[③]借中山氏之酒而喻三民主义，借“今是而昨非”批判专制制度，颂扬“三民主义”。正当他们沿江游观间，“忽大声发于水上，若雷震肱肱，骤起于地，响未终天，风澎滂继起于东南岸，瞬息间，波涌云乱，江流逆入，潮湃漂疾之势，震撼山谷”。[④] 小说又借怀先生之口，道出三民主义：“此文明之潮流也，壮观哉，壮观哉”，“俄而风恬浪静，波影熠熠，日色激射于江间，成万道金光，散烁空际，晚晴绮丽中见鹤楼高处涌出丈六金身，危立云表，右手握笔大如椽，若似俗迷信家所绘纪之魁星状，两旁有彩旗二道，亦高丈余，随风招展，飞动有势，上有古篆文金书八字，皆大如栲栳，

---

① 《对于本报发刊阐明宗旨》，载《江汉日报》1908 年 3 月 17 日（二月二十五日）。

② 杲：《新闻之魁星》，载《江汉日报》1908 年 3 月 17 日（二月二十五日）。

③ 杲：《新闻之魁星》，载《江汉日报》1908 年 3 月 17 日（二月二十五日）。

④ 杲：《新闻之魁星》，载《江汉日报》1908 年 3 月 17 日（二月二十五日）。

左曰：江汉日报，右曰：功成名立。怀与葛凝视既久，意流连低徊而不能去。”[①]该小说短小精悍，构思巧妙，借两位主人公饮中山氏酒，舟楫幻作横贯大江之桥梁，东南澎湃之风，潮湃漂疾文明之潮流，散烁空际之万道金光等隐讳的笔法，向读者暗示《江汉日报》的主旨即高扬三民主义旗帜，推翻清政府，振兴中华，作新闻之魁星。结合该报在当时的巨大影响以及武昌首义的爆发，“新闻之魁星”诚不虚也。

《江汉日报》还在插画栏目以漫画的形式，直观、形象地表达其革命宗旨。该报创刊号刊登了一幅饶有兴味的漫画，见图一。[②] 画面由扬子江（即长江）、襄河（即汉水）、一轮红日、一面旗帜、一位报人和报箱组成，扬子江汹涌澎湃，襄河波涛浪滚，红日光芒四射，旗帜迎风飘扬，报人手指上述壮观画面。报箱上书有“报”字，红日旁书有“日”，再加上扬子江和襄河（汉水），使《江汉日报》四个大字巧妙地寓于漫画之中，并寓指在革命风起云涌、潮流激荡之际，《江汉日报》如同一面高扬的旗帜，如同一轮金光闪耀的红日，在革命的征途中指引和照耀人们前进的方向。该报在创刊的第二天，又刊登了一幅漫画，画面由一面巨鼓和鼓手组成。在巨鼓下面有人在沉睡，并书“今日之国民”四字，鼓手正在敲鼓，鼓槌上书有“报”。其意即在于以报纸为钟鼓，震醒沉酣，激发人们的革命豪情与斗志。

图一

《江汉日报》通过社论、杂文、小说、漫画等多种形式，将其革命宗旨昭示读者，这在当时的革命报刊中并不多见。尤其是以图像新闻的形式昭示报刊主旨，这在当时更为罕见，显示出报馆同人坚定的革命信心和豪迈的革命热情。在此后的出版岁月中，《江汉日报》始终坚持以做

① 杲：《新闻之魁星》，载《江汉日报》1908 年 3 月 17 日（二月二十五日）。

② 《江汉日报》1908 年 3 月 17 日（二月十五日）。

革命喉舌为宗旨，其插画栏目尤其如此。由于其图像新闻大胆、犀利、泼辣，对清朝专制政府及国外列强予以讽刺、嘲弄、批判，并产生强烈的社会反响，遭到中外反动势力的嫉恨，其插画栏目仅仅开辟三个多月就被勒令取消。

第二节 《江汉日报》与晚清革命文学

谈到革命文学，学界完全忽视晚清革命文学，可能会不约而同地把目光投向20世纪20年代的革命文学。这是两种不同性质的革命文学，后者是无产阶级革命文学，是1927年大革命前夕，一部分中国共产党人和革命作家倡导的一种文学。他们要求文学摆脱资产阶级思想影响，努力为民主革命服务；要求作家把自己的文学活动同无产阶级领导的革命斗争结合起来。当时的革命文学争论，促进了马克思主义文艺理论在中国的传播，为左联的成立准备了思想条件。前者是资产阶级革命文学，是一些革命党人及其同路人和进步作家在晚清革命思潮高涨下提倡的一种文学。他们自觉以文学为利器，宣传反帝反清革命思想，追求民主共和制度，为辛亥革命制造了有利的革命舆论。《江汉日报》以文学为利器，倡言革命，促进了晚清国内报刊资产阶级革命文学的发生，具有代表性和典型性。

一、晚清革命文学的缘起

在这里，必须厘清两大问题，一是晚清革命文学产生的时间及定义，二是为什么把《江汉日报》作为国内报刊革命文学发生的先导或标志。

晚清革命文学的缘起，可以追溯到1903年。这时中国留日学生掀起了革命高潮，他们开始纷纷创办革命报刊。革命宣传家陈天华与邹容犹如双子星座，成为宣传革命思想的急先锋。1903年，陈天华在日本积极参与组织拒俄义勇队和军国民教育会，先后撰写《猛回头》和《警世钟》两书，他以感人肺腑之言深刻揭露帝国主义列强侵略中国和清廷卖国投降的种种罪行,影响甚大。同年,留学日本的邹容被迫回国,在上海与革命志士章炳麟、章士钊等人结为挚友,积极参加拒俄运动与爱国学社的革命活动,并出版《革命军》。《革命军》倡言"排满反清",号召人民起来革命,倡导建立独立自由的"中华共和国"。风起云涌的革命思想对立宪派领袖梁启超也产生很大影响。戊戌政变之后,梁启超逃亡日本,曾与孙中山为首的革命派有过接触,一度倾向革命。他于1905年撰写了《俄罗斯革命之影响》一文,文章涉及"革命之原因"、"革命之动机及其方针"、"革命之前途"、"革命之影响"等内容,文字简短急促,如山石崩裂,似岩浆喷涌:"电灯灭,瓦斯竭。船坞停,铁矿彻。电线斫,铁道掘。军厂焚,报馆歇。匕首现,炸弹裂。君后逃,辇毂塞。警察骚,兵士集。日无光,野盈血。飞电刿目,全球挢舌。於戏,俄罗斯革命!於戏,全地球唯一之专制国遂不免于大革命!"[①]这里的俄罗斯革命是指俄罗斯虚无党反抗俄国沙皇残酷的专制统治的革命,与晚清革命党人反抗清政府的革命很相近,并成为革命党人的重要革命资源。

"革命文学"这一名词何时首次在中国出现,目前尚难以考证。就笔者所见到的"革命文学"四字,最早出现在杨守仁所著的革命宣传小册子《新湖南》(1903年出版)中:"故夫压抑者,反对之良友,而破坏之导师也。是故俄国之虚无主义,自革命文学时期,升而为游说煽动时期,自游说煽动时期,升而为暗杀恐怖时期,愈挫愈奋,愤盈旁魄,几使俄政府权力威命所及,俱陷于盲晦雨之途焉。"[②]至于"革命文学"为何,杨氏并未说明,考察文意,当指一般性的富含革命色彩的宣传文字。尽管"革命文学"于1903年在中国出现,但其所指乃为俄国的的革命文学。

中国之有"革命文学"一词,最早见于《江汉日报》。1908年5月30日,《江汉日报》开始转载当时《大阪每日新闻》发表的全面介绍晚清革命党的文章《清国之革命党》。原文共分关于革命党的有关团体、主义、

---

① 梁启超:《俄罗斯革命之影响》,张品兴主编《梁启超全集》第六卷,1693页,北京:北京出版社,1999。

② 张枬、王忍之编:《辛亥革命前十年间时论选集》(第一卷下册),641页,生活·读书·新知三联书店,1977。

领袖、起义斗争，与立宪派的严重分歧，以及清政府的镇压等六个部分，《江汉日报》连载五个部分就被禁止刊发。该文称，革命党人积极发行图书报刊，“鼓吹排满主义，一时东京市上，出售此种之杂志，实数几达十余种之多。就中之为最盛行者，如四川人邹容、湖南人陈天华二人，盖当时称为革命文学最盛时代也。”[①]这是笔者所见最早的“革命文学”一词，比学界其他学者所见所倡的“革命文学”都早。胡石庵等人冒着生命危险转载《清国之革命党》，盛赞革命党人的英雄业绩，积极宣传革命思想，并致力于革命文学的创作与传播。《江汉日报》连续三天刊发长篇论文《论文学之势力及关系》，表明了该报的政治立场和革命文学主张，可谓他们关于革命与革命文学的宣言。

陈天华、邹容等人尽管没有明确提出“革命文学”概念，但其文章完全拥有革命文学的真正内涵，胡石庵等则正式应用了“革命文学”这一概念，并身体力行从事革命文学的创作与传播，促进了革命高潮的到来。1909年，柳亚子、高旭和陈去病等人在苏州成立了清末民初最大的资产阶级革命文学团体南社，南社鼓吹资产阶级民主革命，提倡民族气节，反对清王朝的腐朽统治，为辛亥革命做了非常重要的舆论准备。南社既是文学社团，又是同盟会重要的外围组织，主张文学为革命服务。曹聚仁先生评价南社诗文时认为：“南社首先揭出革命文学的旗帜，和同盟会的革命相呼应。我们可以说南社的诗文，活泼淋漓，有少壮之气，在暗示中华民国的更生。那时，年轻人爱读南社诗文，就因为她是前进的、革命的、富有民族意识的。”[②]曹先生肯定了南社诗文的革命文学性质，认为是晚清革命文学的首创。但如果他看了《江汉日报》，相信他会改变这样的认识。

关于当时“革命文学”的定义，晚清的革命党人汪兆铭民初作过这样的阐述：

近世各国之革命，必有革命文学为之前驱，其革命文学之

---

① 《清国之革命党》，载《江汉日报》1908年5月30日。

② 曹聚仁：《南社·新南社》，柳无忌编：《南社纪略》，248页，上海：上海人民出版社，1983。

采色，必烂然有以异于其时代之前后。中国之革命文学亦然……盖其内容与其形式，固不与庚子以前之时务论相类，亦与民国以后之政论，绝非同物。盖其内容，则民族民权民生之主义也。其形式之范式，则涵有二事：其一，根柢于国学，以经义、史事、诸子文辞之菁华，为其枝干。其二，根柢于西学，以法律、政治、经济之义蕴，为其条理，二者相倚而亦相扶。……革命党人所以能勇于赴义，一往无前百折而不挠者，恃此革命文学，以自涵育，所以能一变三百年来奄奄不振之士气，使即于发扬蹈厉者，亦恃此革命文学以相感动也。[①]

汪氏的这一定义，包含以下几层含义：第一，革命与革命文学的关系，无论何种国家的革命，必然有革命的文学作为“前驱”，为革命的爆发作思想舆论动员；第二，不同时代的革命，其革命文学的特色亦不相同，如 1900 年至 1911 年的资产阶级革命文学在内容和形式上，既不同于其前的洋务及维新文学，亦不同于其后的政党文学，更不同于“五四”以后的无产阶级革命文学；第三，肯定了辛亥时期资产阶级革命文学的存在，并指出中国资产阶级革命文学的内容为“三民主义”，其形式以中学为根基，西学为条理；第四，肯定革命文学陶冶革命党人的巨大作用。

要确立《江汉日报》作为国内报刊革命文学发生的先导或标志，必须弄清该报创刊之前国内的革命报刊与革命宣传。晚清的革命宣传活动首先是从海外开始的，同盟会在日本成立后，革命派击败改良派，革命宣传开始由国外转移到国内，大批革命志士回国办报，形成了上海、穗港、武汉三大报刊及革命宣传中心。《苏报》于 1896 年创刊于上海，先是因刊载黄色新闻而声名狼藉，后又赞同康梁的维新主张，直到 1903 年章士钊担任主笔后，革命色彩渐渐浓厚。邹容的《革命军》出版后，该报接连刊发章士钊的《读革命军》及章太炎的《革命军序》，大肆介绍和宣传《革命军》。与此同时，该报在显著位置刊载章太炎长达万言的《康有为与觉罗君之关系》。这些重磅式爆炸性宣传，持续数月便遭到查封，并导致了震惊中外的“苏报案”。“苏报案”发生后的几年时间

① 胡朴安选录《南社从选》，1 页，北京：解放军文艺出版社，2000。

里，革命舆论陷入沉寂，直到1907年，上海才诞生了资产阶级革命派在国内的第一份大型日报《神州日报》，该报由革命党人于右任创办，其宗旨为“光祖宗之玄灵，振大汉之天威”。[①] 该报所发新闻，多有对清朝贪污腐化现象的揭露，具有革命色彩，所载小说，则主要是言情小说、理想小说（或曰科幻小说）、侦探小说、社会小说、滑稽小说、讽世小说、家政小说等类型，且以翻译作品为主。这些作品与当时上海社会文化相吻合，适合市民读者的阅读口味，缺乏革命思想。于右任所创办的“竖三民”即《民呼日报》、《民吁日报》、《民立报》虽然影响很大，革命色彩很浓，但都在《江汉日报》之后。穗港作为国内三大革命宣传中心之一，在1908年及以前创办的革命报刊有《群报》、《珠江镜报》、《国民报》、《广州白话报》等，这些报纸虽然具有革命倾向，但其力度十分有限，既没有革命文学理论，也没有经典的革命文学作品，影响远不及《神州日报》。

创刊于1908年的《江汉日报》则独树一帜，以“革命文学”为利器，倡言革命，无论其社论、小说、杂文、诗词，都体现了这一鲜明特色。据笔者统计，该报所载小说，短篇小说占80%，中篇小说占20%，没有长篇小说；原创小说占90%，翻译改编小说只占10%；以“革命”为主题的小说占70%以上。其所载的社论、杂文、诗词和漫画等作品也紧紧围绕“革命”主题。尤其是该报在社论专栏连续三天刊登阐述革命文学理论的长篇论文，这是当时上海和穗港的革命报刊所无法比拟的。武汉后来相继创办的《商务报》、《大江报》及《大汉报》等为辛亥革命作出巨大贡献的革命报刊，无不受到《江汉日报》的启迪与影响。诞生在辛亥革命首义之地的《江汉日报》适逢其时，无论是政治宗旨，还是其文学理论、文学作品，都闪耀着革命光芒，被视为晚清国内报刊革命文学发生的先导或标志，诚不为过。

二、《江汉日报》对革命文学的倡导

从晚清文学思想的发展来看，《江汉日报》对革命文学的倡导，是顺应时代发展的，且对革命思潮具有推波助澜的巨大历史作用，是对此前

① 冯自由：《革命逸史》，203页，北京：中华书局，1981。

傅兰雅与梁启超关于新小说理论的根本性突破。

作为深谙中国社会的传教士，傅兰雅于甲午战后深刻认识到中国处于危急关头，必须全面改革。他主张文学救世，以小说为利器改造中国社会。1895年，他在《万国公报》、《申报》等重要报刊上反复刊登《求著时新小说启》，征求批判鸦片、八股、缠足三害的小说，以感动人心，变易风俗，改造社会。傅兰雅的征文活动对梁启超提倡"新小说"产生一定的影响，但梁启超的旨意与傅兰雅不同，傅兰雅突出社会，而梁启超突出民族国家。梁氏受日本政治小说的影响，先后发表《译印政治小说序》、《论小说与群治之关系》等文，意在以小说为利器来"新国新民"。在诸多小说类型中，梁启超首倡"政治小说"，以发表"自己的区区政见"，为改良政治服务。他翻译的日本的政治小说《佳人奇遇》，创作的政治小说《新中国未来记》，旨在为他理想中的新的民族国家服务。

作为晚清革命派，《江汉日报》同人更进一步，他们突出政权更替，主张反帝反清，他们所提倡的革命文学是其政治主张中的重要一环。该报刊载社论《论文学之势力及关系》，开启了晚清文学理论发展的新阶段。通观全文，可以发现它既受到梁氏"新小说"观的影响，又有根本性的突破。其影响与突破主要体现在：

一是突出文学的社会功能。该文认为"无文学不足以新民"，这是对梁启超观点的突破，其新民之利器不限于小说，而扩展到一切文学形式。梁启超认为，小说"浅而易解"、"乐而多趣"，与人类的普通性吻合，而且小说具有熏、浸、刺、提四种力，使小说能够支配人道，所以民众喜欢小说胜过其他各类书籍。中国传统的状元宰相思想、才子佳人思想、江湖盗贼思想、妖巫狐鬼思想均来自小说。在梁启超看来，小说能够很好地发挥其社会功能，其巨大作用无时不在，无处不在。因此，面对救亡图存的现实，梁氏倡导用小说来新国新民。《江汉日报》同人也是如此，但他们不限于小说，拓宽了晚清文学理论探讨的视域。《江汉日报》同人强调文学对"新民"的作用，其用之于善则可以"涵养性质，培植人格，增益智识，孕育舆论"；用之于不善则"实足以灭国绝种，伏亿万里之祸根”,并导致“荡佚意志,锢蔽见闻,淆混是非,消沉道德”。[1] 其“新民”的内涵突破了梁氏的范围,尤其强调人权。文章认为只有文学能“撼醒沉酣,革新积习,使教化日隆,人权日保,公德日厚,团体日坚”。[2] 他们所谓的“人权”是三民主义思想中的民权主义,所谓的“团体”,不是当时遍布国内外的社团,而是整个汉民族。他们希望用文学的势力使这个有悠久历史传统的民族团结一心,众志成城,“驱除鞑虏,恢复中华”。这不能不说是中国文学观念、文学理论上的历史性跨越。

二是突出文学的政治功能。该文认为“无文学不足以立国”。文学“立国”是这篇革命文学理论的最核心内容。作者用大量笔墨,旁征博引,贯通中外古今,突出文学“立国”之功效。文章云:“普鲁士之败于法也,订约求和,偿金割地,乃其遗民眷怀旧壤,作种种诗歌曲谚,不忘宗国之音,而独逸联邦卒至成立。”[3]其文学之功,“挽狂澜于既倒,为现世收完全之效果……由是观之,则注重文学,足以兴国”。[4] 文章还指出,“印度沦为英国之墟,斯拉夫人之裂波兰,必先灭其文学,乃占领其国土”。此二国既非“墟于商业,又非裂于兵威,然国界虽存,国魂早逝”,“一旦噩梦初回,神经顿悟,欲保全而莫得,思光复亦良难”。[5] 至此,作者感慨万千,悲凉叹息:“嗟乎!景物依然,河山已异……捐弃文学足以亡国。”接着文章作出结论:“俯视千秋,横眺六极,无文学不足以立国。”这是典型的文学兴国论。

三是突出革命文学的力量。《江汉日报》是一份极具影响的革命报刊,服膺孙中山的三民主义,主张革命,所倡导的文学是为革命服务的。《论文学之势力及关系》对文学势力的论述,尤为气势磅礴,高远恢宏,令人震撼,展示了革命派报刊的气概,足以使持改良思想的梁氏相形见绌。文章指出:“恃利喙锋牙吸咽膏髓之禽兽势力未足与之角,挟黑铁赤血操纵生命之战斗势力莫敢与之竞,施祈祷舞蹈灌输迷信之宗教势

① 《论文学之势力及其关系》,载《江汉日报》1908年5月10日(四月十一日)。
② 《论文学之势力及其关系》,载《江汉日报》1908年5月12日(四月十三日)。
③ 《论文学之势力及其关系》,载《江汉日报》1908年5月11日(四月十二日)。
④ 《论文学之势力及其关系》,载《江汉日报》1908年5月11日(四月十二日)。
⑤ 《论文学之势力及其关系》,载《江汉日报》1908年5月11日(四月十二日)。

力、具言圣令歌独裁政体之君主势力不克以驾驭之而反屈服于其下。文学、文学，尔之势力可不谓伟矣哉。”①禽兽之势力、战斗之势力、宗教之势力、君主之势力均不及文学之势力。文学有如此伟大的势力，要通过什么途径来实现呢？那就是以文学为利器，唤醒民众，倡言革命。君主拥有无限的权力，能驾驭一切，但在革命思潮高涨之际，对于被压迫人民之革命，则无力阻挡。

四是积极倡导文学领域的革命英雄主义。在动乱年代，《江汉日报》同人鼓励文人自信自强，呼吁社会不要重武轻文，愿文人更好地发挥作用，积极宣传革命思想。他们殷切呼唤：“文豪、文豪，吾愿尔之毋自轻，毋自卑，毋自弃，毋自贱，毋自欺。”②也迫切期盼社会民众“毋轻尔文豪，毋卑尔文豪，毋弃尔文豪，毋贱尔文豪，毋欺尔文豪”，愿文豪成为中华民族的脊梁，精神的擎柱，“从尔驰骋，凭尔驱使，资尔诱掖，荷尔陶镕，挟尔作无量化身”，最终实现“吾藻丽神州，著作如云，翻译如雾，报章电掣，典籍风行，家家业印刷之科，处处设图书之馆，机关满地，权势薰天，团合吾二三殖民地，十八行省之干净土，莫不标呈此特色，成文豪之天演场，平地一声，昭苏万象”。③ 在这里，文章希望文人肯定自己的价值，担当起“文学立国”的重任，也期盼同胞尊重文人，接受文人给予的精神洗礼，听其驱使，任其诱掖，受其陶镕，在莽莽中原，纵横驰骋，“作无量化身”。

综上所述，《论文学之势力及关系》在中国文学史上具有重要的里程碑意义：在文学功能上，提出了“无文学不足以立国，无文学不足以新民”的主张，倡导文学为政治服务，为社会服务；在文学视域上，由此前的小说扩展到一切文学形式；在文学受众上，主张文学普及到神州千家万户，繁荣文学创作与传播；在作家作用方面，主张文人肯定自己的价值，作民族脊梁，同胞擎柱，担负“文学立国”的责任，呼吁全社会尊重文人，让“藻丽神州”，成为“文豪之天演场”。

---

① 《论文学之势力及其关系》，载《江汉日报》1908年5月12日(四月十三日)。
② 《论文学之势力及其关系》，载《江汉日报》1908年5月12日(四月十三日)。
③ 《论文学之势力及其关系》，载《江汉日报》1908年5月12日(四月十三日)。

三、《江汉日报》所载的革命小说

《江汉日报》同人主张文学的社会功利观、政治功利观，因而该报主要刊登革命文学作品，其革命文学主要形式是小说。该报在出版发行接近半年的时间里，刊载了《新闻之魁星》、《孤雁》《纱布厂》、《东阿华村》、《梅花秘密》、《黄金白眼记》、《白芙蓉》、《海外虬髯客》、《爱国潮传奇》、《败家畜》、《猫癖》、《中兴片影》、《新制中国二辰丸》、《伥虎记》、《美人福》、《得胜驹》、《双孽镜》、《芙蓉谢传奇》、《鸨蛊》等数十篇小说，以"革命"为主题的小说占绝大多数。现仅以《孤雁》、《梅花秘密》和《纱布厂》三篇小说为例，略览其原貌。

《孤雁》(署名天石)是一篇典型的寓言式革命文学作品，作者为当时著名的革命志士、文人、报人胡石庵。胡氏与以《广陵潮》闻名的李涵秋齐名。他多次参加反清革命行动，四次被捕入狱，撰著小说四十余部，创办《扬子江小说报》、《大江报》及《天声报》，鼓吹革命，被赞誉为"赤手回澜"。他此时担当《江汉日报》编撰，撰写小说《孤雁》等作品。小说以寓言的形式描述了革命先行者、庸众与镇压者之间的关系，表现了革命者(孤雁)矢志不移的革命意志。为了民众(群雁)，尽管遭受多次误解，受到多次凌辱，甚至付出生命的代价也在所不辞。可悲的是，革命者不是为镇压者所害，而是死于同胞之手。"未几，而猎者至矣。网四张，枪上火矣。孤雁见之，复狂鸣猛扑之不已。群雁忽大怒，遂啄孤雁以死。"[①]这种悲哀震撼人心。作者担心阅者不知其良苦用心，不明其意，特在文末画龙点睛："悲哉，孤雁也，生不幸落此醉生梦死之同胞，又居此外患纷乘、朝不待暮之危地，既不肯高腾远引，作鸿飞之冥冥，又不忍知而不言，立视其同胞之死亡而不救，以致狂鸣猛扑，欲惊起群雁之噩梦，一而再，再而三，终至啄死而不悔。大哉孤雁！殆古所谓舍身救世者乎。惜乎醉生梦死之群雁，不知其苦心，预作远祸之举，仅谓扰伊清梦，怒而啄之至死。殆祸机陡发，聚族而歼，已悔无及矣。呜

---

① 天石：《孤雁》，载《江汉日报》1908年6月17日(五月十九日)。

呼！吾作《孤雁》一篇，不禁悲从中来，泪滂沱其如雨也。”[①]该小说可谓惜墨如金，字字见血，句句感人，以隐喻的手法，歌颂“孤雁”即革命党人为拯救同胞、抵抗外患不惜捐躯的英勇斗争精神，期以警醒“醉生梦死”、大祸临头而不知觉的国民。小说剑指现实、寓意深刻，极具反帝反封建的革命意图。孤雁是革命志士的真实写照，与鲁迅的小说《药》中的革命者“夏瑜”一样，具有异曲同工之妙。

《梅花秘密》是胡石庵改编的一部中篇小说，原著为法国小说名家抱丕氏所著。作品记述1825年，巴黎市中心发生了一起惊心之怪事。其始系某剧团中毙男女二人，伤痕全无，经医剖视，但知脑系绷断，亦不辨为何种毒物。全国大哗，警察方竭力搜缉，而巴黎附近旷野中，忽又毙男女二人，死状亦如前同。案情之奇怪，达于极点。久之始由侦探格林顿破获，乃知凶手系一妙龄女郎，为法国民党之首领。书中所叙女子之行踪不定，机智超群，以及新发明之种种药物、秘具，皆足令人倾倒折拜。抱丕氏原书初曰《疑团》，后案破续成乃名曰《梅花绦》。胡石庵曾解释将原著改名《梅花秘密》的原因时说：“盖梅花为千古香洁雅静之品，今乃用为秘密之具，自我作古，联而成之，事本新奇，名亦雅趣，故待求音于弦外也。梅花秘密殆即所谓美人变相欤！嗟呼，众生生死，隙影茫茫，梅花依然，美人安在，徒剩此一段悲惨之历史，够吾笔墨之消磨，穷怪碧翁之多事也。”[②]胡氏改编此小说，意在振兴女界，呼唤女豪杰。他说：“搔首神州，雌风久已不竞，他山借础，我二万万女同胞其有阅书奋起者乎？心焉祷之矣。”[③]为勉励女同胞作梅花女奋起抗争，胡石庵特在小说前题诗四绝：“大江东去奏铜琶，振振西风压浪花。思颖沉茫灯欲诉，人间重见女朱家。”“文人心思美人肠，一纸专来字亦香。从此梅花添韵事，落英满地尽文章。”“断头台上走英雌，猎猎悲风弄素旗。一笑仇雠歼灭尽，果然巾帼亦须眉。”“书成蓦忆中原事，女界沉沉日影

① 天石：《孤雁》，载《江汉日报》1908年6月17日(五月十九日)

② 石庵：《梅花秘密》，载《江汉日报》1908年3月22日(二月二十日)。

③ 石庵：《梅花秘密》，载《江汉日报》1908年3月22日(二月二十日)。

昏,愿祝自由花不死,春风吹返玉梅魂。”①作者改编法国小说《梅花秘密》,虽然为侦探故事,但其目的不是为消遣,不是娱乐大众,而是希望读者,尤其是女同胞,能从小说主人公梅花女机智的斗争策略中有所醒悟,不再甘受奴役,起而抗争。正如作者诗词所云:“女界沉沉日影昏”,“春风吹返玉梅魂”。作品呼唤中国女界产生梅花女那样的革命豪杰。

《沙布厂》可谓近代中国最早的一篇工人题材小说。小说描绘了纱布厂女工饱受欺凌、备受屈辱的悲惨命运。她们在工厂如犬如马一般任劳任怨辛勤劳动,仍然被莫名其妙地克扣工钱,更有甚者,她们还经常遭到侮辱乃至性侵。该小说情节简单、语言精炼,以最少之笔墨,揭露社会道德沦丧之大问题。作者将自己的情感倾注于短文之中,仅以“指动目注虽汗流终日不顾也”之句,就将同胞困苦艰辛的生存状态跃然纸上。短文还通过厂方克扣工钱、对长妇之恶劣行为、对少妇起淫荡之欲的勾勒,痛斥“社会道德之污”。阅者观后,无不激发万千愤怒,生革除邪恶社会之情。然而,为了家庭生计,她们敢怒不敢言,但是,她们没有反抗,并不意味着她们没有反抗精神。这是革命的前夜,革命力量正蓄积待发。从小说的整体氛围,我们可以看出,要不了多久,革命高潮就会到来,这些被压迫的女工无疑是革命的中坚力量。

这三篇小说紧紧围绕革命展开。《孤雁》以寓言的形式描绘了作为先行者的革命志士;《梅花秘密》以法国大革命为背景,塑造了梅花女这一革命形象,呼唤中国女界产生革命豪杰;《纱布厂》描绘了以女工为代表的受剥削受压迫的革命群众。革命志士、革命女豪杰、革命群众形成革命阵营,随着革命力量的不断壮大,革命高潮不久就要到来。这些革命文学作品的登载,表现了《江汉日报》报馆同仁激越的革命豪情。

四、《江汉日报》所载其他形式的革命文学作品

《江汉日报》自始至终贯穿作为革命“喉舌”的刊报宗旨,它不仅刊登革命小说,还刊登革命社论、革命杂文、革命诗词,极力宣传革命思想。

---

① 石庵:《梅花秘密》,载《江汉日报》1908年3月22日(二月二十日)。

革命社论是《江汉日报》的政治风向标。一般来说，社论又称政论或时务文体，它一改传统制义文章的风格，有的平易畅达、生气勃勃，有的恣肆汪洋、激情澎湃。《江汉日报》社论专栏充分利用这种最能体现和表达报刊主旨的文体，发表了大量倡导革命或与革命相关的文章。这些革命社论就其要者可以分为两类，一是反清反帝，革新政治，倡言建立民主共和政体。代表性社论有《立宪党与革命党》、《支那排斥日货及其革命问题》、《论立宪国民宜以政党为己任》等。《论立宪国民宜以政党为己任》指出："国民者，国家之原动力，国会者，国民之存在魂也"，[①]"今日自觉之国民，换言之，实异日负责任之政党也，有政党，则国民多奥援，有政党，则国会可创设。谛观中国今世之政局，其所以淆乱颠仆，至于如此极者，皆由顽劣昏髦之政府不负责任，故政府之不负责任，皆国民无监督政府之能力，故国民无监督政府之能力，皆政党之不乘时发生。"[②]极力倡导国民组织各种形式的政党组织，讲开国会，监督政府。文章揭批清政府"漠视人民，仇视政党"，"仅藉空谈立宪以自欺耳"，"欺吾民耳"。[③] 二是反帝雪耻，弘扬爱国精神、民族主义。最具代表性的文章有《五月十日》，《说山东》，《论日商在华枪伤华民之非理》，《灭国之握手》等。该报以基隆画约、交割台湾、断送台民的国耻日为题，刊发社论《五月十日》，呼号举五月十日为苦痛日作"大纪念"，以此"振作国民精神"，为"雪耻复仇"作准备。并以"洗刷星球"、"恢复疆土"，作"立世之伟丈夫"[④]等三事自励，呼号全国同胞，"不卧于鼓而警于钟，不为凡民而为英雄，不为奴隶而为翁主，不为钝矛而为强弩，不为刀下之羼羊而为山间之猛虎"。[⑤] 文词激越，饱含深情，令人阅后心潮起伏，爱国仇敌之慨顿生。针对山东自胶州湾、威海卫相继沦为英、德租界，山东路权亦被其掌控，该报刊发《说山东》一文，抨击列强对中国主权的肆意践踏及其导致的危害，号召山东人民及全体同胞，"万众一

---

① 《论立宪国民宜以政党为己任》，载《江汉日报》1908年7月2日(六月初四日)。
② 《论立宪国民宜以政党为己任》，载《江汉日报》1908年7月2日(六月初四日)。
③ 《论立宪国民宜以政党为己任》，载《江汉日报》1908年7月2日(六月初四日)。
④ 《五月十日》，载《江汉日报》1908年6月8日(五月初十日)。
⑤ 《五月十日》，载《江汉日报》1908年6月8日(五月初十日)。

心,毁家纾难,舍命拼死,洗尽自了守财奴之恶习,为祖宗之坟墓争选择之贻留,为大清国民壮河山之色,为后世子孙救耕读衣食之根据地”。[①] 其爱国热忱、反帝精神洋溢于字里行间。

革命杂文是《江汉日报》同人投向清朝反动势力的匕首与刀枪。一般认为,杂文产生于晚清,是大众传媒的产物。当时报刊主笔往往发表时评,或撰写讽刺时政的谐文,以表达自己的思想见解。《江汉日报》自觉运用这种文学新武器,并吸取了《苏报》“自杀式”、“口号式”宣传的教训,以隐晦的独特风格,刊发了《下流与饿莩》、《父母官》、《王八老爷》、《学生之烟盘奖》、《一刀二十四命之复仇》、《贼典史》、《说死》、《最近二十年来元首之血》等革命杂文,不露锋芒,不留把柄,旁敲侧击,以隐晦的方式倡言革命。这里以主笔公无的《贼典史》、署名云燕的杂文《说死》以及《最近二十年来元首之血》为代表展开论述。

《贼典史》暴露清朝官场这个龌龊的世界,当官者为贼为盗,不仁不义,号召民众奋起反抗。文章云“吾闻郑宽以大盗作官,众官嘲之。郑曰:众官且莫笑郑宽,郑宽有言上众官,众官作官还作贼,郑宽作贼还作官,官而贼,诚不如贼而官者欤”。[②] 文章指出以前的乾坤龌龊不堪,盗贼横行,借他人之口,彰明官吏无不为盗,其本质甚至比盗贼更为恶劣。过去如此,今日何曾不是。况且盗亦有道,“取不义之财,杀不义之人”,尽管为盗,为人所重。而官吏却无官德,“取义财,杀义民,享不义之富贵”,[③]尽管为官,却为人所耻。一般官吏为盗贼,国家最高元首亦为盗贼,“昔者亚历山大拘盗,盗以亚历山大为巨盗,而自己为小盗,其然其不然耶?”[④]外国如此,中国何曾不是。文章以贼典史为题,以障清廷目耳,免得惹来麻烦,但对清王朝自下而上官吏的本真面目揭露得淋漓尽致,让人茅塞顿开,幡然醒悟,顿起反抗之念。盗贼乃国人之公敌,国人本应联合共除之,但人人又因贪生怕死,故充满盗贼的世界无法革新。《说死》批判国民不思或不敢反抗、贪生怕死、苟且偷生的奴隶根性,寄

① 晓霆:《说山东》,载《江汉日报》1908年4月6日(三月初六日)。

② 公无:《贼典史》,载《江汉日报》1908年6月7日(五月初九日)。

③ 公无:《贼典史》,载《江汉日报》1908年6月7日(五月初九日)。

④ 公无:《贼典史》,载《江汉日报》1908年6月7日(五月初九日)。

寓作者的反抗精神与革命思想。"我国人所警惧却是畏死而已，畏死之念深入脑海，贪生之恋亦深入脑海，贪生之心愈重，则畏死之念愈甚。于是苟可以免死者，奴也、隶也、臧获也、牛马也、笞楚也，靡不低首下心、摇尾贴耳而为之，吾不敢以例全国四百兆之同胞，吾敢以例大半多数之人民。"[①]对身处盗贼世界的国人，"哀其不幸，怒其不争"。接着文章进一步开导国人："死者，人之所必不能免者也。……况乎诸君所以畏死者，为贪生耳，使生果可贪，则吾不敢为诸君訾。今试问我同胞，四百兆中，抱损人益己主义者死乎？否乎？抱卖国赠路主义者死乎？否乎？抱顽固守旧主义者，死乎？否乎？抱醇酒妇人主义者，死乎？否乎？抱谠直公忠主义者，死乎？否乎？报革新激进主义者，死乎？否乎？"[②]无论谁，都难逃一死，卖国赠路者死，损人益己者死，顽固守旧者死，醇酒妇人者死，谠直公忠者死，革新激进者死，同样是死，但死法不同，死的意义与价值不同，告诫为求生而惧死，宁做奴隶、牛马之国人，只是在"苟延旦夕之残喘"，是"至愚极下之策"。其言外之意、弦外之意，不言自明。《最近二十年来元首之血》宣扬革命英雄主义精神。该文讲述欧美各国近二十年所发生的专取"元首"的血案，颂扬刺杀暴君的英勇行为与献身精神，悲叹华夏自荆卿之后，"莫复有图溅皇王之血"的英雄。作者鼓舞国人精神，激发革命勇气，不再做奴隶、牛马，追求有尊严、有价值的生活。

上述三篇杂文，尽管作者不同，刊发时间不同，标题亦不同，却存在内在的密切联系，即革命思想一以贯之。封建文武大臣，以及皇王，其本质为盗，盗天盗地，盗财盗命。国人惧盗，宁作奴隶、牛马，苟延残喘，而不敢奋起自救。而考察欧美各国近二十年的历史，出现了无数专业杀手，专取"元首"之血，可歌可泣。三篇杂文的主旨，即唤醒国人认清官吏"盗"的本质，戒除贪生之念，号召国人向西方学习，敢作敢为，对满眼龌龊的盗贼实行革命。

革命诗词是《江汉日报》宣传革命思想的轻骑兵。该报所载的革命

① 云蒸：《说死》，载《江汉日报》1908 年 4 月 18 日(三月二十日)。

② 云蒸：《说死》，载《江汉日报》1908 年 4 月 18 日(三月二十日)。

诗词以隐讳的笔法，抒发革命情怀，使人精神振奋。根据其内涵主旨，可分四类，一是反封建反专制，追求民主、平等、自由；二是反帝反清，呼唤中华振兴；三是充溢着献身祖国，为创建新社会、新制度而奋斗的牺牲精神；四是表现了新的人生理想和社会理想。例如："民气卑微久不伸，也须从此问迷津。欲将热血炉天地，先把诚心向国民。愿学金仙驱魍魉，任他虎豹咤麒麟。何时解道能多佛，度己还须更度人。"[①]该诗表现作者面对民气卑微、国家危亡之际，不甘沉沦，誓死报国救民的革命英雄气概。又如："侠气横飞走百蛮，厌听胡马啸榆关。卫公死去无边将，仆固逃亡有汉奸。壮志未能锄黠虏，雄魂犹自缚生蕃。烽烟满地容谁卧，梦到铜驼骨亦寒。"[②]该诗借述历史，喻指现实，表现了"驱除鞑虏，恢复中华"的革命思想。总之，《江汉日报》词林所刊的诗词是比较优秀的革命诗词。

长期以来，以《江汉日报》为代表的晚清报刊革命文学遭到严重忽视，原因是多样的，其一可能是《江汉日报》等报刊损毁严重，难以查阅。晚清革命文学与 20 世纪 20 年代革命文学一样，尽管文学实绩相对薄弱，但这些有限的革命文学作品却最大限度地参与了当时的革命运动，促进了革命高潮的到来，为革命事业作出了应有的贡献。在后者受到高度重视的时候，我们不能完全忽视前者，应该站在历史的高度和时代的高度来研究晚清革命文学，探究其全貌及价值。

第三节 《江汉日报》图像新闻解读

《江汉日报》最具特色的栏目之一便是图像新闻。尽管其宣传革命的主要方式是社论、小说、诗词、杂文等多样化的文体，但图像新闻在暴露清廷黑暗、民族危机、社会积弊，主张反帝反清、实行民族民主革命等方面发挥了重要作用。《江汉日报》图像新闻的创作者主要是两位革命志士，一为胡石庵，一为君武。胡石庵是清末民初著名的革命志士、文

---

① 呆汉：《春雨无聊拉杂成此》，载《江汉日报》1908 年 6 月 18 日（五月二十日）。

② 梵宇：《感梦》，载《江汉日报》1908 年 4 月 18 日（三月 18 日）。

人和报人。他不计个人安危，投入当时风起云涌的革命活动，四次被捕入狱。他擅长绘画，线条遒劲而细腻，画面美观，寓意深刻。其在《江汉日报》发表的图像新闻大多署名天石。君武也是一位热心反帝反清的革命志士，他的绘画风格与胡石庵正好相反，线条粗放豪迈，大气磅礴。但两位创作者的作品所表达的主旨是一致的。下面将对《江汉日报》刊登的以他们两位创作为主的图像新闻予以阐释。

一、《江汉日报》与《民呼日报》图像新闻之比较

为了说明《江汉日报》图像新闻在报道的范围、视野、题材、思想诸方面开创了中国"时事漫画"的新篇章，特选择同样属于革命报刊的《民呼日报》刊发的图像新闻与之比较。《民呼日报》图像新闻在总体特色上不仅仅代表本身，而且还代表于右任先后创办《神州日报》、《民吁日报》及《民立报》的特色。可以说《江汉日报》和《民呼日报》体现出晚清国内革命报刊图像新闻的两种迥异的风格。

就两报图像新闻分类而言，《民呼日报》刊发的图像新闻根据其涉及的对象内容可分为民事纠纷类、日常生活类、刑事案件类、官员活动类、意外事故类、奇闻轶事类、自然灾害类、情事类及其他类。在上述类别中，"图像新闻报道最多的是民事纠纷（21.6%）和日常生活（21.1%），其次是刑事案件（16.8%）和官员活动（14.1%），意外事故（8.1%）和奇闻轶事（7%）的报道也比较多，自然灾害（3.8%）和情事（3.8%）的报道也占一定比重"。[①] 从《民呼日报》图像新闻的分类及各自的比重不难看出，该报的新闻图像所热心关注的是具体的人物和事件，范围有限，视域较窄，缺乏宏观性、全局性；题材具有鲜明的社会性、趣味性、娱乐性，缺乏政治性；其思想内容符合市民的口味，满足市民读者的文化心理需求，缺乏革命性。《江汉日报》刊发的图像新闻根据其涉及的对象内容可分为反帝爱国类、反清反专制类、暴露清廷腐败黑暗类、讽刺伪立宪类及其他类。其中，报道反帝爱国的新闻图像最多，占35%，其次是反清反专制类，占33%，暴露清廷腐败黑暗的占19%，讽

---

① 韩从耀著：《中国近代图像新闻史》，844页，南京，南京大学出版社，2012。

刺伪立宪类占 9%。从《江汉日报》图像新闻的分类及各自所占的比重来看，其涉及的范围广泛，视野宏阔；其题材的矛头直接指向帝国主义和清王朝，集中于民族、国家的层面，具有鲜明的政治性；其思想内容富有战斗性和革命性。

图二

就两报图像新闻所涉及的人和事而言，《民呼日报》图像新闻报道的大多属于比较小人物和事件，《江汉日报》图像新闻报道的大多关乎全国、全民族。如君武的《不堪回首·因辰丸服礼释放感而作此》，见图二。[①] 画面为一棵大树已经歪倒，大树下书有“主”字，意指中国主权已倒，一面日本旗帜在中国海湾飘扬，还有日本浪人在中国的海域上悠闲自得。该漫画所反映的就是日本一艘名为二辰丸的船只，装载武器，擅自停靠中国水域，并企图倒卖给内地，被广州官员查获并扣押。日本凭借其强大的国力及军力，联合其他列强共同向清政府施压，提出释放扣押船只、惩办官员、赔礼道歉三项无理要求，清政府居然作出了同意日本无理要求的丧权辱国的决定。这一事件引起全国一片哗然，并掀起了抵制日货风潮。《江汉日报》针对这一事件所刊发的漫画，对软弱无能、丧权辱国的行为予以辛辣嘲弄，对日本列强侵犯中国主权的行为予以强烈谴责。像这类站在民族国家的高度而创作的漫画，在《江汉日报》中比比皆是，而在《民呼日报》中并不多见。

就两报图像新闻涉及的地点而言，《民呼日报》的漫画都有具体的地点，如民宅、官府、街道、近水处、野外山林、学校、私塾、酒店、饭馆、医

---

① 君武:《不堪回首·因辰丸服礼释放感而作此》，载《江汉日报》1908 年 4 月 7 日(三月初七日)。

院、妓院、宗教场所等，而《江汉日报》的漫画则无具体地点，极为抽象。一般而言，具体则微观，抽象则宏观。

从两报漫画标题制作来看，《民呼日报》的漫画几乎都有标题，如《热心科举者之可怜》、《盗贼横行》、《洋人嗜烟》、《狗咬铜匠》、《工部局注意卫生》等等。《江汉日报》的漫画大多没有标题，原因是漫画题材高度抽象，涉及范围广博，难以用标题准确概括，加上标题不仅不能帮助读者理解漫画，而且会限制读者对漫画意蕴的想象与体悟。有标题的亦宏阔大气，如《实行之社会主义》、《今之时代》、《依赖性质》等。现将两报刊登的各自最具体现其风格的漫画各选取一幅，以便更直观地了解二者图像新闻的区别。《热心科举者之可怜》，见图三。[①] 该图是韩从耀先生在论及《民呼日报》图像新闻的风格时所选取的最富代表性的画作。图中曰："杭州连日溽暑郁蒸，华氏表于上午午时，升至一百十有一度。提学署前，考生拥挤，挥汗成雨。或抄录牌示，或仰觅招贴，憧憧往来，几忘其热。有瑞安某生，于十一午后，竟因触暑，一蹶不起，医药无效，未考而即终命。闻其家颇拥巨资，乃为此区区之功名，竟不惜牺牲生命以赴之，亦可怜矣。""寥寥数语，把作者对科举制度的思考和对考生的同情表露无遗。"[②]《实行之社会主义》，见图四。[③] 可算作是体现《江汉日报》图像新闻风格的代表作。《江汉日报》在刊登该漫画前一天，预告该报将于次日刊发"极纯正极其廓大之插画一幅，表明本馆同人所怀抱之宗旨及目的"。并郑重提

图三

① 韩从耀著：《中国近代图像新闻史》，848 页，南京：南京大学出版社，2012。

② 韩从耀著：《中国近代图像新闻史》，847 页，南京：南京大学出版社，2012。

③ 同人：《实行之社会主义》，载《江汉日报》1908 年 4 月 17 日（三月十七日）。

示："愿阅者于明日之报，注意！注意！！"体现该报希望引起社会关注的良苦用心。该漫画用"同人"名义刊发。上画五级台阶，顶端立一富翁，下端有一满身补丁的穷苦人手指台阶，一学子挥动铁铲铲土，铁铲上书"铲平"二字，寓消灭贫富，平均地权之深意。《民呼日报》的《热心科举者之可怜》从大的方面来说，是对科举制度的抨击，从小的方面来说，是对热心科举功名个人命运的关注；在表现手法上，主要依靠图中文字说明其旨意，图像只起辅助作用；在思想内容上，不具有革命性。早在1905年，清政府已经宣布废除了科举制度，该图像新闻不仅不具有前瞻性，而且具有滞后性。《江汉日报》的《实行之社会主义》涉及的是全人类所追寻的平等制度，不仅关乎中国，而且关乎世界；在表现手法上，主要依靠画面展现其旨意；在思想内容上，反映了当时西方流行的力主平等的社会思潮，不仅反对封建专制制度，也反对贫富不均的资本主义制度，不仅具有前瞻性，而且具有革命性。该作品是到目前为止发现的中国最早诠释社会主义思想内涵的图像新闻。

图四

综上所述，尽管两报同为革命报刊，但在图像新闻的风格上，一为范围有限，视野狭窄，一为高屋建瓴，视野辽阔；一为具体而微观，一为抽象而宏观；一为注重社会性、趣味性和娱乐性，一为注重政治性、战斗性和革命性；一为依赖图中文字阐述其意，一为以图画自身显示其旨。

二、《江汉日报》图像新闻的主题呈现

新闻报道是社会现象和政治状况的选择性反映，通过切入新闻报道，可以了解当时社会思想和政治动向。晚清的中华民族处于内忧外患的生死存亡关头，大批革命党人、革命志士、革命报人为拯救中华民

族而进行不懈的努力。作为富有激进思想的归国留日学生创办的《江汉日报》坚持"铁肩担道义"的精神，秉承"文人论政"的传统，对风云变幻的时局，对外国列强对中国的侵吞与掠夺，对清政府的专制制度，对文武官吏的百面丑态予以不遗余力的揭露和谴责。

(一)图像新闻与时局的图像化隐喻

中国先进的知识分子的忧患意识，使他们比普通国民多了一份对民族国家前途命运的关注，对时局的洞察。其关注与洞察，在报刊图像新闻中有所体现。早在1903年，蔡元培主编的革命报刊《俄事警闻》创刊号就刊发了时事漫画《时局图》，画中的熊、鹰、虎代表着西方列强，盘踞在中国土地上作威作福，寓意中国面临着被瓜分的境地。这是中国近代最早刊登时事漫画的刊物，《时局图》也是中国最早报道时局的图像新闻。《江汉日报》的图像新闻步其后尘，满怀爱国热忱，刊发了系列关注中国时局的漫画。如胡石庵创作的无题漫画，见图五。①

图五

漫画上题有诗句："江山无限好，一抹夕阳残。"寓意双关，一则寓指清王朝朝不保夕，大厦将倾；一则寓指积贫积弱的中国危在旦夕，同时体现了作者的强烈爱国之心。另一幅漫画，见图六。②

图六

① 天石：《无题漫画》，载《江汉日报》1908年4月22日(三月二十二日)。

② 君武：《题画》，载《江汉日报》1908年5月8日(四月初九日)。

题有“花柳有愁春正苦，江山无一月空圆”诗句，反映出在强敌入境后中国面临的局势。还有一幅诗画，题有“残月一钩已将坠，孤松犹作老龙吟”的诗句。[①] 以残月、孤松、老龙比喻在革命风云席卷全国，清政府内部危机四伏之际，大清王朝即将覆灭的政治局势。

（二）图像新闻与列强入侵的揭露和民族警钟的敲响

庚子事变后，外国列强对中国侵略与掠夺的步伐加快，民族危机日渐严重。《江汉日报》同人满怀忧愤，刊发大量图像新闻，揭露帝国主义侵略与掠夺中国的阴谋与罪行。日俄战争后，韩国论为日本的“保护国”，日本政府见延吉一带中国领土住居着不少朝鲜人，便企图侵占这片土地，竟然居心叵测地将延吉地区杜撰为“间岛”，企图攫取这一地区。胡石庵针对日本制造“间岛事件”的阴谋，勾勒政治漫画予以揭露，见图七。[②] 上画毛茸茸的大魔爪，下画祖国美好河山。漫画上书“会看巨灵手，攫此山河去——因间岛事件感作”，揭露日本帝国主义阴谋侵吞中国领土的罪行。鸦片战争后，中国门户大开，商埠开辟，铁路修建，为列强掠夺中国资源提供了便利条件，大批山林被列强圈占，矿藏被开采。《江汉日报》刊登诗画予以抨击，见图八。[③] 题诗曰：“伤心一夕西风紧，碧水丹山变白色。”下画祖国美丽

图七

图八

① 天石：《诗画》，载《江汉日报》1908 年 5 月 9 日（四月初十日）。
② 天石：《无题漫画》，载《江汉日报》1908 年 5 月 10 日（四月十一日）。
③ 天石：《无题漫画》，载《江汉日报》1908 年 5 月 17 日（四月十八日）。

山村，上画光秃秃的山岭。诗画在表达作者爱国情怀的同时，亦希望唤醒同胞，抵制列强对中国壮丽河山的肆意开采与掠夺。

（三）图像新闻与清朝专制统治的镜像描绘

清政府一方面实行所谓的“预备立宪”，“庶政公诸舆论”，一方面限制言论自由，加强舆论控制，行专制之实，并在1908年颁布严厉限制报刊言论自由的《大清报律》。该报律规定：“凡诋毁宫廷、淆乱政体、扰害公安之报纸，永远禁止发行。”[①]针对满清禁止言论出版自由的报律，《江汉日报》刊发时评《呜呼立宪——对于新报律之感言》，猛烈抨击清政府“仇视舆论”而成为“国民之公敌”。时评称：“政府诸公仇视舆论之隐衷，今日已大昭而显示天下。前者民政部所拟呈取缔报馆之章程，已达于极端之严重。……谕奏阁抄，非录之官报不可；新闻论说，必取决巡警而行。又重之以押费，威之以刑律，所谓落井而更下之石，刃人而复加之功也。则曷不直捷限制，曰中国人民不准设报。呜呼，以明明组织宪政之地，而为此障碍宪政之律，使吾侪虽有忠君爱国之念，未有以上达君父，是衮衮诸公不啻宪政之罪人，国民之公敌也。”[②]为配合时评，《江汉日报》刊登两幅漫画，嘲讽《大清报律》无异于割舌、封口之行为。其一为《第十九层割舌地狱之惨状》，见图九。[③] 画面为：一刽子手挥刀割舌，刀上书一“律”字，被宰割者四，一言：“我这舌头拼着你割了吧”，一言“我久已无有舌头了”，一言“我虽有舌头，却是一张不说话的哑巴嘴”。一幼童吓得掉头逃跑，狂呼“怎么了，快跑去找个西医来医舌头”。画面寓意深刻，活灵活现，将《大清报律》的本质展露无遗。其二为无题漫画，见图十。[④] 揭露清政府所颁《大清报律》之目的，在于不让国民开口。画面有相连之“天口”二字，寓代天立言之舆论。正面看又似“吞”字，拟寓吞灭清王朝之深意。另画报律为魔爪，伸向口字，妄图

---

① 刘望龄《辛亥首义与时论思潮详录》（上卷），232页，武汉，华中师范大学出版社，2011。

② 《呜呼立宪——对于新报律之感言》，载《江汉日报》1908年3月23日（二月二十一日）。

③ 天石：《第十九层割舌地狱之惨状》，载《江汉日报》1908年4月19日（三月十九日）。

④ 天石：《无题漫画》，载《江汉日报》1908年5月11日（四月十二日）。

以《大清报律》遮尽天下之口，钳制舆论。针对清政府“预备立宪”骗局，该报刊登政治漫画，见图十一。[①] 画面为一预备立宪的机构，左右两旁挂“庶政公诸舆论考察宪政，咨议局宪政编查自治会”条幅，上方挂有横匾，上书“电光影戏”，一群热衷于君主立宪的绅士聚集于此交头接耳。该漫画嘲弄“预备立宪”不过是一场供人们观赏的影戏而已，形象而生动地展现出伪立宪的本质。

图九

图十

图十一

图十二

① 君武：《无题漫画》，载《江汉日报》1908 年 3 月 19 日（二月二十七日）。

(四)图像新闻与文武官吏的百面相

在专制制度之下,人们的生活暗无天日,苦海无边。满清政府视人命如草芥,无端戕害人命司空见惯。对此残忍的社会现实,《江汉日报》刊登漫画《恶鬼食人狱》,见图十二。[①] 画面为:两位百姓被紧缚于树上,不能动弹,一群魔鬼有的挥刀砍手,有的津津有味地吞食被砍之手,有的龇牙咧嘴,狰狞可怖。图左上角写有作者悲凉的感叹:"嗟乎,群鬼满前,况更加一海,若乎国民无孑遗矣。"抨击清朝官吏如恶魔般有食人的欲望,揭露其惨无人道的本性。

图十三

图十四

贪婪可谓清朝官吏的又一本性,他们不仅肆无忌惮地杀人,而且千方百计地敛财。对此,该报的漫画《满载而归·因加税有感而作此》,见图十三。[②] 画面为一官吏摇曳着一只沉重的木船,船上装满油桶,油桶上书有"民膏油"三字,将其搜刮民脂民膏的贪婪本性活灵活现地暴露在读者面前。昏庸是清朝官吏的通病,他们闭目塞听,无视世界潮流,顽固守旧,对清政府腐朽到无法拯救的现实置若罔闻。《江汉日报》刊登讽刺漫画《依赖性质》,见图十四。[③] 画面为一头戴官帽的官吏,靠在用绳索捆绑在一起的

① 天石:《恶鬼食人狱》,载《江汉日报》1908年4月24日(三月二十四日)。

② 君武:《满载而归·因加税有感而作此》,载《江汉日报》1908年5月3日(四月二十日)。

③ 《依赖性质》,载《江汉日报》1908年4月11日(三月十一日)。

两根连根都腐烂的枯木上，木上书有“靠不住也要靠”。寓意清政府如同腐烂的朽木，在革命形势风起云涌之际，政权不保。讽刺官吏昏庸，我行我素，执迷不悟。

尽管晚清有大量报刊辟有插画栏目，但其题材内容、思想主旨屈从于报刊的生存，迎合普通民众文化消闲的心理需求，远离政治，脱离革命形势。就连名声赫赫《民呼日报》，其图像新闻在相当大的程度上注重启蒙性，而不是革命性，革命色彩相当淡薄。《江汉日报》的图像新闻在那个黑暗的时代，如同耀眼的明星，闪烁空际，警示时局，谴责列强，抨击专制，暴露腐败，充满革命性和战斗性。

三、《江汉日报》图像新闻报道的特色分析

所谓特色是指该该报所刊登的一系列图像新闻在报道的策略、思想内容、艺术形式等方面有别于其他报刊图像新闻的不同之处。

图十五

在报道策略上，该报对某些重大事件运用立体报道和连续报道的方法。所谓立体报道，是指将图像新闻和多种文体综合运用，充分发挥各种文体和新闻图像的功能，对重大时事新闻的现象和本质予以全方位报道、评论和讽刺。比如该报在阐明报刊宗旨时，就运用了社论、小说、杂文三种文体和新闻图像。在报道“二辰丸事件”时，在新闻栏目刊登了新闻，在小说栏目刊发了小说《东阿华村》，在时评栏目刊登了《二辰丸之感言》，在插画栏目刊登了《不堪回首·因辰丸服礼释放感而作此》。在当时众多的报刊中，对这一重大事件予以立体报道的只有《江汉日报》。在上海乃至全国都极具影响力的《申报》，对该事件仅有数十字的新闻报道，没有其他文体或图像新闻予以评论或谴责。对清政府借立宪之名行专政之实的“预备立宪”，《江汉日报》不

仅运用立体报道的策略，同时还采用连续报道的方法。关于其连续报道的社论、杂文、小说，在此不加赘言，但就其连续报道的图像新闻稍加阐释。该报先后刊发了四幅漫画对清政府的伪立宪本质给予大胆讽刺，除前面提到的将清政府的立宪活动讽刺为“电光影戏”外，还刊发了《风筝断》、《现今警察比较之如何》、《滑稽字》。《风筝断》见图十五。①

该政治漫画以断了线的风筝寓指上下气息不通，民意根本无法上达，所谓的“求开国会”只不过是一场无主人的游戏而已，任凭呼声再高亦无济于事。后两幅漫画表达了同样的主题，即对预备立宪期间首先实施的官制改革有其名而无其实进行嘲弄。《滑稽字》见图十六。② 画面为一头顶花翎、脑拖长辫、手持警棍之警察。全画由“中国警察之怪象”七字链接而成，嘲讽清政府推行的新式警察制度不伦不类。通过立体和连续的报道策略，可增强对重大政治事件或社会事件展开批评和讽刺的强度和力度，吸引读者的视线，扩大新闻舆对所报道的重大事件的干预和影响力。

图十六

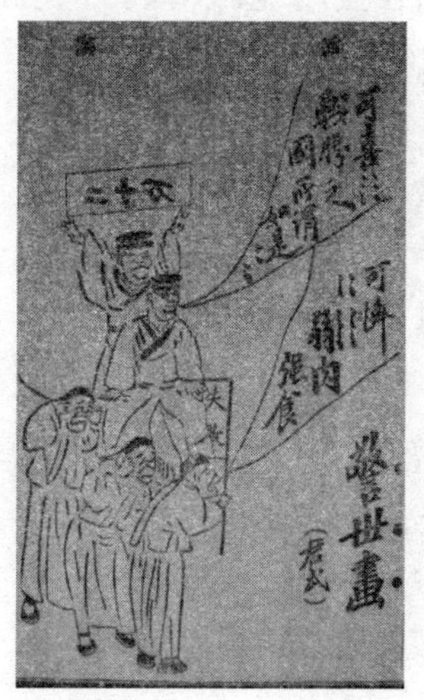

图十七

① 君武：《风筝断》，载《江汉日报》1908年5月6日（四月初七日）。

② 一笑：《滑稽字》，载《江汉日报》1908年5月23日（四月二十四日）。

在思想内容上，该报的图像新闻具有鼓动性、革命性和战斗性。《江汉日报》以革命的“喉舌”作为办报宗旨，报馆同人以强烈的革命热情不计个人安危，在禁锢舆论的专制时代刊发了一系列政治漫画，对西方列强和清王朝进行无情的揭露、批判和嘲弄。君武的《醒世画》，见图十七。[1] 将战胜国的嚣张和战败国的可怜跃然纸上，勾勒出近代社会弱肉强食的恐怖景象，表现了强烈的反帝精神。帝国主义虐待华工，已成为当时严重的社会和政治问题，无数起华工被虐事件见诸报端，激起了华工的强烈反抗及国民的声援。胡石曾创作诗画，见图十八。[2] 题曰：“恨煞东风无道理，偏向残枝着意忙——读美人虐待华工事感作。”画面以一木残枝，花朵凋落相喻，抨击美国虐待华工的行径。在抨击清廷和鼓动革命方面，该报刊发了数幅漫画，其中一幅为：奸诈、卖国、顽固、谄媚、因循五种人依次排列，一长缨直穿其心肺，另一幅无题漫画题诗云：“臭铜落地非吾物，热血男儿当自强。”激励青年淡泊名利，为民族独立而自强，拿起武器，杀尽民族罪人。

图十八

图十九

① 君武：《醒世画》，载《江汉日报》1908 年 5 月 25 日（四月二十六日）。

② 胡石庵：《读美人虐待华工事感作》，载《江汉日报》1908 年 5 月 22 日（四月二十三日）。

在艺术形式上，该报表现的都是“人间”的重大政治和社会问题，而且，为了适应作品内容和宣传效果的需要，在艺术表现上，更加尖锐、直接和通俗易懂。晚清之前的中国讽刺漫画，最有代表性的是清代中期“扬州八怪”之一的罗两峰的《鬼趣图》。这幅作品中描绘的阴气森森的的“鬼”的世界，是对“乾隆盛世”黑暗社会的曲折反映。然而这种以“鬼”喻人的手法，实在显得太拐弯抹角、隐晦难懂。难怪鲁迅先生批评该漫画“太离开人间了”。《江汉日报》的图像新闻，则一改传统隐晦的表现手法，直指“人间”，无论是针对清王朝的专制统治还是针对帝国主义的侵略，矛头指向哪里，都能让人一目了然。有的作品注意运用通俗比喻和配上通俗易懂的白话题词，使作品便于普通百姓所接受。当时，翻译介绍西方社会主义思潮各种理论著作及文章，让人如雾里看花，不得要领。《江汉日报》刊发的《实行之社会主义》这一图像新闻，把社会主义看作是一种人人平等的社会、铲除了剥削和压迫的社会、没有贫富差别的社会，通过直观、形象、浅显易懂的艺术手法表现得清清楚楚。再如，该报刊发的《今之时代》，见图十九。[①]

画面右边一人身上书有“民”字，民说“我过不去”。左边一人身上书有“君”字，君说“我听不见”。中间为一座难以逾越的高山，上书“政府”二字。即便目不识丁的村夫稚子，也能看懂君民之间信息沟通的最大障碍就是腐败的专制政府。《江汉日报》同人已经意识到，要使图像新闻起到宣传革命、鼓舞斗志的效果，一个必不可少的条件就是使作品能为更广泛的世人接受理解，做到“纵命花丛不识字，亦持以纸说新闻”。这种意识，与同时期文学上的文体革新和提倡白话很相仿。《江汉日报》的图像新闻所起到的舆论效果，正如戈公振在《中国报学史》上所言：“文义有深浅，而图画尽人所阅；记事有真伪，而图画则赤裸裸表现。盖图画先于文字，为人类天然爱好之物，虽村夫稚子，亦能引起兴趣而加以粗浅之品评。”该报的漫画使民主革命宣传逐渐走向社会最下层，为民主革命运动的展开作了深入的动员。

时事漫画的出现适应了时代的要求，资产阶级革命的风起云涌，中

① 《今之时代》，载《江汉日报》1908年4月22日(三月二十二日)。

外势力的对抗和斗争，呼唤着具有强烈斗争意味的艺术形式。时事漫画的短、平、快和讽刺效果强烈的优点，适应了斗争的需要。在资产阶级革命冲击封建统治的背景下，《江汉日报》充分运用这一富有战斗力的利器，刊发了大量范围广泛，视野宏阔，题材丰富、充满革命精神和鲜明艺术特色的图像新闻，为辛亥革命的爆发作出了积极的舆论准备。

第六章　革命报人:何海鸣与胡石庵

“中华民国之创造,归功于辛亥前革命党人之实行及宣传之二大工作。而文字宣传之工作,尤较军事实行之工作为有利而且普遍。”[①]冯自由的论断充分肯定了报刊对鼓动革命、推翻清王朝所起的巨大作用。辛亥革命前夕,上海、港穗、武汉已成为三大革命报刊中心,每个中心都有其杰出的革命报人,如上海地区以章太炎、章士钊、于右任为代表,港穗地区以陈少白、黄世仲、郑贯公为代表,武汉地区以何海鸣、詹大悲、胡石庵为代表。他们有一个共同的特征,即兼革命党人、革命报人、革命文人三重身份于一身。在这三种身份中,他们顺应时代的召唤,首先是作为一个革命党人,为民族的解放、独立、自由而战,其次是作为革命报人和革命文人。正如孙中山所言:“近日吾党在学界中已联络成一极有精彩之团体,以实力行革命之事。现舍身任事者已有三四百人矣,皆学问充实、志气坚锐、魄力雄厚之辈,文武才技俱有之。”[②]他们以天下为己任,大有当今之世舍我而谁的英雄气概。他们是真诚的而不是虚妄的,自然的而不是矫饰的。他们“置之古事于不道,别求新声于异邦”,“不为顺世和乐之音”,“争天拒俗”,“英杰伟美”。[③] 与中国传统文人风格大异。他们在引领、开创一个时代的新纪元。他们创办革命报刊,传播革命思想,为辛亥革命作出了杰出贡献。现仅就在湖北从事革命报刊活动,宣传反清的报界巨子何海鸣、胡石庵,作简要述评。

---

① 冯自由:《革命逸史》,481 页,北京:新星出版社,2009。

② 《孙中山全集》第一卷,286 页,北京:中华书局,1981。

③ 鲁迅:《摩罗诗力说》,《鲁迅全集》(第 1 卷),67 页,北京:人民文学出版社,1981。

第一节　何海鸣与《大江报》

何海鸣(1887—1944 年),又名时俊,笔名衡阳一雁、求幸福斋主等。湖南衡阳人。15 岁考入两湖师范学堂,后因无力支付学费改投湖北新军第二十一混成协第四十一标一营当兵,后升任营前队副目、兼司书帮写,先后参加群治学社、振武学社、文学社,后进入武汉报界。1909 年与詹大悲办汉口《商务报》,任编辑。该报于 1910 年 4 月被查封;12 月参与创办《大江白话报》,任副主笔。次年,该报易名为《大江报》,1911 年 3 月被查封,与詹被捕入狱。武昌首义,汉口光复,与詹同时被救出狱,在汉口组织军政分府,任军政分府副都督(主任),参加汉口保卫战,旋没收《公论报》,另组《新汉报》出版。1912 年在汉口复办《大江报》,8 月被查封,受通缉逃往上海,任《民权报》编辑。曾当选为众议院议员。1913 年"二次革命"时,入南京策动讨袁,任讨袁军第八师师长,兵败离宁,再起举兵抵御北军,失败后走日本。1915 年 3 月回上海,办《爱国报》。同年到广东汕头组织讨袁起义未成,潜居香港。后接近进步党。1926 张宗昌组织直鲁联军时,任宣传处长。1928 年退伍后,寄寓辽宁,穷困潦倒,后落魄上海,以卖文为生,所作多为"鸳鸯蝴蝶派"作品,主要有社会言情小说《孤军》、《黄浦血泪》、《娼门红泪》、《此中人》等,为民国初年"鸳鸯蝴蝶派"重要人物。沦陷后期任汪伪政府宪政实施委员会委员。曾先后办《爱国晚报》、《民权报》、《侨务》杂志,还自编《海鸣丛书》。

一、投入军营　运动军队

少年时代的何海鸣,就表现出与众不同的叛逆性格,他就读的衡州官立小学堂,管理伙食人员克扣学生膳食费,供给粗劣饭菜,几成惯例,大家敢怒而不敢言,他却不能忍受,带头捣毁了食堂碗碟及桌凳,最后被校方开除了学籍。[①] 可见他的叛逆精神，在这时已经萌芽。当时何海鸣的父亲在湖北做官，于是接他“随宦武昌”，入两湖书院就学。这所书院，在清光绪十六年(1890 年)四月由湖广总督张之洞创建于武昌营坊口都司湖畔，专取湖北、湖南士子入学，条件是“才识出群、志行不苟”，每省员额两百名，经费主要出自当地茶商捐助。张之洞此举，本想为清王朝网络人才，结果培养了一批革命志士，“戊戌六君子”中的谭嗣同、杨锐、刘光第，自立军领导人唐才常，同盟会领袖黄兴等，皆为两湖书院学生。何海鸣的入学，要比黄兴晚了七八年。在两湖书院，他纵览四书五经及诸子典籍，还看了不少小说传奇，后来办报纸做主笔，纵论时事，下笔千言，就是这时打下的基础。十五岁这年，父母先后去世，他的学习就此中辍。[②]

到清光绪三十三年(1907 年)，张之洞为了加强其创建的湖北新军，用重金聘请日、德军官，训练将弁，同时大量征募兵员，充实湖北新式陆军第八镇和二十一混成协(旅)。何海鸣投了第二十一混成协，在第四十一标(团)一营当兵。这支部队的协统，正是在武昌起义爆发后，被推举为湖北军政府都督的黎元洪。何海鸣的这段军旅生涯，对他一生影响很大，在 1913 年“二次革命”中，他一个文弱书生，敢于投笔从戎，以江苏讨袁军总司令名义，据守南京，与北洋军苦战二十余天，也是仗着自己“粗知兵”这一点。[③]

荆楚地方居于华中，天堑长江，绾毂南北，地灵人杰，素有革命传统。早年孙中山在国外组织兴中会，参加革命组织的“什九是湖北人”；1905 年同盟会在东京正式成立，“先后在乙巳、丙午两年参加的湖北同志，姓名列在本部名册之上的共有一百零六人”。[④] 这些革命分子回到湖北，发展志同道合的友朋，秘密开会结社，组织了军队同盟会、将校研

---

① 颜卓甫：《何海鸣》，载《湖南文史资料》，25 页，1988 年第 5 期。

② 何海鸣自述：“予十五岁骤失怙恃，流徙在外，遂致失学。”见《求幸福斋随笔》，20 页，上海书店出版社，1997。

③ 何海鸣自称：“予服军役一年余，亦粗知兵；因读阐扬社会主义之书，遂终以军人自居。”见《求幸福斋随笔》，17 页，上海：上海书店出版社，1997。

④ 黎东方：《细说民国创立》之四九《武昌起义》，上海：上海人民出版社，1997。

究团、益智社等众多小团体,又渐渐地聚零为整,成为发动武昌起义的基本力量。新军广募新兵时,革命党人把这看做打入清军的机遇,“都认定要想革命,必须运动军队;要想运动军队,非亲身投入行伍不可”。[①] 一时间,武昌秀士入伍者甚多,科学补习所发起人张难先、胡瑛,日知会首领刘静庵,同盟会员刘复基等等,先后弃文从武,以军营作为掩护,从事反清宣传。其中,大部分人都集中到了第四十一标。这一标的标统(团长)吴元泽是候补道出身,素有国民主义理想,特别欢迎文人学子前来投军,曾令饬全标各营队官长,对于有学识的读书有志之士,应一律好好优待。如此一来,新文人们呼朋引类,来得更多。何海鸣入伍正是时候,他在两湖书院受业的经历,得到了军中革命党人的青睐。他回忆说:

> 第一营左队中四个具有革命理想的志士,私自组织了一个群治学社,想在本军中吸引同志,扩大这团体组织,做革命的秘密运动。……各营队的同志,加入的便越来越多。我那时恰在一营前队当伍长兼司书室帮写,与左队不过楼上下之分(左队在楼上,前队在楼下),便也与第三营几位湖南同乡唐牺支一班人,全加入了这个团体。[②]

新军里文人云集,队官多半通理文墨,何海鸣能写文章,又善谈吐,很快受到重用,不到一年工夫,由列兵升至营前队伍长,兼司书帮写。他与军中反清社团发生联系,受到革命思想洗礼,是从给报纸投稿开始的。武汉三镇,因粤汉铁路的修筑,这时已成为华中重要商埠,不仅在洋务、新政等方面领先风气,逐渐兴起的报刊事业,也居于全国先进之列。1905 年至 1911 年,在湖北创办的民间报馆达 54 家。1908 年清廷“立宪”后,就有 17 种民办报纸问世;其中不少报纸,以鼓吹资本主义,宣传反清革命为主旨。[③] 何海鸣投寄的稿件,立论大胆,文笔出色,汉

---

① 蔡寄鸥:《鄂州血史》,14 页,龙门联合书局,1958。

② 求幸福斋主(何海鸣):《武汉首义的由来》,原载《越风》杂志第 20 期,1936 年 10 月 10 日出版;转引自《辛亥革命史料选辑》续编,148—149 页,湖南人民出版社,1983。

③ 刘望龄:《黑血·金鼓——辛亥前后湖北报刊史事长编》,3 页,湖北教育出版社,1991。

口各报常常采用，但也受到长官的格外"注意"。不久，新任标统易甲鹂在报上看见何海鸣的一篇文章，认为用语叛逆，且有在军中谋变之嫌，对何大加训斥，威胁还要定罪杀头。[①] 何海鸣自述：

> 我因为在军中还爱出风头，常向汉口各报投稿，更被他（易甲鹂）缜密注意，曾叫了我去当面警戒了一番。我看看情形不对，就索性请求退伍，到汉口实行办报去了。在汉口商务报社中遇着了刘尧澄（刘复基），他是宋渔父（宋教仁）的弟子，到过日本，的确是同盟会的直系分子。又遇了蒋翊武，他也是湘西人，由同盟会派来武汉工作的。便同他两位继续投军，入了四十一标，越发积极地继续那群治学社的活动。[②]

这是1908年上半年的事。就在这年8月，清廷颁布《钦定宪法大纲》，以附则形式规定，臣民在法律范围内，享有言论、著作、出版、集会、结社等权利和自由。虽然是"伪立宪"，但地方官府对于一向严禁的结社、办报等活动，松动了许多。年底，光绪皇帝、慈禧太后先后离世，朝廷一片混乱，这让湖北的革命党人找到了可乘之机，纷纷聚集武汉，联络更加频繁。何海鸣所说退伍后办报等事，就发生在此时。[③] 几经斡旋，他又回到新军，伍长是不能当了，改做士兵补习学校国文教员、军操教练，往来于武昌、汉口之间，成了反清秘密组织中的活跃分子。

湖北的革命组织日知会于1906年被官府破获后，武昌衙门对城内民间团体密切监视，禁网甚严，革命党人的活动格外小心谨慎。新军里人数最多的秘密组织湖北军队同盟会，因为名称引人注意，改名群治学社，对外声称"研究学问、提倡自治"。何海鸣在四十一标当兵时，就已参加了该社。到汉口《商务报》出版时，群治学社已发展成汉口革命党

---

① 郭世佑：《何海鸣》，载《清代人物传稿》（下编第十卷），238页，辽宁人民出版社，1994。

② 求幸福斋主（何海鸣）：《武汉首义的由来》，载《越风》半月刊1936年国庆专号。

③ 任《汉口中西报》主笔胡石庵回忆："（何海鸣）因事出营、其管带戴寿山怒欲杀之。（詹）大悲函予求救，余即亲赴戴处力保之出，为荐中西报作论说，因此得入报界，随就商务报编辑事。"胡石庵：《湖北革命实见录》，载《辛亥革命史丛刊》第四辑，223—224页，中华书局，1982。

人机关,运动军队、准备起义是其主要任务。在此背景下,何海鸣、刘复基这两个湖南人,能够加入汉口党人圈子,亦是经过一番周密考察的。同人喻圭田回忆:

> 己酉(1909年)冬长至月,余卧病在室,闻人言,有二少年来自湖南,宿东门文毅祠,莫名何事,心窃异之……越日,(宛)思演来视余,曰今有二志士.皆湘产,久羁鄂,一姓刘字尧澄,一姓何字海鸣,闻我辈同志拟办报,特来接洽,将请住我店(按指宛思演开设的永顺布店),免招物议。余曰善。又越日,余病未愈,趋谒,时尧澄方与店友叉麻将,略事周旋,海鸣见余若旧相识,同床坐,抵掌谈天下,及至间岛、澳门交涉,为之愤惋慨叹者约十五分钟。……别后谓思演曰:之二子者,悉非凡品,刘则意志深沉,何则齿牙锋利,都有咄咄逼人之概。[①]

刘复基是刘蛰庵的弟弟,湖南常德人,早年为湘西哥老会刑堂,曾追随宋教仁响应华兴会起义,事败一同东走日本,1906年投湖北新军。何海鸣当兵时,两人同在第四十一标,交往密切,引为挚友。刘后来因父亲病故退伍,回籍蛰居守制,这次被何海鸣邀来同操报业,是出于同志间的勉励。刘复基赴鄂时,正是严冬季节,与何海鸣相见甚欢,"着布袍,雪夜召何海鸣登蛇山脊,两足湿且冰,不解寒,(共商反清革命大计),指陈机要甚悉",[②]可见其一腔热血,胸怀豪情。

宛思演、喻圭田眼力很准,他们发展的这两位同志,不愧为惊世骇俗之辈,后来一个成了湖北革命党首领,在武昌起义前夜不幸被捕,牺牲于总督衙门外,为辛亥首义三烈士之一;一个因"大江报案"搅动全国舆论风潮,又在"二次革命"中单枪匹马,干出了一番惊天动地的事业。

汉口《商务报》对湖北革命运动发生重大影响,享有"革命先锋"美誉,多赖刘复基的善于经营,与何海鸣的一枝健笔。武汉军学两界,会党众多,因该报的产生,联系更加紧密。刘复基为人沉稳,他花费很大

---

① 喻圭田:《大江报重出版祝词》,刘望龄:《黑血·金鼓——辛亥前后湖北报刊史事长编》,307页,武汉:湖北教育出版社,1991。

② 李廉方:《辛亥武昌首义记》,湖北通志馆,1947年印;熊十力:《烈士刘尧澄传》,载《武昌起义档案资料选编》(中卷),湖北人民出版社,1982。

气力，在新军中分销报纸，设立阅报处，赠送“义务报”，很受士兵信任；何海鸣写文章言辞锋利，抨击无所顾忌，“鄂中军士人手一纸，常在营中诵读”。他们都是湖北新军的老兵，熟悉各营连队情况，出入军营，已经十分便利，但刘复基感到革命同志中缺乏军人，担心一旦举事，缺乏响应，不久，又申请回到第四十一标当兵，以利于就近运动士兵。

何海鸣也负责为群治学社发展新社员，他的工作，在湘籍士兵居多的第四十一标里做得最有成绩。这一标里，还有湘乡人杨王鹏担任第一营左队书记，他与左队队官潘康时交谊很好。本来，按群治学社的规定，新同志入社，以士兵为限，不得介绍官佐，但在1909年3月破格接纳了潘康时。“这一队，有队官与书记同志，便成了群治学社的核心力量。同营的前队，有社员何海鸣担任助理书记，也很便于发展。”[①]

到1910年春，湖南长沙发生饥民抢米风潮，波及鄂省，湖北当局拟调兵入湘协助镇压。群治学社同人在汉口《商务报》集议，准备乘机起义，并把一批炸弹从汉口潜运到武昌，拟从四十一标发动。旋闻民变已平，乃作罢。但士兵议论发难之事，走漏了风声，第八镇宣布戒严，派宪兵到标营内捉拿参加集会者，杨王鹏、潘康时等得到消息，翻墙逃走，因已暴露身份，只得避往日本。

这期间，又发生了《商务报》同人殴打湖南立宪派首领杨度一事。杨度公开支持清廷将川汉粤铁路“国有化”，对政府借款筑路一事，附和甚力，湖北的湘籍革命党人对其早就怀恨在心。听说杨度北上，于4月11日路过汉口，刘复基、李抱良、何海鸣等人计划予以惩治，具体办法是以欢迎乡贤名义，诱其到湖南会馆，再作发难。届时，三人前往杨度在汉口英租界附近的下榻之处邀请，杨度见几个同乡神色反常，便一再谢绝赴会，“复基则扯其辫，拽出大门，英巡捕出面干涉，复基和杨度同被捕入巡捕房”，“外闻尧澄吆喝殴打声不绝”。刘复基在巡捕房被拘留八小时才被释放。[②]

---

① 黎东方：《细说民国创立》之四九《武昌起义》，上海：上海人民出版社，1997。

② 据郭世佑：《文学社的实际领导人——刘复基》，载《常德县文史资料》第3辑，27页，1987；《刘复基与武昌起义的准备》，载《辛亥革命史丛刊》第9辑，65页，中华书局，1997。

新任湖广总督瑞澂是朝廷委派的川汉粤铁路会办，闻讯怒不可遏，勒令《商务报》停版，追查责任。结果，刘复基脱逃，李抱良遭重责被军营开除，何海鸣未被杨度指认，暂时无事。瑞澂并不罢休，过了几天，又函请英国驻汉口领事，从租界中驱逐商务报馆，同时命令军警入室追查有关人员。风声鹤唳中，宛思演、詹大悲、何海鸣等见势不妙，有的逃跑，有的躲藏，顿时星散。何海鸣悄悄地乘船南行，去上海亲戚家避风头。

群治学社经此打击，停止了活动。当年秋天，易名为振武学社，才又活跃起来。从日本回来的杨王鹏当选社长后，为扩展组织，在各标、营、队增加"代表"一职，何海鸣是其中之一。几个月后，社员人数迅速增加，在黎元洪所辖的五标中，就有二百四十余人。不久，振武学社在四十一标一营左队队部开会，黎元洪得到密告，将潘康时撤职，开革杨王鹏出营；詹大悲、何海鸣等提出，"振武"的名字已引起官府注意，主张改称文学社，以避清吏耳目，旋获赞同。

辛亥年(1911 年)元旦，文学社在武昌小东门的同文学舍举行成立大会，为掩护机密，其社章宣称以"研究文学"为宗旨。新任社长蒋翊武，也是第四十一标军士，后在武昌起义中被推举为"革命军临时总司令"；文书部长詹大悲，评议部长刘复基，都是何海鸣办报时的搭档。文学社不断壮大，在新军中，"由右旗的四十一标与三十一标，直侵入到左旗营盘的第八镇二十九标、三十标与马炮工各营队了"。到 5 月初，在黄土坡同兴酒楼举行标代表会议之时，社员人数达到了三千左右。它的宣传机关，就是设在汉口英租界新马路(今江汉路)52 号的大江报馆。

二、主编《大江报》 宣传革命

(一)《大江报》的三起三落

何海鸣退伍后，决定从事他擅长的文字工作，进入报界。1909 年秋天，由商人罗某出面集资，何海鸣和湖南乡党刘蛰庵参与社事，创办了汉口《商务报》，馆设汉口英租界致祥里 8 号，日出一小张，佯称"沟通商务"，实则灌输革命思潮。这是何海鸣投身报业之始。他记述当时经历：

> 我第一次进的报馆，是汉口的《商务报》，起初尚不过是发起人之一，后来因停顿了一些时而二次复刊，我更成为半个主体（另一半是詹大悲兄），这报上的论说和时评，便由我和詹大悲轮流包办。有时想多找一点零用钱，便还替汉口别家报馆也写上几篇，每一篇好卖。那时候官钱局票一张，票面是当十铜元一百枚，合大洋约八角多，那便是我开始卖文的老行市。[①]

不久，因罗某病故，资金中断，出版陷入停顿。为保全这张报，黄梅革命党人宛思演变卖田产百数十亩，以所得六百元出顶续办，自任经理，邀请詹大悲、何海鸣主持笔政。詹大悲是湖北蕲春人，与何海鸣同龄，在黄州府中学读书期间，因思想激进、得罪学监而被开除学籍，加入秀才宛思演创办的"证人学会"，立志改革社会，又随宛氏来到汉口，从此成为职业革命家。汉口《商务报》的骨干，如会计兼发行刘复基，撰述梅宝玑、查光佛、杨王鹏、李抱良，都是坚定的反清志士，除了梅宝玑（共进会员），其余均在新军第四十一标服役，与何海鸣素有交情，志同道合，感情甚为融洽。很快，该报成为新军秘密组织群治学社的喉舌兼联络机关，"凡联络党人，秘密集会及储藏炸弹手枪，皆在此"。[②]

《商务报》停刊后，新成立的文学社谋划重组舆论机关报，开展革命宣传，苦于缺乏资金，一直没有进展。1911 年 1 月 3 日，"詹大悲利用黄梅人胡为霖提供的 500 元资金，重组革命机关报《大江白话报》，日出一大张，馆设汉口新马路 52 号。胡为霖任经理，詹大悲、何海鸣分任正副总编辑。馆中人员从编辑到校对悉为《商务报》的旧侣。以灌输国民常识、提倡革命真理为宗旨，鼓吹革命"。[③]

《大江白话报》出版不到一个月，汉口发生英国巡捕无故踢死人力

---

① 求幸福斋主：《民元报坛识小录》，载《越风》1936 年 2 月第 7 期。

② 刘望龄：《黑血·金鼓——辛亥前后湖北报刊史事长编》，216 页，武汉：湖北教育出版社，1991。

③ 刘望龄：《辛亥首义与时论思潮详录》（上卷），341 页，武汉：华中师范大学出版社，2011。

车夫吴一狗事件，次日复枪杀示威群众，群情激奋，舆论大哗。江汉关道为讨好侵略者，谕令各报勿登录，“并特地以手谕关照《大江白话报》，勿言车夫伤死，以图掩盖真相。《大江白话报》立予拒绝，连日以头号字标题，公开揭露。其社论《洋大人何敢在汉口打死吴一狗》，严厉谴责英国侵略者的暴行，抨击武汉当道”。[①] 当时各报畏于权势，噤若寒蝉，独《大江白话报》无所顾忌，大张挞伐，“一般社会颇为欢迎”，从此声誉大著。

《大江白话报》“抗言时政”，言论激烈，在吴一狗案中独立抗争，为社会所瞩目。经理胡为霖之父担心事态扩大，危及生命，“旋胡为其父招归”。[②] 报馆资金来源中断，随即停刊。

直到春上，詹大悲、何海鸣筹集到3000元，接盘该报，易名为《大江报》，日出两大张，声明“提倡人道主义，发明种族思想”，明确提出推翻清政府主张。1911年7月17日，《大江报》刊登了何海鸣的著名时评《亡中国者和平也》；九天后，《大江报》又刊登了署名为“奇谈”的《大乱者救中之妙药也》这一惊世骇俗、振聋发聩的时评。两篇惊雷般的革命时评，使清政府极端恐惧和仇恨。1911年8月1日，鄂督瑞澂以“宗旨不纯，立意嚣张”，“淆乱政体，扰害治安”的罪名，饬令封闭《大江报》，随即清军警包围大江报馆，逮捕詹大悲、何海鸣，报馆立被查封，酿成震动全国的“大江报案”。

《大江报》被封消息公布全国后，舆论大哗，群情沸腾，各报纷纷发表文章表示愤慨与同情。《民立报》刊发于右任（署名“骚心”）所作的时评《江声呜咽》。文云：“大江报之在武汉，所谓有声有色者也，乃官场既封其报，又严拿其主笔。嘻嘻！江流石不转，遗恨失吞吴，我为之哭……其遭劫，不解何故，以意度之，十之九触官场之讳而已。呜呼！大江东去，试问真英雄能被浪淘哉？”《时报》也报道：“连日该馆门口，安慰之纸条，哭丧之短文甚多，足见人心未死，公道尚在也。”武汉报界公

① 刘望龄：《辛亥首义与时论思潮详录》（上卷），341页，武汉：华中师范大学出版社，2011。

② 章裕昆：《文学社武昌起义纪实·大江报之创立》，17页，1936年12月。

会和社会团体纷纷集议，强烈要求释放詹大悲、何海鸣。瑞澂慑于民情激愤，只好匆匆收场，改判刑事处分，监禁一年半。《大江报》自此事件后，享誉全国。

武昌起义汉口光复后，詹大悲、何海鸣被营救出狱，旋出面组织汉口军政分府，仍然十分重视舆论宣传工作，组织报社。袁世凯窃国后，武汉人民怀念《大江报》，渴望以此监督政府。詹大悲、何海鸣于 1912 年 6 月 1 日在汉口后花楼街重组《大江报》，何海鸣任经理，凌大同、戴天仇（即后来成为国民党头号理论家的戴季陶）为主笔，扬言“卷土重来”，以监督中华民国政府为己任，担当鄂省舆论的代表。《大江报》复刊后不久，就刊登了社会党首领江亢虎的一篇宣扬“社会主义”的文章，并配合时评，大肆宣扬。黎元洪即据此为口实，大举镇压革命党人，耸人听闻地指责《大江报》“专取无政府主义，为图谋不轨机关，擅造妖言，摇惑人心，废婚姻之制度，灭父子之大伦，无国家、无家族、无宗教、无男女。近乃益肆猖狂，毫无忌惮，至有除去政府、取消法律之邪说，实属大逆不道，悖谬已极”。8 月 8 日，《大江报》遭到军警查封，并通电缉拿何海鸣、凌大同归案，“就地正法”。事发后，何海鸣被迫逃往上海避难，凌大同不幸被捕。9 月，黎元洪以不宣布真实姓名和罪状的法西斯手段，将凌大同杀害。至此，《大江报》画上了它三起三落、悲壮而“圆满”的句号。

（二）《大江报》的主旨：鼓动革命

何海鸣主编的《大江报》自创刊之日起，就肩负起鼓动革命的使命，走在革命舆论的最前列，大肆挞伐清政府昏庸腐朽、丧权辱国，呼唤民众从睡梦中醒来，振救危亡之中国。

1911 年 4 月 8 日，革命党人温生才以手枪击毙广州将军孚琦于广州街头。事后，因巡警郑家森出卖，温不幸被捕，于 15 日遇害。各报均“痛诋暗杀者之无意识”，独“大江时评”鼓吹之不遗余力，对此事进行连续报道，并发表温生才的文章，鼓吹他的“叛逆”行动。“吴一狗事件”发生后，各报噤若寒蝉，独《大江报》无所顾忌，大张挞伐抨击武汉当道，文章指陈：“外人这样虐待我们，与当局的腐朽是分不开的。”

1911 年 7 月 17 日，《大江报》刊登了何海鸣的著名时评《亡中国者和平也》，指出："政府守和平，即示割让之意。国民不甘，伏阙上书，不足以动政府。有时大张联合之雄风，倡导种种不承认、不纳税之要挟，然亦藏头缩尾，其和平更甚于政府之对外人。"[①]时评揭示立宪派叩头上书的改良主义做法无补于事，警告国民如不亟起革命必招致亡国。该文还指斥清政府的宪法大纲是"摧抑民气之怪物"。[②] 九天后，《大江报》又刊登了署名为"奇谈"的《大乱者救中之妙药也》这一惊世骇俗、振聋发聩的时评。

该文实为章太炎的弟子、同盟会员黄侃到汉口，下榻詹大悲处，与《大江报》同人把酒谈论时势，有感于当时社会沉沦浑噩，席中捉笔，草成一文，与何海鸣的时评交相呼应。此文的标题更令人拍案叫绝，其全文如下：

> 中国情势，事事皆现死机，处处皆成死境，膏肓之疾，已不可为。然犹上下醉梦，不知死期之将至。长日如年，昏沉虚度，软痈一朵，人人病夫。此时非有极大之震动，极烈之改革，唤醒四万万人之沉梦，亡国奴之官衔，形见人人欢戴而不自知耳。和平改革既为事理所必无，次之则无规则之大乱，予人民以深创巨痛，使至于绝地，而顿易其亡国之观念，是亦无可奈何之希望。故大乱者，实今日救中国之妙药也。呜呼！爱国之志士乎，救国之健儿乎，和平已无望矣！国危如是，男儿死耳，好自为之，毋令黄祖呼佞而已。[③]

作者以悲悯忧愤的情怀，揭示社会已病入膏肓、不可救药的现实，唤醒国人从沉梦中醒悟进行革命。中国要有一个"极大之震动"和"极烈之改革"；只有"大乱"即革命，才是拯救中国的唯一途径。向四万万同胞发出了踊跃投身于民主革命的号召。

1911年7月31日，《大江报》大胆刊登离布畏译论《论社会主义定义十五条》，辑录西方空想社会主义理论家塞佛列等人的理论要点。

---

① 《时报》1911年8月14日。

② 《时报》1911年8月14日。

③ 《新闻研究资料》第5辑，1980年。

“次日续载。约13条。旋遭官方禁阻，不迄而罢。此为武汉报界较为系统传播介绍社会主义思想之肇始。”①

武昌首义后，《大江报》卷土重来，何海鸣任经理，凌大同、戴天仇为主笔，将《大江报》再次推到了革命的风头浪尖。

主笔凌大同崇拜自然进步理论，是一个狂热的“社会主义”理论灌输者，他宣称的“社会主义”，就是“无政府主义”的代名词。《大江报》接二连三刊登凌大同公然鼓吹无政府理论的文章，持论激昂；且在《讨袁檄文》中有“国民四万万，窃国一独夫”等语，昭示了大江报人超凡的胆识和气魄。

主笔戴天仇的文章，洋洋洒洒，气势恢宏，歌颂孙中山之伟大，揭露袁世凯之奸伪，为《大江报》呐喊助威。他曾为反对袁世凯政府向英美德意四国银行大借款发表过一篇短评，全文是：“熊希龄卖国，杀！唐绍仪愚民，杀！袁世凯专横，杀！章炳麟阿权，杀！”②寥寥数语，从财政总长、国务总理，到临时大总统、革命元老，谩骂一尽，可谓奇文。他还口头创作了一组狂言，曰：“报馆不封门，不是好报馆，主笔不入狱，不是好主笔。”此言后来在报界流传甚广。

毛泽东对《大江报》曾给予高度评价：“辛亥革命是中国资产阶级的黄金时代，没有其他阶级、其他政党站在他们的前面，来同他们争夺革命的领导权。那个时候他们最有生气。他们所办的《民报》、《苏报》、《大江报》，表现得很有朝气，很活跃。”③时人胡石庵对《大江报》不畏强暴、鼓吹革命，为武昌起义作了充分的舆论准备，曾作诗予以肯定与赞誉：“大江流日夜，鼓吹功不朽。”④

（三）《大江报》的风格：“敢言”斗士

舆论是革命的先导，任何一次重大的社会变改或政治行为，势必伴

---

① 刘望龄：《辛亥首义与时论思潮详录》（上卷），348页，武汉：华中师范大学出版社，2011。

② 《民立报》1912年5月20日。

③ 陈普主编：《毛泽东读书笔记解析》上册，384页，广州：广东人民出版社，1996。

④ 胡石庵《湖北革命实见记》，扉页之四“詹大悲赞”（非公开出版）。

随着大规模的舆论准备和精神动员。面对清政府的黑暗、腐朽以及对舆论的钳制，能够敢于直面现实，大胆对当局种种怪象予以揭露、抨击的报刊虽然不少，但其气势之恢宏，胆量之惊人，报道之猛烈，文章之犀利，影响之深远，当数处于中华腹地汉口的《大江报》。当时，在上海最具影响力的《时报》曾作如此评价：

> 《大江报》创办之初，不过一小报形式，适遇英租界车夫吴一狗案发现，该报均据实登载，不为隐讳，一般社会颇为欢迎。后逐扩充办法，改为两大张，不分皂白，专以骂字为主义，其对于军界攻之尤力，而端老四（按：指铁路督办大臣端方）来鄂。该报曾著时评讥讽，并牵涉老妓王佩兰及官钱局董达夫诸人，若辈因之恨之入骨，然敢言之名，惟该报首屈一指。①

1911 年 5 月，清廷明令铁路国有化，邮传部在湖北成立粤汉、川汉铁路公司后，强行收回这两条商办铁路，旋又出卖给英法德美四国银行团。这一举动，激起了各省的"保路运动"。《大江报》一向遇事敢言，连续报道与评论，抨击参与出卖和接收路权的邮传部尚书盛宣怀、督办端方及洋务人员郑孝胥，还揭发本省藩司余诚格通过"度之公所"，以高息向洋人借得巨款的内幕，并设法觅得借款合同副本，在报上披露。端方南下，道经湖北的那几天，"几乎无日不作讥讽之评论"。其昂扬激烈、毫无顾忌掩饰的报道，震撼了当时的舆论界，也震撼了民心，尤其是让武汉当道心惊胆战，并对《大江报》恨之入骨。

《大江报》是革命派团体文学社的喉舌，而文学社的基础在新军，《大江报》的不少报道和评论是面向新军，直接以新军的下级士兵为对象的。它经常站在下级士兵的立场，同情他们的遭遇，反映他们的疾苦，诉说他们的不平。它大胆地揭发了新军长官"视兵士如奴隶，动辄以鞭挞从事"，镇统"吞蚀军款百万有奇"，标统、协统"花天酒地，广置姬妾"等事实，②并点名指责新军第二十九标标统李襄邻克扣军饷。《大江报》这些报道与评论，不畏强暴，振聋发聩，改变了内地报刊在清朝政

① 《时报》1911 年 8 月 6 日。

② 《民立报》1911 年 9 月 1 日。

府的高压下不敢大胆放言的状况，引起了全社会的瞩目。

《大江报》所以能以“敢言”的风格展现于世人，最关键源于主笔詹大悲、何海鸣等人不计个人安危、心系天下的胸怀，得益于他们卓越的胆识与才华。

《大江报》案发生后，詹大悲在庭审时，“据理力争，批驳一切不实之词，力数反动当局破坏言论自由的罪行，法官无言以对。为保护革命同志，詹大悲勇担责任，拒绝交出时评作者，并谓我本发行兼编辑人，一切责任均皆我负”。[①] 董必武在《詹大悲先生事略》中评价说：“君言语妙天下，能言人所欲言而不敢言，故《大江报》风行一时。”

何海鸣因《大江报》“敢言”而入狱，在狱中，尽管倍感凄凉无助，依然不忘忧国忧民。他曾在狱中作诗云：“此身尚在馀忧患，有泪偷弹为老亲，我纵凄凉人更苦，留得心血事平民。”还有一首“临江仙”是这样写的：“一夜西风侵病骨，雨声啼到天明，几何辗转睡难成，飘零身世感，脉脉不胜情。年小年华轻一掷，秋来兀地心惊，无聊热血满腔横，残身无足惜，憔悴念民生。”

（四）《大江报》的传播对象：新军士兵

晚清时期，在全国各地涌现的革命报刊“如雨后春笋发于满山之间”。[②] 然而从报人的身份来看，《大江报》报人与其他报人相较，显然多了一重身份，他们不仅是革命报人，而且是革命军人，他们既拿笔杆子，同时又拿枪杆子，这在当时的报界是绝无仅有的。再从《大江报》的宣传对象来看，其他报刊的着眼点主要是士农工商及学界的普遍民众，而《大江报》却把新军士兵作为它的主要受众群体。

在武昌首义爆发前，文学社之所以在不到一年的时间里得到稳步和迅速的发展，社员遍及新军各校营，除了它有科学补习所—日知会—军队同盟会—群治学社—振武学社—文学社一脉相承的组织基础外，更重要的是它有一个“革命号角”称号的团体机关报《大江报》及报人团体。

---

① 《湖北新闻史料汇编》总第十二集，31页（非公开出版）。

② 严昌洪、张铭玉主编：《张难先集》，28页，武汉：华中师范大学出版社，2011。

《大江报》报人团体军人身份实与湖北的革命传统相系。早年孙中山在外国组织兴中会，参加革命组织的“什九是湖北人”。1905年，“同盟会在东京正式成立，先后在乙巳、丙午两年参加的湖北同志，姓名列在本部名册上的共有一百零六人”。这些革命分子回到湖北，发展志同道合的朋友，秘密开会结社，组织了军队同盟会、将校研究团、益智社等众多小团体，又渐渐地聚零为整，成为发动武昌起义的基本力量。新军广募新兵时，文学社革命党人把这看作打入清军的机遇，“俱认定要想革命，必须运动军队，要想运动军队，非亲身投入行武不可”。[①]《大江报》报人刘复基、蒋翊武、何海鸣等都是基于此种认识而加入新军扛起了枪杆子。

他们亲身行武，为的是以军人身份作掩护，动员新军士兵，宣传革命思想。当时新军士兵绝大部分出身破产农民、失业手工业工人和贫苦知识分子，入伍前饱受饥寒冻馁之苦，入伍后又受军官虐待欺压，在心灵深处渴望革命，推翻清王朝，从而改变处境，因此极易接受革命思想。为了争取这部分下级士兵，《大江报》在文学社的领导下，对他们进行了不遗余力的宣传动员。在武汉地区新军的每个基层单位，几乎都设有报纸分销处，除每营赠送免费义务报一份外，还在士兵中发展个人订户。为了加强和新军士兵的联系，鼓励他们投稿，“关于军中各种事实，一经投稿必即刊载”。[②]《大江报》尤其鼓励新军中的文学社社员写稿。在1911年3月15日召开的文学社第一次代表大会上，即曾通过一项决议：“社员采访之新闻及其言论，务请《大江报》尽量登载。”[③]与此同时，《大江报》还在新军士兵中发展了一批特约记者、特约编辑和特约通讯员。新军第二十一混成协马队士兵陈孝芬在调至陆军特别小学当学兵的一段时期里，“每晚必到《大江报》一趟，编编报，作作短评”。[④]正因为这样，《大江报》和新军士兵的关系十分密切，士兵们把这个报纸当作自己的报纸，有什么事情都愿意找它商量，“每日到报社之士兵同

① 黎东方《细说民国创立》之四九《武昌起义》，上海：上海人民出版社，1997。

② 方汉奇：《中国近代报刊史》（下卷），465页，太原：山西教育出版社，2012。

③ 方汉奇：《中国近代报刊史》（下卷），465页，太原：山西教育出版社，2012。

④ 方汉奇：《中国近代报刊史》（下卷），465页，太原：山西教育出版社，2012。

志，户限为穿”。[1] 当报社经济发生困难时，“军中同志月出资少许，由各标营代表汇送报社，以助经费”。[2] 在辛亥革命时期的革命宣传活动中，像《大江报》这样深受新军士兵喜爱并建立这么亲密关系的报纸是难得一见的。

《大江报》在新军士兵中的工作是卓有成效的。在它的宣传教育影响下，不少新军下级士兵都愿意和它“共图革命”，[3]文学社在新军中发展得很快。1911 年 1 月文学社初成立的时候，在新军中只有八百多个社员，半年以后就发展到三千多人，基层组织遍及于第二十九标、三十标、三十一标、四十一标等马炮工各营队。到了武昌起义的前夜，湖北新军一万五千士兵当中，“文学社诸同志占湖北全军十之八九”（章裕昆语）。但迄今为止，多数的文章认为只有五千人左右。武昌首义一举成功，如果不能得到八九成士兵的支持，尤其是在刘复基、彭楚藩等主要起义的领导者、策划者、组织者被捕牺牲后，依然能将起义有序进行，是很难的一件事。由此推断，辛亥革命的当事人、文学社的重要骨干章裕昆所言应该不虚。

何海鸣主编的《大江报》在文学社领导下，于新军中一系列的精心策划与实施，彻底动摇了清政府在湖北的根基，甚至连根拔起，这绝非一日之功。《大江报》在正确的理念指导下，经过长期的不懈努力，通过《大江报》这一最具影响力、号召力的媒介，最终完成了对湖北新军的革命洗礼并使之转向革命。毋庸讳言，没有文学社卓有成效的工作和《大江报》面向新军士兵的鼓动与宣传，辛亥首义不可能在武昌爆发，也不可能一举而成功。

三、《大江报》被封及社会反响

《大江报》先后两次被查封，第一次是 1911 年 8 月 1 日，湖北总督瑞澂以《大江报》“宗旨不纯、立意嚣张”，“淆乱政体、扰害治安”等罪名，

---

① 方汉奇：《中国近代报刊史》（下卷），466 页，太原：山西教育出版社，2012。

② 方汉奇：《中国近代报刊史》（下卷），466 页，太原：山西教育出版社，2012。

③ 方汉奇：《中国近代报刊史》（下卷），466 页，太原：山西教育出版社，2012。

饬令巡警道王履康查封报馆，禁止发行。经理詹大悲、主编何海鸣被捕入狱，酿成震动全国的“大江报案”。第二次是中华民国成立后，复刊的《大江报》被黎元洪查封，经理何海鸣被通缉，主编凌大同被秘密处决。两次“大江报案”均引发社会强烈反响。

《大江报》在第一次被封后的第二天，何海鸣拟写了一份公电，托人送出，将大江报馆被查封一事通报全国，呼吁各界声援。电文如下：

> 各报馆鉴：敝报昨夕封禁，拘总理，乞伸公论。大江报叩。[①]

《大江报》案引起社会各界的强烈反响，其中反应最强烈的是新闻界。8月3日，《民立报》为《大江报》被封事谴责当道，刊发于右任所作时评《江声呜咽》。文章指出：“大江报之在武汉，所谓有声有色者也，乃官场既封禁其报，又严拿其主笔。噫嘻！江流石不转，遗恨失吞吴，我为之哭”，“其遭劫，不解何故，以意度之，十之九触官场之讳而已。呜呼！大江东去，试问真英雄能被浪淘哉？”[②]8月6日，《时报》在地方要闻栏目内刊发《汉口大江报被封情形》，揭露官府禁锢新闻之黑幕。其部分内容如下：

> 发生之原因：《大江报》原名《大江白话报》，并未注册立案，后因范围太小，即将白话二字删去。宗旨激烈，时而鼓吹无政府主义，时而提倡革命思想。本月初一日，报章时评标其题目曰《大乱者救中国之妙药也》，……此种文字，各报在所难免，甚至比此种文字尤为激烈者尚多，何独借此题而发挥，内中曲折明眼人自知，官长可谓特别用心也。
>
> 奉饬之查封：湖北巡警道王履康奉瑞督命，以汉口《大江报》宗旨不纯，立意嚣张，此种时评，实数淆乱政体，饬即查禁拿问，随时禀报以凭核夺。
>
> 巡警之搜罗：汉口巡警二区区长覃令兆鹍奉到巡警道手谕，立派巡警数十人如捉大盗然，高执巡警灯笼，把守大门，不

① 刘望龄：《辛亥首义与时论思潮详录》（上卷），343页，武汉：华中师大出版社，2011。
② 于右任：《江声呜咽》，载《民立报》，1911年8月3日。

> 准出入。覃令亦亲临该馆，即询以经理编辑何往，茶房答以经理在中西旅馆会友，编辑在汉舞台观剧。覃令分饬巡警往各该处寻觅，一面电请夏口厅给封条二张，以便发封。
>
> 弹压之骚扰：巡警二区所派前往弹压之巡警共有数十名，均在该馆，有席地而坐者，有横卧桌上者，甚至任意便溺。适某公司送该馆西瓜一担计十余个，被巡警抢食无余，其骚扰情形可见一斑。
>
> 经理之出首：大江报馆经理詹大悲，在中西旅馆闻耗回馆，即随同覃令至巡警二区，询问一切，始知被封之来由，侃侃而论约两小时，覃令肉屏一座，直如对牛弹琴耳，又何足怪也。[①]

以上所记，是当晚《大江报》被封及詹大悲被捕的大致情形。而此时的何海鸣，正和友人刘某在租界内的汉舞台看戏。他是个戏迷，不仅为汉口各大戏院的常客，时而也粉墨登场客串一回。[②] 正在如痴如醉的当儿，有两名巡警来到座位前，询问何人是大江报馆主笔。刘某答曰："有何事故？如系违反报律，长官一传即到，何必干涉范围以外。此时若有紧要之事，可就近在中西旅馆与经理詹君大悲直接可知也。"该巡警因在租界，不便过于强硬，以一人回报区长，一人株守汉舞台门口，误认为刘某就是《大江报》主笔。待何海鸣同刘某走出汉舞台，该巡警尾随至歆生路，何海鸣就往其他朋友处探听消息，刘某在后，该巡警即上前将刘某带往警署问话，得知刘某并非何海鸣，立即释放。而何海鸣则乘机溜走，回报馆检点书箧，从容离去。

《大江报》被封消息公布全国后，舆论大哗，群情沸腾，各报纷纷发表文章表示同情。《时报》报道，"连日该馆门口，安慰之纸条、哭吊之短文甚多，足见人心未死，公道尚在也"，其中不少是湖北新军士兵所写。[③]

---

① 《汉口大江报被封情形》，载《时报》，1911年8月6日。

② 何海鸣自称一生有"二爱"，第一爱革命，"深信非革命不足以救国"；第二爱唱剧，"盖革命可以为志而不可以为业，唱剧或可以为业耳"。见《求幸福斋笔记》，16页。

③ 《汉口大江报被封三志》，载《时报》，1911年8月9日。

这时，何海鸣匿迹汉口英租界已数日，眼见"大江报案"波及武汉三镇、震动全国报界，知道事已至此，无可躲藏，乃于8月8日投案自首，随即被司法巡警带到审判厅讯问。在庭上，任凭法官左右追询，他只是供称：《大江报》发行兼编辑系詹大悲一人充当，一切责任概不过问，语虽推诿，且有蒙混过关之嫌，因与詹大悲所供相符，法官并未深究，当场令具联保妥保，予以开释。但是，仍要求他"如需讯问之处，随传随到"。

汉口报界公会就"大江报案"于8月8日在文艺俱乐部开会，研究该报所登时评究竟是否违反报律，以便采取一致行动，共同声援。何海鸣在会上讲述《大江报》被封之来历及警察骚扰之情形，大意是不论该报是否违反报律，地方官不能施法外之干涉，报律上规定的最严重之处罚为永远禁止发行，或监禁或罚金，无发封之明文。《大江报》被查封，可预见各报馆之将来。有鉴于此，各报编辑人、发行人因仔细研究对策，以便申辩，会议至晚9点才散。

8月9日，《时报》继续报道《大江报》被封事，并以《汉口大江报被封四志》为题，剖析该报遭官方查封、拘人的由来：

> 汉口《大江报》被封、总理被拘各节，兹探析有三大特别原因也。以自督办铁路大臣来鄂后，无日不作讥讽之评论，故此得咎于端老四；一、攻击陆军第八镇第29标统领李襄邻撤差，于统制面上不好看，故此得咎于张彪；一、度支公所以7厘行息借洋款50万之草合同，该报首尾登载，曾经藩司禁止发刊，故此得咎余诚格（盖此项草合同各报曾全登载，《大江报》先仅登载一半）。由此三项，均授意瑞督院，转饬巡警道履康随时检查，该督又不便明指以上三项问题，惟令另择重大行政处分。适本月初一日该报之时评大标其目曰《大乱者救中国之良药也》，故此办理雷厉风行也。闻端方注意撰述黄季刚，张彪注意编辑何海鸣，余诚格注意詹大悲。昨日汉口商埠审判厅又将在押之詹大悲传案，略云：此案上头颇为愤恨，必须依刑律办理，本厅极力成全，只能照报律而定。揣其旨意，不过

欲詹君就其范围也。[①]

湖北咨议局于8月15日集议，公决张国溶起草《呈请书》，要求督院从轻处理，如不公正解决，暂以解散咨议局相对付。此前，又支持《大江报》同人散发《通告书》，揭露事件真相。由于官方坚持严办，无实权的咨议局也无可奈何。

在各界声援《大江报》的同时，湖北当局对"大江报案"如何判决，成为全国舆论界注目焦点。各报纷纷刊登詹大悲、何海鸣被审问详情。其中，《时报》详细报道了审问时詹大悲与法官的对话：

法官问：《大乱者救中国之妙药也》一文从何而来？系和人所作？

詹君答曰：系外间来稿。

法官曰：能将作稿之人交出乎？

詹君曰：此稿经我过目，不能问作稿之人。

法官又曰：汝是发行人，编辑何海鸣汝可交出乎？

詹君又曰：我是发行兼编辑，一切责任均归我负。

法官又曰：汝登此项时评是何意思？

詹君又曰：国民长梦不醒，非大乱不足以警觉，望治情殷，故此出些愤激之语。

法官又曰：汝所登之时评中有和平政革之无望一语，明明是淆乱政体，扰害治安。

詹君又曰：试问政府近年外交，均用和平手段，如片马永租外人，丧权辱国，莫此为甚，反美其名曰和平解决。又试问立宪之诏旨是和平而来，抑是因乱而来？

法官不语，半晌始曰：是上头的命令。

詹君又曰：欲加之罪，何患无辞。我一片爱国热忱，反因之得咎，究应如何办理，请速示知。

法官又曰：此案我不能作主，俟禀明督宪，再行核夺。

---

① 《汉口大江报被封四志》，载《时报》1911年8月9日。

于是詹君仍还押。[①]

从詹大悲回答法官的问讯中,可看出他不仅敢于担当责任,而且表现出义无反顾的反清意志,同时也体现出一位杰出革命报人的睿智和胸怀。

大江报馆同人在警厅监视之下,仍四处散发"通告书",披露事件真相;汉口报界公会认为此案关系到各报生存前途,数次在文艺俱乐部集会,并邀请何海鸣到场,讨论应对办法;湖北咨议局也为《大江报》被查封事,发起集议,并上书呈请鄂督,要求对詹大悲、何海鸣从宽处理,以平世论。

不料,过了几天,官厅不知从哪里搜集到何海鸣议论当年4月份黄兴率领一百多同盟会会员在广州攻打总督府的时评三篇,"皆是鼓吹刺客,下注海字"。对于此案仅问罪詹大悲一人,瑞澂本来就不满意,见有了新发现,大喜过望,于是将案卷发回审判厅,责成再次提审何海鸣,拟以此为证据,最后捏定罪名。

何海鸣面对堂上质问,知道无可辩饰,均承认不讳。一开始气氛还缓和,法官仍饬交保,但原保人已得到督院的传话,不敢在保书具结盖章,何海鸣一时又难觅地保,这才恍然大悟,原来官府已串通好,要置他于死地。于是在厅堂上大闹起来,结果当场被拘监押。以上情节,《时报》跟踪采访,也有详细报道:

遵即将何君传案,询以此三项时评是否汝所作,何君直认不讳,并问法官云:此三项时评又犯何种报律?法官曰:我不知道,这是上头的命令,俟禀过督院,再行核夺。何君大怒曰:岂有此理,糊里糊涂,封报馆,拘总理,任意罗织。法官亦怒曰:今天请汝在拘留所宽住几日。何君曰:拘留所非我辈所坐。法官曰:同一罪犯,有何分别。

于是何君至拘留所,但见短衣不洁之人,多数一种秽气,逼人欲呕,司法巡警承法官之意旨,并将何君之辫线裤带及时

① 《汉口大江报被封三志》,载《时报》,1911年8月9日。

表一并解下，几视同盗犯。[①]

依照《大清报律》，《大江报》刊发时评一案，按"淆乱政体，扰害治安"一条处罚，报馆发行人不过获数月监禁而已。但瑞澂十分仇视民报，因湖北地方一时很不太平，革命党人活动频繁，秘密联络集会之事屡有发生，他断定这与报纸"议论嚣张、蛊惑舆情"有关，认为非严办一二，不足以儆其余，乃指令审判厅以刑律从事，加重判处。何海鸣入狱一月有余，当局为了搜集编织其罪状，以塞众口，迟迟不予判决。他与詹在放风时偶得一见，只能默默无语，相视一笑，互致安慰。

直到9月下旬，汉口地方审判厅才终审发落"大江报案"，判词开示"犯罪事实及证明缘由"，宣布判处詹大悲、何海鸣各监禁一年半，免科罚金，不得保释。

系狱两个多月中，何海鸣因寂寞难耐，常以唱戏为排遣，加之性格倔强，不服管制，颇吃了些苦头。"初押看守所，以予嗜唱重禁予七日，后押巡检礼智司，又以唱故受人痛殴，狱吏且衔予而告密于有司，谓予为革命党，几至于杀头。"[②]

然而，"大江报案"没有摧垮革命党人的意志，反而凝聚了反清革命力量，催响了武昌起义的隆隆炮声。

武昌首义后，詹大悲、何海鸣从狱中被救出，并立即投入革命洪流之中。他们成立汉口军政分府，指挥与清军作战。何海鸣还说服黎元洪就任刚诞生的湖北军政府的都督，与清廷彻底决裂。中华民国成立后，何海鸣与詹大悲重整停刊九个月的《大江报》，何海鸣任经理，凌大同、戴天仇为主笔，扬言"卷土重来"，以监督中华民国政府为己任，担当鄂省舆论的代表。

充任主笔的戴天仇，此前连续在《民权报》发表《胆大妄为之袁世凯》、《袁世凯罪状》、《讨袁世凯》等一系列文章，北京政府已通令全国邮

---

① 《大江报被封志》，载《时报》，1911年8月13日。

② 见《求幸福斋笔记》，第16页。蔡寄鸥《四十年来闻见录》记："海鸣喜唱京戏，在狱中曾以高唱京调冲犯狱官，被杖臀数百，棒伤未愈，其高唱犹如故也。"见该书第33页，汉口勤业印书馆，1932年8月初版。

局禁止投递该报，湖北军政府也饬告汉口邮政总局随时扣发，各派报处不准贩卖。在黎元洪眼里，此报更属于乱党一类。果然，《大江报》复刊不久，就刊登了《恶政府之现状》一文，揭露湖北军政界的腐败情形，文字尖刻，声调激昂，这让黎元洪十分愤怒。8月初，社会党首领江亢虎[①]向《大江报》投来一篇宣扬"社会主义"的文章，凌大同读后大为赞赏，刊登时还配合社评，大肆宣扬。黎元洪下令查封报馆，严禁发行。报馆被封情形，蔡寄鸥有详细记述：

> 民元的《大江报》，是湘人何海鸣主办的，其时，江亢虎来鄂，以社会党名义号召群众，时与海鸣相往来，并在《大江报》著有论文，提倡无政府主义。都督府参议黄某（祯祥），因向黎元洪进言：此又一宣传革命推翻政府者，不速封闭此报，则祸患不可遏制矣。黎唯唯。黄逼黎，即下命令。盖黄与《大江报》有仇，特借此名义，以图报复。黄为四川人，起义时，曾任敢死队长，在汉误拔枪机炸伤一臂，因诡称勇战受伤，自号断臂将军，曾以手枪恐吓唐少川，自称为同盟会员。同盟会否认其人，在《大江报》登启事，指为假借会名招摇撞骗者。黄因对于《大江报》恨之入骨，誓必报之。方其促黎下令时，同盟会员刘赓藻在侧，立即离开督署，至《民心报》，告于蔡寄鸥曰：顷间都督下令，封闭《大江报》，捕杀何海鸣，黄某正整队待发矣。速派人渡江送信，迟则无及。蔡谓：城门已扃，奈何？刘谓：速往翊武处，索取军务司长命令出城，即乘差船渡江，庶乎有济。蔡曰诺。至《大江报》，则知何在汉大舞台，正串演戏迷。传蔡即至对门第二镇司令部，会参谋长钟琦，告以故。钟即亲往大舞台，邀何回司令部。坐未定，黄某率队至，到报社觅何不得，则向司令部索之。钟曰：都督命你到《大江报》馆捉人，未尝叫你在第二镇司令部捉人，更未尝命令第二镇司令部交出《大江

---

① 江亢虎（1883—1954），江西上饶人，清末做过四品京官，创立女学传习所。1910年春，游历日本、沙俄及西欧，回国后在上海张园发起成立"社会主义研究会"；辛亥革命爆发后，成立第一个以"党"命名的政治团体中国社会党，以个人自治、世界大同为宗旨，提倡恋爱自由、教育平等、遗产归公等。

报》的人，汝何混账之一至于此。黄无言可答，即率退出。……是晚，何乔装兵士，随队从后湖出，间道到一码头，登英国商轮南下，寄寓于戴天仇的《民权报》中。黄某捕何不得，就将《大江报》封闭了。[①]

蔡寄鸥对查封《大江报》命令的下达及何海鸣脱离虎口的经过描述得十分详细，但对《大江报》馆被封情形未作记载，上海《民立报》对此作了如下揭载：

8月8日，黎副总统特派参谋黄祯祥带兵二十人，刽子手四人，各执大刀，又卫兵十人，各执手枪并令箭一支，写明将何海鸣就地正法。前往大江报社时，何君适不在馆，免于难。惟黄祯祥挟有宿嫌，将该报馆任意蹂躏，所有对象一律捣毁，并将该社社员唐绳武、黄继伟、卓武初等三人拘捕而去。当时派人搜捕何海鸣，迄未获得。[②]

《民立报》还报道说，《大江报》被封后，武汉各报非常惊恐，纷纷打电话询问，但黎元洪此前已令电话局，凡探问或传布此一消息的来电概不接转，并禁止各报议论此事。但是消息很快传播开来，汉口《民心报》主笔蔡寄鸥于次日撰文抨击黎元洪倒行逆施，钳制言论，更惹了大祸。蔡寄鸥回忆：

《大江报》被封后，余在《民心报》上发表《哀大江报》一文，中一段有云：夫黎元洪不过一庸常人耳，英雄不出，遂令竖子成名，吾虽爱黎，亦不能为之讳。黎元洪读至此处，拍案大呼曰：何物狂生，敢呼余为竖子耶！《大江报》鼓吹无政府主义，而若辈公然庇护之，是非重办不可。叱左右传余至督署。其时余正操笔作小说，闻讯，挺身而往。[③]

蔡寄鸥遵命到督署，遭到黎元洪的怒斥，并威胁要把他军法从办。幸亏该报创办人、湖北军政府军务司长蒋翊武等人陪同在场，再三申

---

① 外行记者：《报馆内幕》，载《武汉导报》，1948年9月26日—27日。

② 《大江报被封记》，载《民立报》，1912年8月14日。

③ 刘望龄：《辛亥首义与时论思潮详录》（下卷），463页，武汉：华中师范大学出版社，2011。

辩，蔡寄鸥得以保全性命，《民心报》却不得不就此停刊了。

黎元洪封不住报人的口，又急于压服报界，以戒地方舆论，乃一不作二不休，于当日通电全国，通缉何海鸣、凌大同。电文称：

> 窃国家要素在尊重主权共和，人民服从于法律。无政府何以立国，无法律何以治民。当此建设之初，岂容破坏之事。查有《大江报》出版以来，专取无政府主义，为图谋不轨之机关，擅造妖言，摇惑人心，废婚姻之制度，灭父子之大伦，无国家，无家庭，无宗教，无男女。近乃益肆猖狂，毫无忌惮，至有除去政府、取消法律之邪说，实属大逆不道，狂悖已极。敝省为扶持人伦、保护治安起见，着军警即行查封，该报主笔何海鸣、主笔凌大同等现尚在逃，应请一体严缉，就地正法，[①]以惩悖逆，而维法纪。除布告外，合行通电，知我罪我，当与天下共见之。

复刊的《大江报》被查封后，全国舆论群起抨击，上海《民权报》、《民立报》等七家报纸联名致电谴责黎元洪，[②]汉口《民国日报》等也公开通电，为《大江报》鸣冤，劝黎元洪从速为何海鸣昭雪，“切莫泯灭是非，自毁晚节”。

但黎元洪不为所动，几天后再次通电，声明拿办何海鸣原因，除了“查何海鸣等，当汉阳之役，卷逃巨款”，尚有“假大江报纸为机关，蛊惑民心，破坏团体，经彼煽动，不乏其人”等罪名，并指斥何海鸣“积恶案犯，滥竽报界，本无记者之资格，实为民国之蟊贼”，声言决不姑息放过。[③]

---

① 上海各报在通电中痛斥黎元洪，认为“就地正法”四个字，暴露了他和他手下的幕僚完全没有共和国的法制观念和司法独立的精神。黎元洪“知错改错”，这封电报后来收入《黎副总统政书》时，“就地正法”改为“严缉法办”。

② 此电全文是：“武昌黎副总统鉴：公封《大江报》，拘社员，并通电全国，严缉何海鸣、凌大同就地正法，虽野蛮专制时代亦无此怪剧。公任民国副总统，乃竟违背国宪，蔑视人权，天下后世将谓之何？乞速取消全案。《民立》《民权》《民国新闻》《天铎》《太平洋》《民强》《中华民报》同叩。”载1912年8月15日《民国新闻》。

③ 《致各省声明拿办何海鸣原因》，载《黎副总统书牍汇编》卷三，6—7页，上海：上海广益书局，1914。

凌大同由于行动不慎，很快落入黎元洪的罗网。9月下旬，他由上海潜归武汉，联络党人，行踪被黎元洪属下侦知，即遭逮捕，“罪名”又被加了一等，所谓煽动鄂军马队暴动是也。凌大同被杀后，黎元洪向北京密报：“来鄂倡乱系何海鸣、王宪章、凌乔即（凌大同）……等主谋，指挥机关本部设在上海，各处分布党羽。一面收买报馆，肆其簧鼓，破坏敝都督名誉，以为离间人心之计；一面蛊惑军队，联络会匪，约期举事；并一面制造炸弹，实行暗杀。”并向内务部提出建议：“此种叛国之元凶，当与天下而共弃。拟请通电各省，转饬所属，严密拿捕，以遏乱萌而固国本。”①

何海鸣离鄂来到上海，为《民权报》撰写评论，继续揭批袁世凯、黎元洪专制政府。他刊登在《民权报》的一篇文章中指出：

> 袁世凯包藏祸心，是滥竽总统之席，不忠于国家者，国民纠正之，监督之者并非无人，而袁氏果能纳此纠正监督乎？何《民权报》日日言纠正监督，而袁世凯之为恶，仍不改其万一耶？……袁氏为人以善戴假面具著名，机诈百出，于专制君主一席，思尝鼎一脔者久矣，岂待人之迫耶！
>
> 嗟夫！袁总统近日之行事……如不任总理、钦命都督、蔑视议员，已渐渐露其帝制自为之迹，参议院既不足恃，国民又多茫然，所赖者即此舆论之声讨耳。②

可见，何海鸣眼力犀利过人，对袁世凯的剖析独有发见，鞭辟入里。在另一篇时论里，他流露出当初轻信袁氏共和谎言的悔意：“记者当初亦颇惑于‘共和’二字，以为‘共和’之国，国即政府，政府即国民，绝无相冲突之虞。政府者国民之政府，决不至为袁氏所把持，于是亦坐视众人赞同之。”③沉痛语气，夹杂着对国民党人软弱性格的批评；字里行间，显出自己愤懑现实而又无计可施的心迹。

---

① 刘望龄：《黑血·金鼓——辛亥前后湖北报刊史事长编》，164页，武汉：湖北教育出版社，1991。

② 何海鸣：《国民与总统》，载《民权报》1912年9月14日

③ 何海鸣：《治内篇》，载《民权报》1912年10月8日。

第二节 胡石庵与《大汉报》

胡石庵(1879—1926年)原名人杰,又名金门,字天石。湖北天门人,“世业儒,博学能文,兼工书画,姓孤僻,居恒寡言,不乐征逐,母老家贫”。[①] 胡石庵的父亲胡乔年,同治七年(1868年)进士,曾任武昌江汉书院院长;石庵的十世祖胡承诺更知名,明末清初是湖北数一数二的人物,著有《绎志》、《读书说》、《胡石庄先生诗集》。

胡石庵的人生轨迹,可分为三个阶段。第一个阶段是19岁(1898年)前,其主要精力花在读书习画方面。第二阶段即从19岁(1898年)始至28岁(1907年)长达10年的时间里,他全身心投入当时风起云涌的革命活动。1898年他赴北京与谭嗣同交好。戊戌变法失败,回武昌肄业经心书院,得与唐才常相识。唐组织自立军,胡为参谋之一。自立军起义失败后,“唐被杀,他逃到上海,被捕禁十三日始出。复投保定徐锦帆军。徐死,又回鄂继续在经心书院肄业。胡以经受种种刺激,思想愈趋激进,终以不受约束被开除书院。他又一度置身汉防营,密谋运动军队”。[②]

1904年,清户部侍郎铁良南下搜括民财,志士马天汉、黄伯恭、王禹田等约他伏设在汉口火车站行刺,为清吏捕获。刑讯时,他坚贞不屈,不吐实情。巡警道冯启均以刀一柄、银一锭置之胡前,厉声说:“死生由你自择。”胡一手取银,一手执刀,答道:“两样都要,必欲见逼当以死拼。”冯因无其他佐证,只得将其释放。萍浏醴起义时,他与日知会领袖刘静庵共谋响应,事败逃往沙市。第三阶段即从28岁(1907年)始,直至生命最后一刻,主要从事撰文、办报等活动,揭露社会黑暗、政府腐败,鼓吹革命,推翻清王朝。本节的主旨就是阐述他在这一阶段为民主革命而不遗余力的舆论动员。

---

① 《小说家天门胡时庵小史》,载《心声》1923年第3卷第1号。

② 贺觉非:《辛亥武昌首义人物传》下册,467—468页,北京:中华书局,1982。

一、编著小说，“撼醒沉酣”

胡石庵前期的革命活动，无论是参加小团体的武装起义，还是个人英雄主义的暗杀行动，最终结局都是以失败和被捕而终结。他深刻地认识到，欲救民于水火，挽既倒之狂澜，非一朝一夕、一人一事所能为也，必须全国民之共赴时难，同心协力。欲如此，必先开启其心智，觉悟其神精，鼓动其斗志。有鉴于此，他此后的活动即专注于文学创作，欲以“文学立国”、“无文学不足以立国，无文学不足以新民”。“有物恶，蟠踞于光荣之大陆，其有无不关于生命，其盈绌不足为富贫，听之而无声，臭之而无气，人之视之，究不若对于名誉思想、金钱主义之恳切也。然而地球中之先觉者，莫不服从之、崇拜之、震慑之、欢迎之、珍为第二之灵魂，贤为无形之躯壳。举凡政治也、法律也、经济也、军事也、国际也、实业也、过去也、历史也、现在之大势也、未来之问题也，莫不藉之以传播、以鼓吹、以淘汰、以支配、以改革、以变迁，斤斤然而希望其进化，用之而不敝，取之而不竭，贤与不肖之所得各随其才，仁智之所见各随其分，用之于善，则足以正俗扶风，造千百年之幸福。……此何物，此何物？其气质之物也，其固质之物也，抑流质之物也，吾同胞志之，其最高尚、最尊荣、最特别之名词，曰文学。”[①]时处文化变迁、政治动荡、危机凸见时代的胡石庵，欲凭其杰出的文学天赋，“撼醒沉酣，革新积习，使教化日隆，人权日保，公德日厚，团体日坚”。为此，胡石庵日夜椽笔频挥，“应思潮之趋势，专攻小说”。[②]

胡石庵极富观察力，“其描人群之心理，纪社会之状况，罔不绘影绘声，惟妙惟肖，而行文布局，习自旧时名说部脱胎而来，宜乎，一纸飞行，万家传诵也”。[③] 胡石庵的小说之所以如此受欢迎，不仅仅缘于其文笔鲜活酣畅，墨雨淋漓，构思奇特，引人入胜，更缘于其小说肩负着“文学立国”之责任，揭露社会黑暗、政府专制无能，唤醒国民，振作精神，做追

---

① 《论文学之势力及其关系》，载《江汉日报》1908年5月10日(四月十一日)。

② 《小说家天门胡时庵小史》，载《心声》1923年第3卷第1号。

③ 《小说家天门胡时庵小史》，载《心声》1923年第3卷第1号。

求人权之新民，提倡“排满兴汉”。他的小说，“计所编著刊行者四十余种，其最著者为《新儒林外史》、《马上女儿》、《海上鸳》、《偷香狱》、《连山大侠》、《情天小影》、《异想天开》、《湘灵瑟》、《灵均恨》、《罗马七侠士》、《女飨党》、《明珠血》、《梅花秘密》、《血泪因缘》、《雪里芭蕉》、《落花泪》、《新汉口》诸书。皆意在言外，感人不觉。其未刊行者尚有《忏憨室文编》四卷、《读楞言》二卷、《新法言》二卷。《石庵外编》二卷，尤石庵精心结撰者，苦满清时不能发刊，藏以待时，北军焚烧汉口，其书尽付灰烬，殊可惜也”。[①]

胡石庵呕心沥血、昼夜笔耕的鸿篇佳作，除未刊行于世被付之战火之外，其刊行的能流传至今的亦极难搜寻。原因在于“其作品只供武汉一隅之需要，是以鸿篇结构，海内绝鲜流传。而现今文艺界中，恐除海鸣、少芹外，几不知黄鹤楼头尚有小说家胡石庵其人”。[②]

尽管如此，笔者依然抱最大之希望，四处苦觅，广泛搜罗，终得小说数篇。此仅就其一短篇、一中篇小说予介绍剖析。

据胡的好友，同人范韵鸾介绍：“君（胡石庵）少作短篇，人亦罕观，予仅得读《趣报》之《义犬记》、《繁体新报》之《爱国花》两种而已。”[③]事实上，他的短篇小说亦不少，笔者在此要披露的却为范所未提及的另外一短篇小说《孤雁》，以见证胡石庵心系国家民族，以小说为钟鼓，撼醒沉酣，开启民智，揭露社会黑暗，抨击当道的情怀。

他的小说，凝聚了心中的爱与恨、美与丑、善与恶、是与非，也凝聚了他的心血与泪痕。他的小说，跳动着时代的脉搏，蕴藏着他所处时代的种种社会镜像。让笔者叹为观止的是他所写的不足 300 字的小说《孤雁》。原文如下：

秋风吹落照，暮色渐苍苍，有雁一群，嘹唳翻飞于云水之苍茫。此雁群，胡为乎来！殆睹青天之欲暮兮，觅栖止而徘徊。

---

① 范韵鸾：《大汉报主胡石庵事略》，民国元年壬子五月。

② 《小说家天门胡时庵小史》，载《心声》1923 年第 3 卷第 1 号。

③ 《小说家天门胡时庵小史》，载《心声》1923 年第 3 卷第 1 号。

有地焉，水浅沙平，丛芦环之，群雁忽飞堕，共止宿于斯。或三或五，胥交颈而眠，万籁冥寂，但闻芦声荻荻与水声之缓缓。

有猎雁者二三，肩枪而手网，觊觎芦中，直欲聚歼其党。

有孤雁，见地形之危险也，夜不成眠，忽闻橐橐之履声，猎雁者已至于前。孤雁见之，大震惊，狂鸣猛扑，惊群雁兴。

群雁兴，见无所变动，以孤雁为诳也，怒而啄之，谓之扰乃公之清梦。

孤雁受啄，忍不言，独立芦中，涕泗涟涟。

未几，而猎者至矣。网四张，枪上火矣。孤雁见之，复狂鸣猛扑之不已。群雁忽大怒，遂啄孤雁以死。

孤雁死，从此无惊梦者矣。祸机陡发，遂举芦中雁而胥为猎者所断送。

石庵居士观之此，喟然曰：悲哉，孤雁也。生不幸落此醉生梦死之同胞，又居此外患纷乘、朝不待暮之危地，既不肯高腾远引，作鸿飞之冥冥，又不忍知而不言，立视其同胞之死亡而不救，以致狂鸣猛扑，欲惊起群雁之噩梦，一而再，再而三，终至啄死而不悔。

大哉孤雁！殆古所谓舍身救世者乎。惜乎醉生梦死之群雁，不知其苦心，预作远祸之举，仅谓扰伊清梦，怒而啄之至死。殆祸机陡发，聚族而歼，已悔无及已。呜呼！吾作《孤雁》一篇，不禁悲从中来，泪滂沱其如雨也。①

该小说可谓惜墨如金，字字见血，句句撼人，以隐喻的手法，歌颂“孤雁”即革命党人为拯救同胞、抵抗外患不惜捐躯的英勇斗争精神，期以警醒“醉生梦死”、大祸临头而不知觉的国民。小说剑指现实、寓意深刻，极具反帝反封的政治意图。作者担心阅者不知其良苦用心，特在文末画龙点睛：“悲哉，孤雁也（革命党）”，为救“醉生梦死之同胞，不肯高腾远引”，“又不忍知而不言，立视同胞之死而不救”，以致“死而不悔”。

---

① 《江汉日报》1908年6月17日（五月十九日）。

作者以"孤雁"之英勇颂扬革命党人，以"群雁"之醉生梦死痛斥沉酣之同胞。小说感人至深，催人警醒。

笔者要介绍的中篇小说是由他改编的《梅花秘密》。

是书为法国小说名家抱丕氏原著，记述1825年，巴黎市中心涌起一番警心之怪剧。其始系某剧团中斃男女二人，伤痕全无，经医剖视，但知脑系绷断，亦不辨为何种毒物。全国大哗，警察方竭力搜缉，而巴黎附近旷野中，忽又斃男女二人，死状亦如前同。案情之奇怪，达于极点。久之始由侦探格林顿破获，乃知凶手系一妙龄女郎，为法国民党之首领，因复仇故演此毒剧。书中所叙女子之行踪闪烁，机智超轶，以及新发明之种种药物、秘具，皆足令人倾倒折拜。而案中之人，如格林侦探之智，糜律师之辨、警察之勤劳，仆人否斯党之忠义，以及巴逊梅脱络绮诸人之可怜可爱，亦足令人欢欣嗟叹。其破案之原因，则因一秘密书信为格侦探识破，其方法为用金制各式梅花串为项链，实则代字母拼凑成文。故抱丕氏原书初曰《疑团》，后案破续成乃名曰《梅花缘》。

胡石庵之所以将原名改为《梅花秘密》，他曾如此解释："盖梅花为千古香洁雅静之品，今乃用为秘密之具，自我作古，联而成之，事本新奇，名亦雅趣，胡待求音于弦外也。梅花秘密殆即所谓美人变相欤！嗟呼，众生生死，隙影茫茫，梅花依然，美人安在，徒剩此一段悲惨之历史，够吾笔墨之消磨，穷怪碧翁之多事也。"[①]至于改编此小说初衷，胡石庵说："搔首神州，雌风久已不竞，他山借础，我二万万女同胞其有阅书奋起者乎？心焉祷之矣。"[②]

为勉励女同胞作梅花女奋起抗争，胡石庵特在小说前题诗四绝。

> 大江东去奏铜琶，振振西风压浪花。思颖沉茫灯欲诉，人间重见女朱家。
>
> 文人心思美人肠，一纸专来字亦香，从此梅花添韵事，落英满地尽文章。
>
> 断头台上走英雌，猎猎悲风弄素旗，一笑仇雠歼灭尽，果

① 《江汉日报》1908年3月22日(二月二十日。

② 《江汉日报》1908年3月22日(二月二十日。

然巾帼亦须眉。

书成蓦忆中原事，女界沉沉日影昏，愿祝自由花不死，春风吹返玉梅魂。[1]

作者改编法国小说《梅花秘密》，虽然为侦探故事，但其目的不是为消遣，不是娱乐大众，而是希望读者，尤其是女同胞，能从小说主人公梅花女机智的斗争策略中有所醒悟，不再甘受奴役，起而抗争。正如作者诗词所云："女界沉沉日影昏"，"春风吹返玉梅魂"。

二、创作诗词，颂扬革命

胡石庵不仅是近代湖北的一位杰出小说家，而且是一位出色的诗人，他先后创作了一千多首诗词，除了一部分散见于各种报刊外，主要的载体就是《补天室诗抄》(一名《补天室诗稿》)，可惜此书今颇难寻觅。他的诗词大多以颂扬革命为主旨，洋溢着反抗精神。早在 1908 年，他担任革命报刊《江汉日报》编撰时，就在该报发表诗词，如：

天道有寒冷，人类有生死；
禽兽有存殁，草木有枯荣。
世界如转杀，新旧叠相更；
不使旧者旧，焉能新者新。[2]

种祸日益烈，族祸纷纷起；
贵贱辨阶级，杀机从此始。
我读法兰西，恐怖时代史；
灯暗泪模糊，如见血满帘。[3]

老子倡柔静，民权日以轻；
荀子正礼法，君位日以尊。

---

① 《江汉日报》1908 年 3 月 22 日(二月二十日)。
② 石庵：《杂感》，载《江汉日报》，1908 年 4 月 29 日(三月二十九日)。
③ 石庵：《杂感》，载《江汉日报》，1908 年 4 月 29 日(三月二十九日)。

民贼与独夫，因之而从生；

持以制天下，天下莫敢争。①

以上三首诗词，是从尘封百年的珍贵报纸《江汉日报》上发现的，国内外媒体均未提及。第一首诗表现作者砸碎旧世界、创建新世界的愿望；第二首诗表现了作者面对西方列强入侵、满族统治阶级压迫的情势下忧国忧民的胸怀；第三首诗表现了作者对于民众受制于专制压迫而不予抗争的愤懑。

武昌首义爆发前夜，彭楚藩、刘复基、杨洪胜不幸被捕牺牲。为纪念三烈士，激励后来人，胡石庵创作了三首诗歌，其一为《三烈士赞》二首：

龟山苍苍，江水泱泱，烈士一死满清亡。掷好头颅报轩皇，精神栩栩下大荒，功名赫赫被武昌。呜呼！三烈士兮汉族之光，永享俎豆于千秋兮，与江山而俱长。

貌清而洁，骨侠而烈，促革命之动机，贡牺牲于祖国。湖湘钟灵兮，孕兹三杰，千秋万岁，永纪念夫鄂州血！

其二为《悼三烈士》：

孝孺舌断血成碧，子胥头悬眼尚睁。

革命未成遗恨在，江流呜咽作悲鸣。②

苌弘之血、伍子胥之眼、方孝孺之舌，是石庵诗中经常使用的典故。对革命的鼓吹，是胡石庵诗词的核心内涵。

武昌首义爆发后，胡石庵冒着枪林弹雨，不顾个人安危，亲赴火线采访，见军队都撤去，只有甘绩熙荷枪鹄立。胡石庵说："穆卿（甘绩熙），事急矣，可奈何？"甘泣曰："有死而已！"胡石庵曰："全军退去，汝一人死守何益？且偕余渡江，请大举反攻可耳。"然而甘绩熙依然孤军奋战，奋勇向前。为此，胡石庵创作长诗《甘侯行》，以记载并赞扬甘的献身精神。其诗如下：

---

① 石庵：《杂感》，载《江汉日报》，1908年4月29日（三月二十九日）

② 刘望龄：《辛亥首义与时论思潮详录》（上卷），394页，武汉：华中师范大学出版社，2011。

墨云压天黑风吼，百八健儿衔枚走。雄狮一奋万怪逃，笑把芙蓉握两手。如斯壮剧问谁能，伟哉甘侯名穆卿！大志直欲傲宗悫，问年年恰俪终军。江豚吹起浪如花，相偕一舸起荆沙。清谈不借李邕酒，小坐同倾顾渚茶。为言十月初六日，羽书飞驰战甚亟。仙女、美娘皆易人，磨子、扁担相继失。黄总司令但悲惶，李参谋已离汉阳。士无斗志群思遁，敌势猖獗如虎狼。甘侯尔时在武昌，闻之愤气溢胸膛。投袂而起出城走，扁担飞渡长江长。晚风吹卷九星旗，甘侯已至昭忠祠。大声疾呼告奋勇，东奔西驰觅男儿。斜阳如血暮烟森，百八儿郎已起行。前进前进复前进，誓与诸山共死生。甘侯言已众皆喜，甘侯前驱众尾驭。更有朱韩二君奇，独能相偕作耳语。夜色暮天无寸光，冷风沁骨骨欲僵。鬼影摇摇山影寂，惊心动魄此战场。甘侯处之若无有，精进直前不少阻。白刃相接大激战，智勇绝伦为众首。君不见磨子之山突且兀，甘侯取之如取物。数十敌兵半死亡，惟余残酒与残烛。又不见扁担之山高插天，甘侯三呼跻其巅。敌军数百鸟兽散，甘侯大笑声琅然。二山既得晨光起，甘侯伤头复伤指。犹能力守待援师，热血定多一斗许。援师至，甘侯归，风卷征尘落征衣。但知沙场有奇乐，不问人生几往回。岂意归途未及半，汉帜忽又赵帜换。竟夕奇勋付水流，欲哭无声只长叹！甘侯言已情脉脉，似有牢骚难再说。我闻其言已黯然，更念浮生同恻恻。吁嗟呼！异族凭陵二百秋，端赖男儿挽逝舟。宝刀划堕天边月，铁笛吹开海上楼。奈何临战辄逃去，至死不脱奴隶气。辜负甘侯一片肠，辛苦夺来轻易弃。甘侯、甘侯勿消磨，我为甘侯作长歌。人生百年一弹指，仗有浩气亘山河。君不见苌弘之血、子胥之睛，身死犹使贼虏惊，百千年后黄尘白骨皆奇馨！

甘侯即甘绩熙，字穆卿，湖北利川人，陆军测绘学堂学生。辛亥首义后，11 月 26 日（十月初六），清军倾全力进犯汉阳，仙女、美娘（亦名米粮）、磨子、扁担诸山相继失陷。甘率陆军学生及辎重营、工程营士兵共一百零八人，自武昌渡江，猛攻清军，克复磨子、扁担二山。由于当时军事指挥人员畏敌不前,先行撤退,汉阳终于失守。诗中的黄总司令即黄兴,李参谋即李书城,九星旗是武昌首义时所制旗帜。在当时看来,甘侯的努力似乎白费,但今日重新梳理历史,即便是英勇的失败也有其价值,如"身死犹使贼虏惊"的苌弘之血、伍子胥之眼,更何况是局部的全胜!

清王朝灭亡,帝制终结,袁世凯窃国,新生的民国又面临军阀的残暴统治。袁世凯为笼络这个民国第一报人,授予石庵四等嘉禾勋章。胡立予拒绝,将证书和勋章邮寄退还总统府,并在《大汉报》上发表一首七律:

> 三户亡秦愿已空,战场荒草渍残红。
> 郑蛇内外成虚斗,冀马奔腾起大风。
> 一雁横飞秋色里,万花齐落鼓声中。
> 乾坤正气销磨尽,狗尾羊头亦巨公。

郑蛇,典出《左传》,此借指河南人袁世凯。冀马是常见的语典,此处借指被袁世凯暗杀的吴禄贞。"狗尾羊头亦巨公",感慨无限,很容易让人联想到柳亚子的名作《孤愤》:"岂有沐猴能作帝,居然腐鼠亦乘时。"

后来,胡石庵因在《大汉报》刊发《落花有主》的通讯和社评,揭露湖北督军段芝贵为讨好袁世凯,重金赎买名伶王克琴送给袁大公子袁克定的特大丑闻,被段芝贵报复,以该报开辟"中原狼窝记"专栏为借口,捏造其私通白狼,"泄露军机,鼓吹乱党,扰乱治安,摇惑人心",捕胡入狱。在入狱前,胡石庵自吟诗歌一首,以表达其无畏的悲壮情怀。诗云:

> 恶云成阵天欲风,满城枷锁声丁冬。壮士无辜缧绁中,长官问我安所供,口不能语心怔忡。书生迂阔不解事,笔代舌尖谈国是。上梁文,高圯诛;种豆歌,杨恽死。古来名士都如此,我今得死复何耻。死便死耳君无哗,必有供词罪转加。君不见孝孺骂贼舌流血,犹问成王安在耶? 四十年来荣与辱,邯郸梦醒何须续。魂兮魂兮胡不归,此邦不可以托足。吁嗟乎,鼍

鼓三声日已斜，黄泉客店谁家宿。[①]

胡石庵在狱中，还写了一首精彩的长诗《花冢歌》(并序)：

武昌旧督署侧之军法处，在满清时代，则属于制署范围，即幕友所居之地也。石庵被囚后，于狱中获得片石，苔痕斑纹，类古代遗物。上留篆书，半残灭不可考。其能识者，仅十四字，盖寓有"落花满地文章贱"之意。其为随幕之文人所书，了无疑义，因感而作歌，命其名曰香灵，并以石为碣，作花冢之标识焉。歌曰：

花谢台荒粉黛剩，东风力弱斜阳病。胭脂井眢燕莺哭，大地沉沉天木木。谁抛金弹系文鸳，零落江山又一年。满地红心掺血泪，古冢梅花缔古缘。权学唐珏树冬青，一抔黄土闷残馨。果邪因邪殊咄咄，冢中预言美人骨。不知沉埋几多时，破土忽呈鼍龙姿。忏鹃成鹤认残文，春云柔睇鸳鸯魂。疑是大海冤精卫，误从云騋堕空翠。不然即是屈原魄，三十年来幻峭白。一朝捧上青玉案，地老天荒石不烂。还将峋嶙两界功，横断星河飞宝剑。吁嗟乎，补天未遇女娲星，纳头空拜米襄阳。摆脱污涂光日月，让出幽宫住宵娘。抚碑空堕灵均泪，大好金瓯愁破碎。拓图恍见刻灰痕，谁艺芸苔吊墓门。香纹绿晕铜雀子，狼藉夫容七十二。金棺玉骨证灵根，折戟沉沙些余事。人间天上齐呼妙，地上精魂拍手笑。块肉犹留赵氏孤，铁函新出所南书。誓墓千言仿右军，文章甘为鬼铭心。碧海青天消一泪，桃花流水任浮沉。君不见薛涛井、苏小坟，锦城如锦葬文君；君不见要离墓、武詹垄，丰碑十丈岳王冢。为问今日状若何？荒草黏天狐兔窠。空说英雄与儿女，冢中枯骨而已矣。片石何处叩三生，万端争来仍一死。可怜□尾送群英，凄绝扬州月二分。忧患只因多识字，大野天穷吐玉□。悲哉！神功圣德亦奚为，不及山中没字碑。

① 刘望龄：《辛亥首义与时论思潮详录》(下卷)，603页，武汉：华中师范大学出版社，2011。

“落花满地文章贱”,乱世文人,谁无此感。在这一波时代逆流中,胡石庵能够活到袁世凯倒台,已经很幸运了。当时武汉新闻界一片腥风血雨,《大汉报》编辑余慈舫就被湖北督军段芝贵以反袁罪名杀害,“闻先后共斩八刀,始死,盖新闻记者死事之惨,慈舫实为第一人”。石庵悲愤地写道:“断头台上凄凉月,多少朋侪唤我来!”有人说,这是胡石庵诗草中最伤心的两句诗。

还有一首《江边晚眺》经常被人引用:

大江流不断,点点数归鸦。
名利舟中客,英雄浪里花。
淡烟摇远水,薄霭孕残霞。
回首西山外,云横日影斜。

“英雄浪里花”! 真正的英雄,如同大浪中涌现的水花,稍纵即逝。只求缔造共和,不求个人名利。没有这一群富有牺牲精神的英雄的推动,就不可能有首义的胜利和光明的未来。1926 年 10 月,胡石庵在汉病逝,终年 47 岁。胡石庵被好友公无给予其高度评价:

大汉扬天声,不翼而飞九万里;
精忠报党国,空前独奋十五年。

友人居正为其遗像题赞:“公之别号,石可补天;公之才学,笔大如椽。”

蔡寄鸥《四十年来闻见录》作有一首满怀感慨的新乐府:“言论统一,记者都搁笔。石庵革命数十年,临死呕血犹呼冤。不死于满清,不死于军阀,而死于青天白日之旗前。我谓石庵可以死,君不见邵飘萍、林白水,无罪觳觫而就死。……不自由,毋宁死! 呜呼,石庵可以死!”将胡石庵与著名的新闻记者邵飘萍、林白水相提并论。

张庭书《吊楚社社长胡石庵先生》二首:

开国功勋属董狐,元凶大憝奋锄诛。笔枪墨炮雄无敌,错节盘根志不渝。警世钟声传远迩,自由花种遍江湖。争回人格谁能识,毕竟逐胡又沼吴。

金风吹动楚江秋,公竟飘然跨鹤游。天上幸随先总理,人间喜得武乡侯。渐看白日光弥远,直捣黄龙志可酬。应共昔年诸烈士，掀髯谈笑卧荒丘。

三、创办《大汉报》，“伐鼓撞金”

胡石庵投身革命活动近十年，“怒于会事濒危者数，以为鼓吹力有未足，乃投身报界……伐鼓撞金，警悟一世”。[①] 1911年10月10日，武昌新军起义，向清政府开炮，一场血雨腥风的历史壮剧在武昌上演。胡石庵满怀激情地投身到具有开创历史新时代的革命狂澜中，凭借自己卓越胆识与才华，创办了武昌首义后的第一张革命报纸《大汉报》。“当辛亥国变之始，武汉报界沉寂无声，于是有应运掘兴之《大汉报》，发生于革命流血之声中。”[②]

胡石庵之所以将报名取为《大汉报》，实欲使之成为“吾大汉民族精神命脉之所寄，而不容异族与专制狂噬其间者也。其不幸发生此等现象，则必攻而去之，势不与之两立”。[③] 大汉报馆设在汉口歆生路大成印刷公司内。整个编辑工作由胡石庵一人独任。他自作自写，自编自校，冒着生命危险到战地前线采访。在创刊号上公开使用黄帝纪元，以“中华民国政府”名义，刊布檄文、新闻和专电。在义师初兴，成败未卜的情况下，“明目张胆，犯危锋，与满清抗”。

《大汉报》出版第一日即“销行三万余份，南北各省如苏、浙、皖、赣、湘、闽订阅函电，纷至沓来，甚有虑中道陆沉，特遣专足者。而旅汉西人，日辄十百联袂来购，购不即去，每就馆翻阅，阅竟有复购多份者，不得则以昂值致之。贩报小儿频以此获奇利。南洋华侨与夫欧美各国之民党皆专电致贺。美国《纽约报》称本馆为‘革命军之先锋’，又称为‘革命军势力布置完全之现象’。日本《大阪》、《朝日》、《每日》三新闻，有谓本报为‘革命党之总机关，又有谓‘湖北革命之主动力’，又有谓‘支那文

---

① 刘望龄：《辛亥首义与时论思潮详录》（下卷），668页，武汉：华中师范大学出版社，2011。

② 刘望龄：《辛亥首义与时论思潮详录》（下卷），668页，武汉：华中师范大学出版社，2011。

③ 刘望龄：《辛亥首义与时论思潮详录》（下卷），662页，武汉：华中师范大学出版社，2011。

字之怪物’。葡国某报则谓本报为‘支那报界新产英物，坠地即飞’。露国某报本谓报‘区区一纸实有震动中国之魔力’。英国《泰晤士报》谓本报为‘湖北首领报’，又谓‘民国之第一张报纸’。法国《少年报》亦谓本报为‘革命后之第一出版物’。巴黎《日日新闻》则举本报证实拿破仑‘一纸胜于十万毛瑟枪’之言。德国官报谓本报为‘革命党之利器’，又曰‘革命党所恃以挠动天下者’。诸如此类，不及备载”。[①] 足见《大汉报》在当时的影响和作用。

是年 11 月 1 日，汉口为清军攻占，馆焚于火，三馆员罹难，胡石庵只身哭奔武昌，向鄂督黎元洪求援，获军政府支助五千元，又从湖北报馆印刷局得到一些印刷机器和铅字，不三日，《大汉报》复出售于市，“人尤奇之”。尽管报馆经济异常困难、条件极其简陋，胡石庵仍坚持日出一张。旬日间，报纸销量涨至三万余份。“彼时武昌邮传中断，各路所来公文函件无从投递，多由本报机关转交鄂军政府，日不下百余起。盖外省人士茫于内容，直视本报为革命军中一特设机关，不知本报固独立经营，与政府不相关也。”[②]

汉阳失守后，清军炮轰武昌，黎元洪惊慌出逃，武昌城内，人心惶惶，秩序大乱。为镇定民心和鼓舞士气，《大江报》在新闻和专电中伪作各地纷纷宣布独立、声援武昌的消息，如“黄州巡防营独立”，“湖南革命军占领长沙”，“九江独立”，“荆沙宜昌革命军赴援武汉”，“湖南援鄂军即日可到”等等。《大江报》还以民国大总统名义，发布《孙大总统告全国同胞书》，俨然成为革命政府代言机关。尽管报纸所登皆是胡石庵所杜撰，由于切合人民的意愿，读者无不信以为真。正是《大汉报》的极力鼓吹，才使得武昌城内“人心稍安，士气复振，得免内溃”。[③] 时武昌童谣云：“大汉报，真个巧，见了它，胆大了”；“大汉报，真胆大，人人怕，它

---

① 刘望龄：《辛亥首义与时论思潮详录》（下卷），662 页，武汉：华中师范大学出版社，2011。

② 刘望龄：《辛亥首义与时论思潮详录》（下卷），556 页，武汉：华中师范大学出版社，2011。

③ 刘望龄：《辛亥首义与时论思潮详录》（下卷），558 页，武汉：华中师范大学出版社，2011。

不怕。”即指此也。

《大汉报》在稳定民心、鼓舞军心的同时，为动摇清军士兵军心，特撰白话文数万余言，按日登载，使人通过租界遍给清军，“北军观之，乃纷纷感动有泣下者。旬日中凫汉水投诚及解甲遁走者殆尽万人，将弁无法禁止之”。[①] 对此，革命党予以高度评价，“胡石庵一支笔，胜过吾辈三千毛瑟枪”。黎元洪大总统亦手书“赤手回澜”四字匾额嘉奖，各界人士以“民国首功”赞誉。

中华民国成立后，《大汉报》以“发展民情，监督政府”为天职。宋教仁被刺后，《大汉报》发表愚庵所作短评《宋教仁被刺之关系》，警告国人“乱机兆矣，可不慎乎”。文云：“宋教仁为民国最有关系之人，乃于共和政体之中，光天化日之下，遭此惨剧。其被刺之原因，或为人所主使，或为人之嫉忌，记者固不敢知，抑姑不具论。但当此国会过渡之时，国基尚未巩固，而各省又匪徒潜伏，胥动浮言，鹤唳风声，已有一夕数惊之慨，乃复发现此暗杀之事，使全国人士，为之震惊，猜疑嫉忌，日深一日。呜呼！乱机兆矣，吾为宋悲，吾为民国前途惧。”[②]

1913年，袁世凯为笼络武汉报界，向《大汉报》总经理胡石庵颁发四等嘉禾章。胡氏立予拒绝，复电讥讽此举“不过牢笼英雄之具”，请予“收回成命”。电云：

> 昨日忽接命令，以四等嘉禾章见赐，捧读之下，惭悚万状。无论石庵初心，原不在赏，即曰有志求荣，当此内忧外患纷至沓来，天下滔滔，人心摇摇，石庵一身尚不知埋骨何所，区区爵赏，又何乐者。况迩日以来，我公所嘉赏之人，石庵已熟察之矣，马贼也，流寇也，贪吏也，反对共和之巨奸，痛杀民军之凶徒，焚烧汉口之元凶，皆巍巍然受民国之重赏，得有功之荣名。石庵自惭形秽，实不愿偕此辈受此非分之赏。况民国新立，百凡待治，勋赏云云，不过牢笼英雄之具，如石庵书生本色，何须

① 刘望龄：《辛亥首义与时论思潮详录》（下卷），558页，武汉：华中师范大学出版社，2011。

② 徐血儿：《先生被害后之舆论》，见《宋渔父·后编》。

此者，伏乞大总统收回成命，取消石庵之四等勋章，为民国略重神器，为石庵少留面目，不胜惶恐待命之至。[①]

电文于委婉中见犀利，含蓄中见刀枪，拒绝中见人格。

1914年，《大汉报》刊载《落花有主》的通讯和社评，揭露湖北督军段芝贵拟上献名伶王克琴，讨好袁大公子袁克定的丑闻。段恼羞成怒，乃假借该报辟有"中原狼窝记"专栏，诬陷该报私通白狼，犯有"泄露军机，鼓吹乱党，扰乱治安，摇惑人心"的大罪，人为地制造了骇人听闻的"报馆通匪案"。3月14日，《大汉报》被查封，胡石庵等十余人锒铛入狱。在狱中，胡石庵作《囚中七歌》，其一歌曰："有国有国黯无色，虎狼横行山川墨；文字无灵众劳歇，我欲救之救不得。"[②]对革命后段芝贵之流猛烈抨击。

为揭露殷芝贵罪行，争取舆论声援，胡石庵、朱纯根等还于狱中撰写《狱中纪事》，分寄京沪各报，因此，案由大白，舆论哗然。朱纯根追忆其事云："大汉报之役，所有编辑撰述，全体被捕，其外间任奔走营救者，仅一释出之会计主任温蔚章，凡需握管为文之事，竟无人为役。且彼时形势严重，即属同业，亦无人具同情心伸正义，恐触段氏之怒也。然我等在狱，则互为秘密工作，仍以公道之主张，乞灵于文字，将本案经过，记述详尽，自狱中秘寄友人，使遍寄平沪各大日报，代为披露，内惟《神州日报》，根据原文，一字不易，刊入要闻栏，且题曰《冲冠一怒为红颜》，用梅村句，最为洽切。"[③]在强大的舆论声援下，段芝贵不得不有所收敛，改死罪为轻判。作者高兴地写道："同人虽居罗网，复得假手一纸通稿，使彼枪夫兽欲，终不得逞，孰谓书生之笔不敌武夫毛瑟枪哉。"[④]

1916年5月11日，胡石庵召集原班人马，重组报馆，易名《天声报》，实为《大汉报》化身。馆设汉口槐荫里30号，胡石庵主编，丁愚庵发行，天咎、南山等主笔政，招股商办，日出两大张。该报持论激烈，以

① 《天声报》1916年9月22日(八月二十五日)。

② 刘望龄:《辛亥首义与时论思潮详录》(下卷)，604页，武汉：华中师范大学出版社，2011。

③ 朱纯根:《新闻界之一页光荣史》，载《汉口中西报万号纪念刊》，1936年。

④ 朱纯根:《新闻界之一页光荣史》，载《汉口中西报万号纪念刊》，1936年。

"与袁世凯恶魔政府相挑战"自命。为"尽后死之责"，广泛向社会征稿，主编《血史》(一名《癸丙成仁录》)，专纪1913—1916年间湖北反袁诸烈勋绩，连载于副刊，前后集稿二百余篇。黄兴、蔡锷逝世后，该报刊发《悼黄克强》、《哭蔡公松坡》，以及黄、蔡略史，痛惜"国失长城"，"丧我柱石"。对于政局，抨击军阀官僚，反对武人干政。《天声报》为参议员赵炳麟提议禁止武人干涉议院而遭张勋反对一事发表评论："国会尊严神圣，武人职在服从，此欧美立宪各国惟一原则也。武人而干涉议院，为国家最不良之现象，稍明法理者莫不指为非常之怪物。"[①]对于张勋武力干政，《天声报》发表《此之谓干涉主义》，猛烈批评张勋挟特殊势力以干涉政治。略谓："张勋等干涉司法总长烟土嫌疑案之电文，词气强横，态度愈益暴烈，大有蔑弃法律，抗违中央之意，恫乎危哉。武人挟持特殊势力，以肆为出位违法之干涉，其不将法治精神根本推翻不止也。循此现象以往，国家前途之所屈，尚忍言哉。"[②]为实现真正民主政治，摈弃武人专权，《天声报》发表社文《议会万岁》，热切希望立法界与新闻界之言论，"凝之为星光以普照此苦海众生，播之为霖雨，遍洒此大千世界，为我鄂人造福于无涯，亦庶几不负我人民一番期望之诚也"。[③] 此后，《天声报》连续刊文抨击段祺瑞政府，指出政府以"稳健之假面具"维护"万恶之旧官僚"，为中国当今之"二大危机"。文章同时指出："共和再造以来，迄今数月，内忧外患，纷至沓来，建设万端，漫无头绪。财政之困难如故也，民生之凋敝尤甚于曩时也，武人帝孽蠕蠕欲动，强邻环伺，跃跃欲逞，为今之政府者宜如何勤求治理，以发扬真正之共种精神。……国是艰难如今日，危险如今日，当局苟有救国之决心，所当兼程并进，急起直追，以猛进之手段，一洗政治界之腐浊。若以袒护万恶之旧官僚，而以稳健为口实，因持稳健之口实，而日事因循敷衍，则此二大危机相互为因，大好神州亦终随此潮流以俱沦胥耳，当局其猛省之。"[④]

---

① 《天声报》1916年9月7日(八月初十日)。

② 《天声报》1916年9月24日(八月二十七日)。

③ 《天声报》1916年10月1日(九月初五日)。

④ 《中国之二大危机》，载《天声报》1916年10月13日(九月十七日)。

1916年11月19日,《天声报》宣布停刊,实行改组,12月改组顺利完成,复刊《大汉报》,以崭新的战斗姿态活跃于武汉报坛。该报新辟"神针法灸"、"正眼法藏"、"大汉天声"三时评栏目,严密监督政府。发刊"楚宝"副刊,继续连载《血史》并刊发蔡寄鸥所著政治讽刺小说《瀛台梦传奇》(初名《坠楼花传奇》),揭露洪宪帝制、张勋复辟、曹锟贿选丑行,讥讽帝制群丑和腐朽官僚。在1917年爆发的"府院之争"政治冲突中,由于黎元洪"优柔养奸",以解散国会换取张勋进京"调和"。胡石庵作时评《痛言》,批评黎元洪带头"违法",已成为民国之"祸首"。文云:"呜呼!武人干政,国会解散,我总统黎为违法之第一人矣","黎公今既可吞声茹痛,甘受群凶之制,解散国会,为违法之第一人;他日即可吞声茹痛,甘受群凶之制,俯首称臣,为复辟之第一人","优柔寡断,巽懦丧权,未为功魁,已成祸首,石庵不能为公作恕辞矣。"[①]《大汉报》还刊发《罪言》抨击段祺瑞,文谓:"袁世凯破坏民国,帝制自为,其结果竟遭天诛,此正所谓多行不义必自毙","今有人其才略手腕远不及袁氏,竟敢师其故智,破坏约法,拥兵自雄,不惜生灵涂炭,遽令同室操戈,其阴贼险狠,较袁氏有过之无不及者,则其结果更当何如乎?""殷鉴匪遥,曷速猛醒。"[②]

胡石庵因长期办报和深夜为文,逐渐染上鸦片嗜好,与人谈话,常在烟灯两侧。或询以时事,辄乱以他语。时已抑郁得病,1926年10月逝世。对于胡石庵办报之勋绩,有人曾作诗词二首加以总结颂扬。

(一)

灾罹无妄复何尤,古圣先贤有此忧;
忆昔冤沉文字狱,而今主掌管城侯。
共和到底还真相,言论依然论自由;

---

① 刘望龄:《辛亥首义与时论思潮详录》(下卷),745页,武汉:华中师范大学出版社,2011。

② 刘望龄:《辛亥首义与时论思潮详录》(下卷),760页,武汉:华中师范大学出版社,2011。

变幻风云经几度，赖公大笔挽狂流。[①]

（二）

予君忧戚玉君成，挫折余生获令名；
当道豺狼空禁锢，盘空雕鹗自飞鸣。
绸缪日界新闻馆，宣布天声古鄂城；
展诵清吟钦佩切，元龙豪气尚纵横。[②]

① 刘望龄：《辛亥首义与时论思潮详录》（下卷），660页，武汉：华中师范大学出版社，2011。

② 刘望龄：《辛亥首义与时论思潮详录》（下卷），660页，武汉：华中师范大学出版社，2011。

第七章 武汉政党报刊与民初政坛

民初武汉创办了名目繁多的各种政党、社团报刊。就当时的全国性政治派别而言,可分为同盟会—国民党、民社—共和党两大集团。湖北报刊属于国民党—同盟会的主要有:《民心报》、《震旦民报》、《国民新报》、《汉口国民日报》、《大汉报》、《荆江日报》、《春秋报》、《自由日报》、《中报》、《正心报》、《大中华日报》、《汉口民报》、《天声报》、《武汉新报》、《新中华日报》、《汉声报》、《国民日报》等;属于民社—共和党的报刊有:《群报》、《强国公报》、《风人报》、《共和民报》、《新国民日报》等。这类报刊充当了民初各党派的喉舌,几乎占据民初新办报刊的主导地位,主要反映各党派的政治倾向和政治主张,大体围绕着国家重大政治问题,多以宣传各自的政纲和主义、争取民众的支持和影响政府的决策为目的。政党报刊的大量出现,无论对民初政治的运行、政局的影响,还是国民政治学识的丰富以及共和国观念的深入普及,都起了较大的作用。

民初政党报刊的兴起并非偶然,它与民初骤然而起的政党组织和民主共和政治密切相关。辛亥武昌起义后,共和政治的春风开始吹拂着古老的中国大地,特别是《中华民国临时约法》规定"人民有言论、著作、刊行及集会、结社之自由",[①]民众的政治热情空前高涨,参政意识勃然而兴,政党活动成为时髦,组党建党前所未有,各地政党、社团林立。有人曾描述道:"集会结社,犹如疯狂,而政党之名,如春草怒生,为数几近百。"[②]从 1911 年 10 月到 1912 年 4 月,全国先后成立的党团多

① 《中华民国临时约法》,第六条。

② 丁世峰:《国民一年来之政党》,载《国是》第 1 期。

达300余个，仅1912年2月到4月，在临时政府民政部登记在案的就达85个。① 一场以政党活动、组织责任内阁和国会选举为主要内容的民主共和实验蓬勃兴起。

与遍及全国的政党组织和迅速到来的民主共和政治相适应，便是政党报刊的大量出现。由于封建报禁已废弛于无形，言论自由为约法所保障，"一时报纸风起云涌，蔚为大观"，"当时统计全国达五百家，……可谓盛矣"。② 在民初500种报刊中，政党报刊多达一半以上。武汉政党报刊的大量创办正是基于这样的宏观历史背景。现就其中具有代表性、影响性的几份报刊作简要论述。

第一节　民社与《强国公报》

一、民社：以拥黎亲袁反孙为旨归

以湖北籍人士为主组成的民社，宣称其宗旨为援卢梭"人民社会"之旨，监督"国家社会"，"对于同一共和政治持进步主义，以谋国利民福"，这一宗旨不过是冠冕堂皇的招牌和幌子。民社成立的真实目的，是黎元洪、孙武等人欲集合力量，以湖北集团与上海集团对抗，以湖北军政府与南京临时政府较量。从革命阵营来看，二者在与清王朝的作战中，同心协力，属于同一条战线。但清王朝灭亡、帝制终结后，二者矛盾和斗争开始显现出来。这得从南京临时政府的人事安排说起。

南京临时政府是在上海集团居优势的情形下建立起来的。除黎元洪当选并无实权的副总统外，武昌首义诸人均未进入临时政府。在筹组政府人选时，孙中山刚自海外返回，对包括湖北在内的国内情形难以有具体了解，人事安排多由黄兴裁决。当时，湖北籍参议员刘成禺等向孙中山建言："宜宠异武昌诸将，勿令怨望。"③但黄兴失望于首义诸公，

---

① 《民立报》，1912年10月23日。

② 戈公振：《中国报学史》，178、181页，上海：上海古籍出版社，2003。

③ 《太炎先生自订年谱》，《近代史资料》1957年第1期，126页。

不愿进行推介，孙中山也就无从照顾。筹组政府时，于右任曾访黄兴，提示应注意武汉首义同志。因黄兴厌恶武汉数人，尤其认为“孙武到上海，态度殊惹人厌”。陈其美作为江浙党人的代表，也主张不必照顾武昌方面。这样，临时政府总长，无一武昌首义参加者，次长虽有5个湖北人，但皆不是首义参加者，如陆军部次长蒋作宾、海军部次长汤芗铭、财政部次长王鸿猷、外交部次长魏宸组、内务部次长居正，多是首义时不在现场的留学生。此外，黄兴还任命汤化龙为陆军部秘书长，宋教仁又任汤化龙为法制局副局长。武昌集团对此当然十分不满，诋之为“败将逃官，沆瀣一气”。章太炎也说：“孙尧卿至南京，不用。时黎公已被副选，诸将请仍称大元帅，移书南京，称汤化龙为逃官，不当任用。两府之怨，自此起突。”[①]孙武兴冲冲去南京，结果却碰了一鼻子灰。当时还有一些在南京的鄂籍军人，如湖北沔阳人唐克明、阳新人石星川、黄冈人夏占奎，因未获显要军职，也对临时政府大生怨望，“均以孙(武)为奇货争迎合之”。此外，早就混入湖北军政府的反动政客孙发绪，也在首义诸人面前挑拨道：“南京政府排鄂，鄂人功高材多，应另树一帜，以与之相抗。”[②]孙武得到这批人的支持和黎元洪的暗中赞助，便跑到上海活动，与鄂籍议员刘成禺联络失意党人和政客，于1912年1月在上海成立民社。列名发起者，有黎元洪、孙武、蓝天蔚、谭延闿、王正廷、张振武、吴敬恒、刘成禺、宁调元、孙发绪等。其中主事者为孙武，最活跃的是孙发绪，黎元洪则是后盾，武汉资产阶级上层人物宋炜臣、蔡辅卿等也与之互通声息。当时，湖北人黄侃为上海《民声日报》经理。黄侃出于地域偏见，支持民社，反对南京临时政府。《民声日报》成为民社的喉舌。该报曾发表文章，痛诋南京临时政府和同盟会。文章说：“中国乃中国人之中国，非同盟会之中国，由来革命之功，黎君创其始，袁君终之也。除此二君成功之外，国民不与焉。”荒谬地把革命之功加在黎、袁头上。

民社在上海成立后，孙武回到湖北，又在武昌成立民社分社，拥黎

① 《太炎先生自订年谱》，《近代史资料》1957年第1期，126页。

② 李西屏：《武昌首义记事》，见《辛亥首义回忆录》第4辑，83页。

元洪为理事长，公开与同盟会立异。湖北参加南京临时政府参议院的参议员原为孙武、彭汉遗、徐声全。孙武因与南京对抗，不接受参议员名义，改以时功玖、张伯烈、刘成禺三人任参议员。时功玖、刘成禺本为老同盟会员，因有怨于黄兴，倒向孙武一边，成为民社在南京的代理人，凡南京有所举动时，刘必先告武昌，武昌便对南京的做法加以抵制。南京临时政府成立后，以黎元洪为首的武昌官僚政客集团处处与临时政府闹独立性。这首先表现在黎元洪迟迟不愿放弃大元帅职务上。根据各省代表会原来的决议，大元帅是在大总统选举以前代行政务的临时性职务，孙中山就任临时大总统后，大元帅应随之取消。但黎元洪为了抓军事实权，仍然以大元帅名义行事。这明显地表现出对临时大总统孙中山的不尊重。

在其他一些问题上，以黎元洪为首的武昌集团也与孙中山及南京临时政府分庭抗礼。如 1912 年 1 月 9 日，武昌方面电请临时政府颁发国旗式样。各省代表会代行参议院职权，议决以五色旗为国旗，请大总统通告各省。但武昌方面坚持以十八星旗作国旗。最后，临时政府采取调和办法：以五色旗为国旗，十八星旗为陆军旗，青天白日旗为海军旗。

财政方面，武昌也向南京闹独立性。当时南京临时政府财政万分困难，所谓“财用急于星火，筹款难于登天”。对于临时政府的这种处境，武昌方面不但不予支持，反而多有刁难。一如，电拒南京临时政府对沙市、宜昌、江汉三关的税收要求；又如，南京临时政府拟向招商局借款，先电武昌，“务望贵处赞成，可稍纾贵处及中央政府财政之困难”。武昌方面的回答却是：“群情愤懑，抗议之声达于道路”，以“民心不服”为由，断然拒绝了南京临时政府的要求。[①]

武昌对刚具民主雏形的南京参议院也很不客气。湖北省参议员因与政府为难，违反议会规则，议长予以纠正，湖北议员即拒绝出席，并电武昌，以辞职为要挟。黎元洪不但不批评湖北参议员，反而据以诘责参议院：“抗义反对，乃系应行之职权，何议长竟在场呵斥，是否有违参议

---

① 《黎副总统政书》卷六，28 页，上海：上海古今图书局，中华民国四年铅印本。

院之章程而失民国参议会性质？该议员等辞职，敝省决不承认。”

以黎元洪为首的武昌集团对于孙中山和南京临时政府的态度是如此骄横跋扈，但对于袁世凯却全然是一副摇尾乞怜的媚态。1912年2月13日，孙中山辞去临时大总统。2月14日，黎元洪致电袁世凯：“民国成立，万众欢呼，去帝制而进共和，化干戈而讲揖让，大功所在，国人皆称道我公不置。”[①]竟把建立民国的功劳，写到袁世凯的账上。2月15日，南京临时参议院选举袁世凯为临时大总统。黎元洪唯恐“避席”不及，立即宣称：“现在政体解决，元洪副总统及大元帅之职，已向参议院电辞，候重新举定后，即行解职。”[②]袁世凯接任大总统，黎元洪立表竭诚拥戴。他回电蒙古王公联合会说：“推举袁项城任新政府大总统，为救时之要着，鸿才卓识，钦佩曷极。”[③]黎还肉麻地吹捧袁世凯“望重中外，才贯天人”。[④]

以黎元洪为首的官僚政客集团，对于先后担任大总统的孙中山和袁世凯，前倨而后恭，态度迥然有别。旧人物黎元洪以“首义元勋”身分出任副总统，在临时政府内部起了恶劣的离心作用。与此同时，他又充当了袁世凯的代理人和附庸。这在湖北创办的代表“民社”喉舌的《强国公报》中表现得淋漓尽致。

二、《强国公报》的拥黎反孙言论

1912年3月10日，民社在湖北的言论机关报《强国公报》创刊，谢树滋（字僧）、丁立中先后经理，何何山主编。胡瞿园、贡少芹、梅小舟、钱樾荪等编撰。馆设汉口，设分馆于武昌。自称“系完全独立性质，未招外股”。日出两大张，外小说四小页，售铜元2枚。自组强国印刷公司印刷。内容设论说、舆论、要件、实业调查、自强圭臬、专电、特别纪

① 《黎副总统政书》卷六，25页，上海：上海古今图书局，中华民国四年铅印本。
② 《黎副总统政书》卷七，28页，上海：上海古今图书局，中华民国四年铅印本。
③ 《黎副总统政书》卷六，27页，上海：上海古今图书局，中华民国四年铅印本。
④ 《黎副总统政书》卷七，1页，上海：上海古今图书局，中华民国四年铅印本。

闻、各省要闻、本省新闻等栏目，间刊插画。“小说”专页刊发诗词。[①]

《强国公报》创刊后，秉承民社的旨趣，极力吹捧黎元洪，贬损孙中山。其刊发“代论”《军务司调查长李中杰上副总统书》称：“黄陂夫子之所能，四海兴父母之歌，万国崇冕之拜，茂矣美矣，蔑矣如矣，唐哉皇哉，弗可及哉。”[②]歌颂黎元洪为万民所崇拜、爱戴，极尽鼓吹之能事。

在对待孙中山的态度上，则极尽挖苦、贬损、嘲讽之能事。该报在文苑栏刊《戏拟华侨致孙中山、中山答华侨书》，借华侨提问，讽刺孙之辞职系自认“才力不足”，“不敢负荷仔肩”；或认“人民程度差率较远，本难达到目的”。孙则答称：“非也，是不愿当官”，“愿吾同志同胞，于权利二字上无我之见，于义务二字上有我之见。”[③]在其刊登的《中山先生入京评》一文中称：“今来都下，彍弦载途，煊赫辉煌，招摇都市，与先生之生平，得毋相刺谬乎？”“大总统礼遇极矣，先生独不当逊谢乎？”先生在京，“居则大总统之行馆，出则五百名之卫军，口餍万珍，目穷奇丽，华烛精耀，俯仰如神，糜费几何，孰非血汗。今各省饥馑流亡，俛焉蹙额，……先生独无感于心而民生之主义然欤？”[④]孙中山在北京受到热烈欢迎与爱戴，黎元洪和孙武甚为嫉妒，只好借其操纵的《强国公报》对孙中山冷嘲热讽。不仅如此，该报还以“吹牛大炮”对孙中山进行人身攻击：“孙中山会吹其牛皮，一牛皮想吹成铁路二十万里。孙悟空翻筋斗，是往大西天取经，孙中山吹牛皮，是往小西洋借债。”又说“孙中山得三万元薪俸，这伟人是不可不做的”。[⑤] 这简直是无中生有，无耻至极。为反击《强国公报》对孙中山的攻击，属同盟会系的湖北报刊《震旦民

---

① 刘望龄编著：《辛亥首义与时论思潮详录》（下卷），408—409页，武汉：华中师范大学出版社，2011。

② 刘望龄编著：《辛亥首义与时论思潮详录》（下卷），422—423页，武汉：华中师范大学出版社，2011。

③ 刘望龄编著：《辛亥首义与时论思潮详录》（下卷），469页，武汉：华中师范大学出版社，2011。

④ 刘望龄编著：《辛亥首义与时论思潮详录》（下卷），478页，武汉：华中师范大学出版社，2011。

⑤ 刘望龄编著：《辛亥首义与时论思潮详录》（下卷），478页，武汉：华中师范大学出版社，2011。

报》，连载马野马所著《床下英雄传》和蔡寄鸥所著《新空城计传奇》，讽刺黎元洪是不识抬举的"床下英雄"（1911 年 10 月 11 日晨黎匿于床下）和弃城逃跑的胆小鬼（汉阳失守，黎弃武昌而逃）。《床下英雄传》根据传言演绎而成。10 月 10 日夜，士兵发难，清朝高级军官黎氏惊恐万状，一再隐藏，次日晨被起事士兵强拉出来，逼其主持军政府。对于一个与革命党素无渊源的旧营垒中人而言，事起后逃避、抵制势在必然。黎氏 10 日夜、11 日晨恐惧与惶惑，当然会有种种表现，皆被部属及前来挟持他的起义士兵看在眼里，当时对黎氏的讥笑之谈应运而生。《新空城计传奇》以戏曲形式撰写，开头一曲即点破黎氏乃清朝臣仆而仇视革命。曲云："双眼花翎泛绿，寸高顶子飞红，捉拿革命抢头功，报答皇家爵禄。赚得银洋万万，修来金屋重重，红颜伴我白头翁，翡翠衾寒与共。"小说一经刊出，《震旦民报》"声誉大噪"，"日售数万份，为汉上所仅见"。[①] 这类生动的报刊文字，使"床下都督"、"逃跑英雄"之说不胫而走。

《强国公报》除对孙中山进行形象贬损和人身攻击之外，还公然批评孙中山民生主义之说为"大而无当，泛而无归"，"凌节以施，躐等而进"。文云：

自三民主义发明于中国，于是民族民权之问题解决后，群焉注重于民生是矣。顾所谓民生主义者，其范围极广，其条理极繁，其要素□□，诚不能于从事实业而外，别求一着手之方针。或者不察，乃贸贸然挟一大而无当、泛而无归之均产问题，期与全国人民为鼓吹。呜呼，其亦不思之甚矣。

夫以老大帝国之程度，自君主伪立宪一跃而进于共和，其进步之速率，几为全球所仅见。然必使建设之手续，事事凌节以施，时时躐等而进，深识之士，辄不忍赞同矣。今有两疑问于此，一则为女子参政权，一即为均产之说。女子参政，如英吉利之国度犹且争持决裂，以迄于今。若夫均产之议，早已阐

① 刘望龄编著：《辛亥首义与时论思潮详录》（下卷），540 页，武汉：华中师范大学出版社，2011。

发于泰西,而资本家与劳动家之动辄龃龉者,已足表示此说之归于无效。吾窃不解,列强之求未遂者,自吾国人视之何若是其易易也。毋亦以屠门大嚼便足自豪耶,而于事究何补焉。

岂惟无补而已,生活之程度愈高,则生计之竞争愈烈,此为优胜劣败自然之现象,虽有圣智,更无完全之政策以剂其平,若强与主持为之,必裒多而益寡。计非不善也,然平心察之,社会人类万有不齐,其勤苦者旰食而宵衣,其惰游者荒嬉而醉饱,供给与求取相对待,今乃付以同等之利益,势将使勤苦者锐减进行之能力,惰游者养成依赖之性根,此直为实业界横生阻力而已。不特此也,社会既无均产之性质,亦必无认可之理由,今将为着手进行计,则空言之提倡无当也,计必实行其支配;漫与支配仍无济也,势必继之以强迫。不然,必其四万万国民人人有优美之道德心,有纯粹之公益心,而后可以坐而致也,此种效果,求之数十年后,吾诚不敢断其必无,今遽望于共和幼稚之时代也,能乎不能?而况黠桀之徒,因缘以为奸利,假托党人名义以遂其侵渔攘夺之私,利民之策转而扰民,谁实尸其咎哉。

自记者言之,政见必成于平易,理想毋取乎艰深。今之世界,日进文明,非可弋虚名而忘实际,彼好持高论之人,不为五大洲均势,而迈迈为中华民国均产,吾犹惜其所见之小也。嘻夫!亦可以已矣。①

三、《强国公报》对国体政体的主张

作为民社(后并入共和党)言论机关的《强国公报》,其政治主张必然服从于民社的政治诉求,与同盟会机关报的政治主张相对立,这主要体现在以下诸方面:

第一,关于国家结构形式:中央集权与地方分权

民初两大报刊集团对国家结构形式,取中央集权还是地方分权的

---

① 何何山:《辟均产》,载《强国公报》1912年7月28日(六月十五日)。

争论是颇为激烈的。临时政府北迁后，同盟会仍控制着南方数省地盘，控制地方政权与袁世凯的中央对抗，是民初同盟会—国民党的一大策略。《大中华民国日报》首先认为："中央者，地方所集合推戴之名词也，故必有地方而后有中央，先有地方分权，而后有中央集权"，故"亟待解决之问题，莫如分清中央与地方之权限，与其为假统一，毋宁为真联邦"。主张地方分权。

共和党—进步党系统的报刊完全倾向于反对地方分权，主张中央集权。湖北的《强国公报》刊发多篇文章，持中央集权之主义。在《狂国论》中，批评地方都督"重挟兵权，作威福于各省；骄兵乞灵毛瑟，肆蹂躏于良民"。实质是为袁黎收缴地方军权作舆论鼓吹。指责各党派"各树党羽，竟遂私图，或借以聚敛经费，或借以觊觎政权"，[①]实质是诋毁议会制度，为袁黎集中国家行政权呼号。在时评《中央集权》（署名"民仆"）一文中，竟然断言"吾建设方殷之国，取分权制则亡，采集权制则存"，"夫中央集权，循序而进，为吾国之准绳"。在社论《中国之前途决于党见说》中，以"国家主义"为张本，鼓吹强化"国权"，集权于袁世凯。文章以中国当时局势"列强鹰瞵虎视"，"瓜分惨祸，近在目前"为借口，强调举国上下"协力合谋，起而图我，不遗余力"。"苟不集全国之实力，为对付之政策，则不能挽救于万一，此国权派所为适用于今日之时局。苟徒尚民权主义，限制中央集权，使分隶于各省，权分则力微，力微则国弱。当此生存竞争时代，民国基本未固，列强狡焉思逞，而自分其力，示人以弱，甚非所以图存之道也。此民权派实未能适于今日之时局。故处今日之时局，当以国权为前提，民权为后盾，俟大局稍定，列强已正式承认，然后复徐徐限制国权，伸张民权，庶几中国前途其有豸乎！"文章还说："且夫今日尚国权者，固未尝屈民权也。……彼执民权之说者，慎毋胶柱鼓瑟，置时局于不顾，而昧昧然失其所以对付列强之政策。"[②]

第二，关于政体组织形式：内阁制与总统制

资产阶级近代共和政体中，其政府组织形式一般分为内阁制和总

① 实轩：《狂国论》，载《强国公报》，1912年8月1日（六月十九日）。

② 何何山：《中国之前途决于党见说》，载《强国公报》，1912年8月22日（七月初十日）

统制。在内阁制政府中，内阁是国家最高行政机关，由议会中占多数议席的一党或数党组成，只对议会负责，不对总统负责，总统处于虚尊的地位。而在总统制政府中，国家最高行政权掌握在总统手中，总统既是国家元首又是政府首脑。因此，内阁制与总统制的选择必然涉及到权力的集中和分配趋向，两大集团对此争论激烈。

同盟会—国民党报刊极力主张内阁制，反对总统制，同盟会—国民党报刊力主内阁制是有其深刻用意的。以孙中山为代表的资产阶级革命派在让出临时大总统已成事实的情况下，为了限制袁世凯独裁，维护共和成果，进而重新夺回政权，便把内阁视为最直接最有效的武器。在革命派看来，内阁制政府中，总统的权力是有限的，内阁作为国家最高行政机关，只要控制了内阁便控制了国家政权。

共和党—进步党系统的报刊极力主张总统制。这一倾向和主张也不难理解。民初的资产阶级立宪派共和党以及后来的进步党，大多由清末立宪派发展而来，梁启超、汤化龙、张謇等是其主要骨干，这些人在辛亥革命后虽大多拥护共和，希望中国逐步走上宪政的道路，但在具体的策略和方针上与资产阶级革命派有着根本的区别，反对革命和激进，主张以温和和渐进的手段，达到建立资产阶级共和国的目的。因此，处处采取联袁的方针，希望在袁世凯维持统一的局面下，建立强固的中央政府，以便实行政治改良，发展资本主义。作为一支重要社会政治势力的立宪派，在内阁制与总统制之争中一度表现得较为复杂，一部分主张内阁制，以便获得参政的机会，分享阁位，与革命派不谋而合；一部分则主张总统制，反对内阁制，以极端的拥袁，换取袁世凯的支持，寻求靠山，捞取政治资本；也有少数取折衷的态度，似乎超然于政制之争之外。在政党内阁与超然或混合内阁之争中，共和党—进步党报刊是一致主张超然或混合内阁的。这是因为，资产阶级立宪派，无论是共和党、民主党、统一党，还是三者合一的进步党，在国会中仍是少数派，力量皆不如国民党，没有单独组阁的资格和能力，但又希望参与政权、分享阁位，加上在袁世凯“人才主义”的利诱下，反对革命派的政党内阁主张。特别是一些较小立宪党团报刊更是倾向于超然或混合内阁。

《强国公报》体现了民社或共和党一派的政治倾向，主张超然内阁制，反对政党内阁制。该报刊发孙武《对于党见之罪言》，荒谬地认为“铸党”会导致内乱：“吾侪之欲铸造政党者，非以建设民国为目的乎！顾以建设民国为目的，而转陷民国于危境，揆诸吾侪铸造政党之初心，已背道而驰。矧其所表见者，非团体之党见，乃个人之党见；非政治上之党见，乃情意上之党见。极其流弊，足以亡国，将使天下后世论吾辈实行革命者，不以为功之首，转以为罪之魁，不重可惧哉。”并由此而反对政党内阁，崇尚超然内阁或混合内阁。“试问今日之临时政府为何党之政府？盖一混合内阁，非如英法之纯粹政党内阁可断言也。当国是未定之时，对内对外，皆必恃一强固政府与为迎拒，如以为非己党之完全政府，必欲拔去一二异己者以为快，且日伺政府之隙为孤注一掷，以珠弹雀，投鼠破器，非丧心病狂，决不如此。盖今日欲令民国有一强固之政府，必少忍须臾，不可亟求组织一强固政党者势也。”[①]孙武之所以反对政党内阁，是因为当时的同盟会—国民党为全国第一大政党，如果主张政党内阁，内阁必然为资产阶级革命派所掌控，这是黎元洪、袁世凯所不容的。

此外，孙武认为由某一政党组阁，必不能满足政府的人才需求：“今日之人才，满清末造之遗传物也，试搜求其缺点：（甲）知识未莹。深邃之学识，率由专门研究而来，吾未见吾国人有一专门之著作，吾即知吾国人无一圆满之人才，以惝恍之思，悠谬之口，群聚而谋一事，安必其深切著明以大餍众望也。（乙）意志未定。学识非一日所能造，心志则俄顷可以决，乃吾国今日之矫矫自豪者。此党注册之墨未干，彼党演台之掌已鸣，又或并存不以为污，骑墙不以为耻，转如丸而摇，如旌其足，资为傀儡乎！且也，中国人才止有此数，设令一党制胜，以该党所有之人才组织内阁，其支配能慁然满志耶？否耶？盖无敢自信者矣。”[②]因此，他主张政治之观念，宜超乎政党政治之外，“吾国今日非政客内阁，前已言之矣，纵令已成为异党之政府，睹民国前途之危险，亦何忍亟求推翻，

---

① 孙武：《对于党见之罪言》，载《强国公报》，1912年6月11日至12日（四月二十六日至二十七日）。

② 孙武：《对于党见之罪言》，载《强国公报》，1912年6月11日至12日（四月二十六日至二十七日）。

陷民国于不可收拾。""故吾侪今日政治上之眼光，必超然于政党政治之外，又情势所万不得已者也。"[①]

四、《强国公报》对"张振武血案"的态度

辛亥革命后，革命阵营的矛盾开始显现，最为主要的是武昌集团与上海集团以及武昌集团内部的矛盾。在前一矛盾斗争中，武昌集团成立了民社，并依附于袁世凯，袁从中渔利；在后一矛盾的斗争中，黎元洪借袁世凯之手杀害张振武，剪除了袁黎心腹之患。在革命阵营内部相互倾轧的过程中，受益最大的是幕后主使袁世凯。

"张振武血案"源于张振武与黎元洪的矛盾。武昌起义时，革命派领袖均在国外，一时无孚众望的领头人物，于是起义诸人拟拥时任湖北新军协统的黎元洪为都督，张振武反对甚烈，曾对身边人说："如今黎元洪既然不肯赞成革命，又不受同志抬举，正好现在尚未公开，不如将黎斩首示众，以扬革命军声威，使一班忠于异族的清臣为之胆落，岂不是好。"[②]此言为黎所知，为今后两人的矛盾种下恶因。汉阳失守，武昌危殆，黎元洪悄然出走葛店，城防乃由总监察刘公和张振武负责。停战协定签字后，黎方回城，张与刘公力图弹劾，虽未能付诸实施，却使张、黎间的矛盾表面化。首义成功后，关于如何组织政府，起义诸将大都各自为政，不相统属，张振武倡设军务部，总揽军队编制、饷项支出、人事配置等事，对黎元洪造成威胁，也引起了袁世凯的警戒。1912 年 6 月底，黎元洪倡行"军民分治"，将原属内务司管辖的警视厅改隶都督府，借故将武昌起义有功的革命党人、警视厅长顾庆云排挤去职。张振武大为气愤，上书黎元洪，严词诘责说：此行"视约法如弁髦，弃公理如敝屣，所谓黜陟予夺一凭大公者，何其颠倒错乱若是乎？"并严正表示："但以同患难、共死生之义揆之，兔死狗烹，鸟尽弓藏，振武对于起义同志，不能

---

① 孙武：《对于党见之罪言》，载《强国公报》，1912 年 6 月 11 日至 12 日（四月二十六日至二十七日）。

② 丁中江：《北洋军阀史话》，328—329 页，北京：中国友谊出版公司，1992。

不稍尽维持之责。"[①]黎阅信后,恼羞成怒,"去张之心遂决"。1912年7月,由于裁军及欠饷事不断,湖北政局混乱。曾参加武昌首义的祝制六、江光国、滕亚纲等军官以改革政治为号召,企图推翻湖北军政、民政两府,事未遂,三人遭黎杀害。事后,与黎关系较密切的孙武散布说,祝等三人谋乱是由张振武指使,导致两人矛盾激化。

鉴于此,袁世凯特派在京之湖北籍重要人物刘成禺、郑万瞻、邓玉麟、罗虔回鄂调和。刘等回鄂后宴请张、孙及湖北政界重要人物50余人,试图缓和双方紧张气氛。会终时,"孙、张等均自认前误,并誓以后永无意见"。[②] 调解看似起了效果,实际上黎、张矛盾并未缓解。于是刘成禺等力劝张振武离汉赴京,黎元洪也极力赞成,并赞助张振武四千元作为旅资。1912年8月11日,张振武偕方维等武昌首义将校13人并随从30余人,乘火车北上。张振武没有料到,北京之行竟成不归路。张振武等一离开武昌,黎元洪即致电袁世凯,历数张振武"罪状",请其杀掉张:"张振武以小学教员赞同革命,起义以后,充当军务司副长,虽为有功,乃怙权结党,桀骜自恣。……元洪爱既不能,忍又不敢,回肠荡气,仁智俱穷。伏乞将张振武立予正法。"杀掉张振武还不足,还需将张之亲信方维一并剪除,以免后患:"其随行方维,系属同恶相济,并乞一律处决,以昭炯戒。"[③]袁世凯于13日接电后,立即召赵秉钧、冯国璋、段祺瑞、段芝贵4人密商,均认为事情重大,不敢轻易下手,乃复电黎元洪询问真伪。15日,黎回电确认电报为真,并仍执意要求杀掉张振武。袁世凯斟酌再三,于同日发出由陆军总长段祺瑞副署的命令,令陆军执法处立即将张振武、方维正法。袁世凯应黎元洪之请杀掉张、方,有着自己的政治考虑。黎元洪因武昌首义有功而在民初声誉颇著,很快便被以立宪派人士为主的共和党奉为党魁,况且坐镇湖北,拥有军事实

① 刘振岚,《袁黎勾结谋杀张振武一案内幕及其政治风波》,《首都师范大学学报》,1995(6)。

② 武汉大学历史系中国近代史教研室:《辛亥革命在湖北史料选辑》,626页,武汉:湖北人民出版社,1981。

③ 中国第二历史档案馆:《袁世凯等有关张振武案的电文一组》,载《历史档案》1983(1)。

力。拉拢黎元洪便成为袁世凯维护其统治的政治需要。杀张、方既可达此目的，又可打压武昌首义人士之力，如有问题发生，还可把责任推到黎元洪身上，一举多得，何乐不为。于是便有15日晚张振武、方维被杀事件的发生。

张振武血案本质上是袁世凯为分化、瓦解和打击革命党人而一手制造的案。但策动这场谋杀的始作俑者并非袁世凯，乃是有"菩萨"之称的黎元洪。黎元洪为什么要蓄谋杀害张振武呢？这是在黎、张之间利益冲突及矛盾激化的情况下，黎元洪为保住自己的政治利益的背水一战。

张振武案发生后，在舆论界出现了多种不同的声音，有的极力谴责黎袁，有的同情张振武，有的则认为张氏罪有应得。《强国公报》所持的就是第三种态度。该报连日刊载论评张振武的文章，诸如《论张振武》、《张振武休矣》、《不为功魁而作祸首》、《大江报与张振武》、《追评张振武》、《胰皂之水泡》、《张振武别论》、《箴参议员》、《论张振伏诛事》、《呜呼参议员》、《论黎黄陂》等多篇。同时连载通讯《张振武被杀志》近20篇。极力为黎元洪张目，大骂张振武"自种消灭之因"，"蓄谋不轨，扰害大局"，"自取咎戾，虽死尚有余辜"。

《强国公报》的专论《论张振武》公然为袁黎蔑视法律、剪除异己、屠戮功臣而辩解，并指责张咎由自取。文章称：

> 顷者北京电传张振武伏法一事，有如惊霆破空，不及掩耳。论者几疑菹醢韩彭之惨剧，忽演于共和民国国基甫定之秋，致令革命伟人罹免死狗烹之祸。洎诵黎副总统布告之文，而后全国人民涣然冰释。呜呼，前车既覆，来轸方遒，一张振武不足惜，吾独不得不为一般新人物危言苦口中，垂涕而道之也……
>
> 曩者我南北同胞，仰望革命志士若天人，岂徒崇拜其虚声哉，为其具有毅力热肠，实足以利我民国而福我国民也。综张氏前后事迹观之，则固以个人福利为宗旨，而非以国民福利为宗旨，其所挟以自重者，一革命之商标而已，个人目的一日不达，则宗旨亦一日不定，此不必有三次革命之举动即此。口道

德而心贪欲，已足令志士色羞矣。况其反复无常之形迹，已影响于南北人士之脑筋耶。

嗟嗟！功成不受赏，长揖归田庐，古来立功之士所以身名俱泰为后人读史所艳称者，无他，澹于荣利故也。然犹日遇雄猜阴鸷之君主，不得不谋晚节之保全耳。专制之历史，岂所概论于共和，然而专制时代以命令为法律，共和时代以法律为命令，凡为民国国民一分子，无不范围于法律中者，前既以光复为功，今安得不以推翻为罪，张氏受民国之制裁，受法律上之制裁而已，而又谁咎焉。

抑又闻之，振武自立功民国以来，意气骄盈，傲睨一世，颜色声音拒人千里之外，即其夙昔知交与夫同甘苦共患难者，举莫敢以正言相规谏，稍稍拂意，则怏怏怨望，形于词色之间，而适为群不逞者之所利用，檐溜穿石，蚁封溃堤，振武遂如傀儡登场，身为丛矢之的而不悟，岂不悲哉。

独是记者尚欲为当道诸公进一解，袁黎两总统处理张氏一事，当机立断，如疾风骤雨，起于崇朝，及其文电交驰，宣布罪状，又如晴空万里，萧然无云。人人心理上群知张氏羽翼已成，机关密布，稍一顾虑，祸患随之，所谓毒蛇螫手，壮士断腕者非欤。此一事也，乃为军事上秘密之处理，不得以通常刑事论也。假令张氏罪状尚涉嫌疑，即宜执付法庭公开审判，以昭示刷人众蜞之义，斯不失民国共和之原理，非然者几何不重滋人民疑窦，而以当道杀人手滑为大戚也，窃愿与我政府人民共勉之。①

上文关于张振武咎由自取的论调可谓荒谬至极，其荒谬之处有如下几点：第一，认为杀害革命元勋为“不足惜”。此论助长了刽子手的嚣张气焰，以致袁后来一而再、再而三地无所顾忌地屠戮其反对派，宋教仁案就是这一屠杀革命元勋行为的继续。第二，将革命元勋在紧急关头挺身而出，振臂高呼、力挽狂澜、浴血奋战的英勇无畏视为“以个人福

① 何何山：《论张振武》，载《强国公报》，1912年8月19日(七月初九日)。

利为宗旨，而非以国民福利为宗旨"，对张进行肆意诋毁。第三，以专制时代所谓英雄功成身退的思想指责张氏不懂进退之道，并将张氏被袁黎秘密杀害视为受法律之制裁，真可谓是非不分，黑白颠倒。第四，将张氏桀骜不驯的个人性格归结为其悲剧发生的原因，这与共和时代崇尚法治之精神，依法定罪原则相违背。第五，不经审判、没有定罪就将张秘密处决视为袁黎"当机立断，如疾风骤雨"的魄力，显然是无视公理、无视法律，为袁黎的野蛮凶残行为张目。

该报在时评《张振武休矣》中将"鄂中第二、三次革命"的策动归结为张振武所为："记者以为不去其主动者，则鄂将无宁日"，"今闻张振武正法，乃知主动者之固在斯人也"。在时评《不为功魁而作祸首》中指责："张振武起义之人，不为功魁而作祸首，记者对之，不能有恕词也。吾鄂革命，共和告成，国基未巩，内忧外患，纷至沓来，宜为何支持危局，共挽狂澜，乃置存亡问题于不顾，吞蚀巨资，拥护佞妄，犹为未足，居心破坏，呜呼，一之为甚，岂可再乎！一旦奸谋毕露，授首京门，罪固应得，情实可原，大总统唯以大将礼治丧，副总统从优给恤。生为祸首，死尚不失其为功魁，九泉之下，亦当瞑目矣。嗟嗟！汉高杀戮功臣，汉高之不得已也，张振武又岂功臣，不足云哉。"[①]在《告一般论张振武案者》中，诋张振武"怀身为总统之希望，以压倒侪辈，则于共和二字大相刺谬者，夫岂真革命家之所为耶。导二次、三次革命之潮流，演成此种种之恶剧，推其意不至帝制自为不止，诮为国民之公敌也亦宜"。[②]

上述诸时评，没有列举张振武被杀的任何事实和证据，仅凭推断和臆测，妄加罪名，横加挞伐，可见，《强国公报》早已背离新闻舆论客观公正的准则，成为袁黎实施专制统治的舆论工具。

第二节　《震旦民报》与《汉口民国日报》

民国初年，《强国公报》是民社—共和党在湖北的最有代表性的言

① 民仆：《论张振武》，载《强国公报》，1912年8月20日(七月初十日)。
② 《告一般论张振武案者》，载《强国公报》，1912年8月23日(七月十三日)。

论机关，而《震旦民报》与《汉口民国日报》则是同盟会—国民党在湖北最有代表性的舆论阵地。代表两大政党团体的湖北报刊，其言论及政治主张尖锐对立，“大率共和党人主任者多瞻徇，而国民党人主任者多激烈。英租界之《震旦民报》、法租界之《民国日报》，尤激烈一派中之铮铮有声者也”。《震旦民报》“系国民党机关报在鄂中之最先出现者，先居法俄两租界，后移英租界，其敢言为一时冠。张方案（张振武、方维）发生以至宋（宋教仁）案、大借款等问题，指斥政府不遗余力，虽屡经困难不稍挫折，而祸机即于是伏焉”。《汉口民国日报》之出版，“较《震旦民报》稍后，国民党湘派机关之最有力者，在法租界发行，其敢言一如《震旦日报》，而能于激烈中寓涵蓄，故政府忌之至深，而无疵可索。宋案发生后，报中指斥政府更严重，法领事以袁贼、赵犯等字不准妄用，一再出而干涉。该报即顺其意，芟去该项字样，然依然言所欲言”。[①]《震旦民报》与《汉口民国日报》在存在不长的时间里，以无畏的精神和气概，刊发一系列言辞激烈而犀利的文章，攻击黎元洪及袁世凯专制政府，捍卫民主共和，引起袁黎忌恨而遭封杀。

一、《震旦民报》的言论及其劫运

1912 年 4 月 15 日（二月二十八日），《震旦民报》正式创刊，“以廓张民权、倡导民生、励进民德、监督共和政府、巩固民国基础为宗旨”。[②]馆设汉口歆生路兴业里 13 号。湖北军务司副司长张振武主办，张越任总经理，宛思演任总编辑，方觉慧任副总经理兼副总编辑，邓狂言（裕黎）、刘菊坡、马野马、何仲公、蔡寄鸥等主笔，梅东主主持副刊。每日约销二万份。开办经费据传系由张振武从军务部购买枪械款中私自拨付。与孙武的《中华民国公报》、蒋翊武的《民心报》相鼎立。时人介绍该报说：“孙武与张振武，因两雄不并立者，因《中华民国公报》为孙武之言论机关，张振武乃密嘱张越脱离是报，创办《震旦民报》。”秋虫《武汉

① 《呜呼言论自由——武汉报界之劫运》，载《民立报》，1913 年 7 月 3 日（五月二十九日）。

② 刘望龄编著：《辛亥首义与时论思潮详录》（下卷），422 页，武汉：华中师范大学出版社，2011。

新闻史》记其涯略曰:"《中华民国公报》社长张芸天,因不为牟鸿勋一派所容,所以离开《公报》,而自己办报。经费的来源,完全取之于军务部部长张振武,在购办军械的款项内,拨出5万元,报馆就打开门了。这时候,恰值《民心报》停刊,蔡寄鸥、方觉慧、吴月波、赵壁原进了《震旦民报》,社内同事还有马野马、刘菊坡、李慎安、邓狂言、朱柏青、王治宣、熊铁华诸人。初办的时候,本来是共和党言论机关,其后,因张振武在京遇害,社中同志都归咎于鄂督黎元洪,所以一致脱离了共和党,而毅然加入国民党。"①

二、《震旦民报》的激烈言论

自《震旦民报》的创办者张振武被袁黎相互勾结阴谋杀害后,该报把斗争的矛头直接指向袁黎二人。为宣传和扩大该报在社会上的声誉和影响,引起社会的广泛关注,该报以漫画的形式颂扬其"风行全球",画面为一大气球腾空而起,篮内立一记者,两手挥舞五色旗和内书"震旦民报"字样的旗帜,暗寓维护民主共和,享誉全球。此外,还刊登来稿两幅,题名为《祝画》,一为一人立于地球之中华民国国土上,两手各执大旗,交叉于头上,一书"民国万岁",一书"震旦民报万岁"。二为以"震旦"二字组成一钟,上题"警世钟"三字。同日还有《如日之升》,画大海日出,太阳上书"震旦",光芒四射,向读者昭示其不畏强权,为维护共和誓与袁黎抗争到底的决心和气概。

事实上,该报在反袁黎的浪潮中充当急先锋。1913年初国会选举,国民党获胜,将以多数党的地位组织责任内阁,代理理事长宋教仁准备出任内阁总理,从而成为总统袁世凯独揽大权的最大政敌。袁世凯派人给宋教仁送去一张50万元的银行支票,并表示如不够用还可以增加。宋教仁不为金钱所诱,南下竞选。1913年春,宋教仁路经各地到达上海,沿途发表演说,批评时政,反对袁世凯专权,主张成立责任内阁,制定民主宪法,使袁世凯大为嫉恨。袁世凯收买宋教仁的阴谋破

① 刘望龄编著:《辛亥首义与时论思潮详录》(下卷),428页,武汉:华中师范大学出版社,2011。

产，密令国务总理赵秉钧策划谋杀宋教仁，除掉心腹大患。1913 年 3 月 20 日，宋教仁在上海火车站遭袁世凯所派刺客枪击，21 日逝世。为缅怀宋教仁先生为民主共和的献身精神和表达对其惨遭毒手的愤怒，《震旦民报》刊发《乞丐亦开追悼会》的新闻画，画数乞丐燃点香烛、烧化纸钱，跪在桌案之前，追悼宋教仁。文云："自宋遯初先生被刺后，各省各界群起追悼，五尺童子亦莫不闻风垂泪，痛惜民国前途。日前山东西关养老院，有乞丐五十余人以瓦罐盛浆，烧化纸钱，众皆流涕，向先生之英灵罗拜，谓共和巩固，人人得享幸福，若我宋先生久立阳世，不遭毒手，我等不能终于为丐云云。噫！共和告成，应、武二贼伤我哲人，丐者犹食其肉，可见民国一份子皆痛心切齿耶。"①

在震惊中外的宋教仁案发生后，《震旦民报》不仅刊登缅怀纪念宋先生的漫画和文章，还满腔怒火鞭挞元凶袁世凯。该报刊发《人面字——宋案之首犯》的政治漫画，画面由"袁贼"二字组成袁世凯头像。该画直接告诉读者，宋案之首犯乃"袁贼"世凯也。②

袁世凯为障人耳目，逃避杀害宋教仁主谋责任，竟然将宋案嫁祸于陈其美、黄兴。在政治立场上倒向袁世凯一方的舆论机关《大公报》刊发的闲评，暗示宋案件与黄兴有某种关联：

> 宋为革命巨子，固主张政党内阁，有国务总理之希望者也。此次被举为参议员，由沪赴京，车轮未展，枪弹骤来，以致因伤殒命。其为政治上之关系乎？或为党派上之关系乎？抑为交际上之关系乎？三者必居其一。此又今日一大疑案也。夫以沪宁车站，为沪北繁盛之地，冠盖如云，警探如织，乃竟被刺客闯入，一击遂中，当场逃脱，岂非奇事。所尤奇者，黄克强亲在送行，见宋被击，不即指挥拿凶，反乘汽车驰去，富贵人之交情，亦略可见也。为今日计，惟有迅速捕凶，究出有无主使，有无通谋，有无仇怨，以释国民之疑点，否则因疑成嫌，因嫌而

---

① 《乞丐亦开追悼会》，载《震旦民报》，1913 年 5 月 15 日（四月初十日）。
② 《震旦民报》1913 年 5 月 4 日（三月二十八日）。

成隙，恐暗杀风潮，将与民国相终始矣。[1]

《大公报》还将宋案嫌疑主使直指陈其美。该报以南北议和之际，陈其美曾告某君曰："一面是共和，一面是手枪"为据，认为谋杀是陈的惯用手段，因而断定枪击宋教仁的凶犯亦系陈其美旧部。[2] 枪击宋教仁的凶手为武士英，武士英被捉拿后供出其指使者为应夔丞，而应夔丞为陈其美的部下，恰好在将要开庭审理武士英的前夜，他却莫名其妙地在监狱里暴死，于是关于武士英死因的传闻风行。"或曰病急竟毙，或曰自吞磷死，或曰有人毒杀，或曰政府主使。"其中袁派认为此次武犯暴死完全是国民党内一部分人的主使，武犯在法监交中方时，为维持公平，让国民党派遣黄兴作监督，黄平生素与宋不和，他甚恐该案一经严审，证据渐露，则该党暗斗顿生，会对国民党产生不利的影响，故黄要谋杀武犯，以灭证据。[3] 也就是说黄兴既是杀害武士英的主谋，又与宋案有扯不清的关系。事实上，杀人的主使者是大总统袁世凯，同谋犯是国务总理赵秉钧，担任联络的是内务部秘书洪述祖，布置行凶的是上海大流氓应桂馨，直接行凶的是失业军痞武士英。袁世凯害怕事情败露，先后将武士英、应桂馨(应夔丞)、赵秉钧秘密除掉，只对洪述祖网开一面，并赠款使其逃离北京，在美、德二领事庇护下，在青岛德租界买了洋楼悠然做起寓公来。不过，洪述祖毕竟作恶多端，以致在劫难逃。1917年春，洪述祖到上海为日本人推销鸦片，竟在黄浦江被为父报仇寻了他整整四年的宋教仁长子宋振吕认出，痛揍一顿后，将其扭送到上海地方法院。在全国舆论压力下，北洋政府最高法院判处洪犯绞刑。

针对袁世凯嫁祸陈、黄的阴谋，《震旦民报》画刊连载漫画《狗屁》三幅，揭露袁派所散布的陈其美、黄兴设计刺宋的谣言为"狗屁"。画面均以一狗放屁，屁上一书"陈其美设计刺宋"，一书"洪述祖到申会黄兴"，一书"洪述祖谒见陈其美、应夔丞就商黄克强"等字样。[4]

---

① 《闲评》，载《大公报》，1913年3月25日。

② 《闲评二》，载《大公报》，1913年3月28日。

③ 《武士英身死之又一说》，载《盛京时报》1913年5月4日。

④ 《震旦民报》，1913年5月8日—10(四月初三至初五日)。

宋教仁被刺后，国民党认识到通过议会斗争以维护共和的形式行不通，决定武力反袁。而此时的袁世凯，正秘密准备镇压和屠杀革命派。在乌云密布的恐怖情势下，《震旦民报》画刊新闻栏刊发《运来枪弹何用》一画，揭露袁氏政府阴谋镇压革命，实行武力统治。画中有一群民夫肩抬机关枪和子弹图样，标题左侧有长篇文字作解说："近日谣传南北将起意见，袁世凯已密令张勋为前敌、冯国璋为后路，虽属一时无根之言，然日前陆军部委员洪某由上海领来机关枪四支、子弹四十箱，装车过津运京，而商民若视为真将起战事者，以故停滞金融，货物山积，无不隐恨。赵秉钧若不主谋暗杀我民国伟人，何致若此，人心一失，使纵运机枪备用，果何益耶！"[①]

革命党人所孜孜追求的共和政治在袁世凯统治下已化为乌有。《震旦民报》画刊滑稽栏揭露中华民国已经成为一块空招牌，两画均以"中华民国"四字为主题，其一镂空，另将"水上浮萍"四字以黑体分列其中。其二，题书"请看今日之域中，竟是谁家之天下"，画中将镂空之"袁氏天下"四字颠倒分列于"中华民国"四字之中。公开揭示今日之中华民国，有如水上浮萍而成了袁氏之天下。[②] 此前，以字组画的还有 5 月 8 日的《满口共和平等，遍体枪械子弹》(署名陋室)，画中"共和平等"四字的所有笔画都由刀枪子弹组成，隐喻在暴力统治之下，毫无民主可言。

《震旦民报》对于在湖北替袁世凯呐喊助威的共和党代言机关《群报》的攻击亦不遗余力，该报画刊刊发"陋室"所作"无题"画，抨击《群报》系共和党所豢养的走狗。画面为一头戴记者帽、身穿西装、胸佩"群报主笔"徽记之人，端碗而食，饭碗上书"共和党制"，碗内则书"民脂民膏"，活现一副奴才相。[③] 该报还刊何铁华所作"人面字"画《妖言惑众之民贼》，以"群报馆妖言惑众"七字，组成一幅头戴硬檐边帽之军人头像，抨击《群报》为"妖言惑众之民贼"，寓意深刻。

---

① 剑泉:《运来枪弹何用》，载《震旦民报》，1913 年 5 月 12 日(四月初七日)。

② 《震旦民报》，1913 年 5 月 17 日(四月十二日)。

③ 《震旦民报》，1913 年 5 月 13 日(四月初八日)。

对于在共和名义下各地官僚无节制的逐利行为,《震旦民报》用形象逼真的字画予以嘲讽,画中有"唯利是务"四字,[①]全部以铜钱组成,并在"四万万同胞敬立"之下标一"杀"字,对于反动官僚的黑暗统治无比愤恨。这些政治性漫画,浅显通俗,一针见血,直逼袁黎统治,在当时白色恐怖笼罩湖北的历史条件下,有此作为,实属不易。

(二)《震旦民报》被难详情

《震旦民报》的一套人马,原任职于《中华民国公报》。在南北议和之前,《中华民国公报》代表刚诞生的湖北军政府对外发布政府公文,刊发时评,颇能激动和鼓舞人心,大受四方欢迎,不一月销数逾万。汉口失守,群情惶急,《大汉报》亦因馆址被毁而停刊。未几,汉阳又陷,武昌一夕数惊,员吏居民纷纷逃避,几乎空城,独《公报》依然出版,所以陈说利害,安慰群众者,又无不周至,故说者谓武汉革命之功,除诸力战疆场之将士外,未有及《公报》者也。和议告成,湖北新贵气焰张甚,以《公报》系军政府机关,时时以都督府军务部之命令干涉其言论,于是张越乃与任素、野马、天谗、慎庵诸君集议曰:"吾辈橐笔为革命鼓吹,非为军政府鼓吹也,南北统一革命之事毕,斯吾辈对于革命之义务亦毕,军政府腋下非吾辈居息地,不如去兹。"[②]乃同时脱离《公报》馆,赴汉口另组织《震旦民报》,由张振武提供资金支持。

《震旦民报》于 1912 年 4 月出版,时值湖北"群英会"二月暴动之后。二月暴动又称湖北"二次革命",打击的直接目标是时任军务部长的孙武,暴动的直接原因是孙武和黎元洪相勾结,公然宣称要拥护袁世凯,并且组织"民社",拥戴黎元洪为领袖,处处与同盟会作对,甚至纵容孙发绪攻击孙中山与南京临时政府。暴动持续一天即告平息,黎元洪以"群英会"挽救革命的斗争为"叛乱",大肆逮捕杀害革命派,连远在广西的蒋翊武也没有幸免于难。面对黎元洪的屠杀行为,湖北报界夙仰黎氏鼻息,"外人又莫知其底蕴,故黎之残忍竟无人道其非者,《震旦报》

① 《震旦民报》,1913 年 5 月 13 日(四月初八日)。

② 《呜呼言论自由——武汉报界之劫运》,载《民立报》,1913 年 7 月 3 日(五月二十九日)。

以公义所在，未敢缄默，于是有《黎元洪将欲为汉高耶》之作”。[①]“群英会事件”后，军务部长孙武被解职，实际握有兵权和具有影响的是“得鄂军士心”的副部长张振武。张便成为黎元洪在湖北的心腹之患。黎元洪为巩固其在湖北的统治地位，杜绝后患，下令解散由张掌控的由起义老兵和革命党人组成的“将校团”。正在北京的张振武得知消息，立即“函阻将校团不得退伍”。黎又欲遣散兵站总监所辖六个大队千余人，张振武即将其改编为军务司(原军务部易名)护卫队。此后，黎元洪“屡遣解散”，而张振武始终“拒不遵命”。更为黎元洪所不能容忍的是，张振武在国民公校行开学典礼时，竟公然当众演说：“革命非数次不成，流血非万万人不止。”[②]这对黎元洪无疑是公开挑战。加以张、黎二人前期累积的个人恩怨，使黎元洪必置张振武于死地而后快。于是黎元洪勾结袁世凯，将张振武诱至北京秘密处决。张振武被害以及一系列惨案，使湖北的政治气氛异常阴沉。民国元年《民立报》上的一篇文章对“二次革命”前后湖北发生的惨剧作了痛切的总结：“黎氏非革党之旧同志也，……且常蓄有一种疑忌之观念。会因孙武与蒋翊武两不相下，孙利用黎之力以快私怨，黎方欲厚势力于一己，遂信孙言，日以杀戮敲逐为事。嗟我同志，既无端遭杯影之疑，复无端遘豆萁之祸，而男儿结局遂不堪问矣！其间如黎孙宗社党之诬杀，二次、三次革命之诛剿党人之惨剧，秘密匪党之正法，十有八九皆贪天功为己有，以攘二等勋位。黎借刀杀人，竭力芟夷起义功人，欲以攘将来之大总统。于是文学社等机关渐归于无何有之乡；于是祝制六等死，于是张振武等死；于是杨玉如、王宪章、黄申芗等(逃)死；于是李作栋、李四光、查光佛等不安其位，飘然离鄂；于是大江报封，何海鸣、凌大同日在危险。嗟乎！兔死狗烹，鸟尽弓藏，古今同慨。令今之死者与昔之死者聚首九原，共话鄂州今日事，不知作何种辛酸语也。”[③]素来表现出忠厚姿态的黎元洪在清王朝

---

① 《呜呼言论自由——武汉报界之劫运》，载《民立报》，1913 年 7 月 3 日(五月二十九日)。

② 《民立报》，1912 年 8 月 23 日。

③ 《民立报》，民国元年(1912 年)十月十三日。

灭亡后的短暂时间内，为实行其在湖北的暴力统治，导演了一幕又一幕屠杀和驱逐革命派的惨剧，黎氏狼心，昭然若揭。“京沪报纸始大声疾呼，共讨其罪，而武汉人士屈处势力范围之下，噤口不言，其有伸张公理与外间舆论相应和者，惟《震旦报》而已。黎氏怒，派数十人捕经理张越君不得，又贿通某报作论辩护，经《震旦》驳诘，辞穷而返”。① 黎元洪的种种倒行逆施，完全揭去了他“忠厚长者”的伪装。黎元洪的绰号已由“泥（黎）菩萨”变为“黎屠户”。黎的凶恶面目激起了民军中党人的愤恨，“誓欲将黎推倒”。② 革命党人顾斌、罗子达等人来到湖北发动军队，“希图乘时暴动。驻扎城外南湖之马队第一协二标之标统及一、二、三营管带诸官佐，尽系该党同志，故一律赞成”。③ 他们设立秘密总机关于武昌城内扎珠街，在汉口和汉阳分设秘密据点数十处，并积极在驻省城的下级军官和士兵中做串联发动工作，慷慨宣传“袁黎不死，即不能真正享共和之幸福”。④ 号召官兵们“仇杀民贼”，“除暴、安良、定国”。“倒黎”起义拟在首义周年纪念日发动。因南湖马队起义计划不慎泄露，黎元洪再次血洗湖北，“死者当在千人以上”，⑤起义失败。从此，黎元洪确立了其在湖北的残酷统治，“江汉之间，冤气填塞，侦骑密布，道路以目，《震旦》记者野马作论，力诋其非，目之为屠户，并推原祸本，归咎黎氏。黎怒益甚，乃密下令捕拿野马君就地正法，为参议厅所阻，不果行。复再嗾使黄祯详，领率死党谋刺野马及张越，并诬该报与暴徒有关，必欲照英领封闭。又一面嘱其机关报《共和民报》者，攻击《震旦》言论；又一面嘱胡瑞霖、张国溶运动商界开会，破坏该报，均归无效，而暗杀计划亦渐寝息”。⑥ 黎元洪虽使用各种卑劣手段，但没有达到封闭《震旦民报》的目的，也没有使该报同人有丝毫的退缩。不得已，

① 《呜呼言论自由——武汉报界之劫运》，载《民立报》，1913年7月3日（五月二十九日）。

② 《时报》1912年9月30日。

③ 《时报》1912年9月30日。

④ 《时报》1912年9月30日。

⑤ 《时报》1912年9月30日。

⑥ 《呜呼言论自由——武汉报界之劫运》，载《民立报》，1913年7月3日（五月二十九日）。

黎元洪开始拉拢引诱，许诺只要该报“不再诋毁都督，每月尚可津贴经费三千元”。[①] 对于黎元洪的“良苦用心”，《震旦民报》坚决拒绝。“故黎氏运动之术穷，运动之术穷，不得不出之以残杀。然而无故封报馆、杀主笔，又为当今之大不韪，故必诬之以最重之罪名。自是以后，鄂中每有变乱，黎必诬及《震旦报》，如马队风潮起，该报经理张越适在北京，而黎则诬以匪首，至通电缉拿。推正团之组织，本系退伍军人不得志者所为，黎欲施其杀戮，则又诬及张君。洎乎改进团之发觉，张君时赴湖南，黎又诬为要匪，嘱第一、第二两师，各派军士一小队，散布汉阳、武胜诸门，俟张君渡江，即捕而投之江流，天佑善人，虎口幸脱，然而黎氏之恨益深矣。及宋案、借款两案发生，蔑法丧权，海内共愤，而武汉报界对于此事论调激烈者，以《震旦》为最。北兵南下，骚扰备至，武汉报界记载详尽者，亦惟《震旦》。黎氏积怨在心，伺间而起，于是电告袁氏，在京与英公使交涉，照会驻英领事，而《震旦报》乃不能保其出版之自由矣。适其时兵工厂罢工，刘庆恩诬杀代表，工界愤激，《震旦报》仍守有闻必录之义，于兹事详其原委，黎氏乃与刘庆恩密议，先以此事控于英领署，诱该报经理张君到案，即诬以他种罪名，以便移归武昌严办，幸报馆消息灵通，张君明知其谋，派代表李慎庵君延请律师与之对讯。英领坚欲张君到案，在馆搜索数次，不获。刘知所谋不成，因抗不到案，迁延数日，英领乃判令《震旦报》迁出英界，作含糊之了断。”[②]1913 年 6 月 25 日，《震旦民报》发布通告，宣布迁日租界继续出版，未果行。通告云：

敬启者：本报自出版以来，谬承海内外欢迎，销数日增，同人等感愧无已。惟夙夜祇惧，思所以深造而精进者，以答爱读诸君之厚意，除同人微力所不能者，要皆不敢不委屈以求其是，其于言论，谅为读者所共览。以是之故，乃大为有权势者之所嫉忌，百阱千计，欲以倾陷于本报者，无不周而且至。本报经多番风雨而不杀其势，此固公理之不磨灭，而亦爱读诸君

① 《呜呼言论自由——武汉报界之劫运》，载《民立报》，1913 年 7 月 3 日（五月二十九日）。

② 《呜呼言论自由——武汉报界之劫运》，载《民立报》，1913 年 7 月 3 日（五月二十九日）。

之有以扶护之也。比者,卒以不快意黎氏照会英领事,倾陷本报,适因兵工厂风潮起,召怨于刘庆恩。刘氏素鬼蜮,乘此机会,迎合大府,借快私仇。其诉本报于英领也,阳以本报纪言不实为辞,而阴则四面八方罗布井陷,必欲致本报经理张越君于死地。搜索数次,并欲传捕本报编辑李惠民君,及缮群印刷公司干事丁铣君。嗣经本报延请律师福禄士君出庭对讯,更迭诘难,刘氏理屈词穷,无以相应。当时外官乃即宣言,无论报上有无过失,要之自宜迁出英国租界,免生他项事端。如是论断,遂作了结。本报自维当道钳制言论,假手外人,而外人即听其罔惑,故加摧抑,天下事有强权无公理,本报亦何劳置辞。惟言论不坠,公道何存,虽暂时搬迁,亦复何害。兹姑择地搬运,暂行停版三日,每日出版两大张,一俟诸事就绪,仍照原式发行,其诸君子尚有以鉴其苦衷也。此启。

《震旦民报》停版之后,适武昌风潮起,黎元洪即污蔑该报为"匪党"重要机关,派百余人持相片捕张越、野马二君,又捕李慎庵,均未得逞,乃下令凡系该报办事人,皆可捕逮,"卒邀天幸,无一人罹其罗网者。至今追维,《震旦报》在鄂所历之危险,殆如因陀罗网,重重无尽,而张越自张方案发生以来,无日不在杀声中,而以经济困难,故亦无日不往来武汉,乃得至今日者,岂非意外之幸乎!此外野马、天谗二君子,亦类濒危殆,而卒亦无恙,天之护佑善人,理有然欤?人心一日不死,公理一日不灭,《震旦报》尚可复活与社会也"。①

三、《汉口民国日报》的创办及其厄运

早在1912年5月13日,湖南归国留日学生曾毅、杨端六、周览、李剑农等在长沙发起创设《民国日报》于汉口,是日发布《出版广告》,宣布缘起、宗旨:

缘起:我国报纸向集中于上海,然沪渎处东海,以地势论

---

① 《呜呼言论自由——武汉报界之劫运》,载《民立报》,1913年7月3日(五月二十九日)。

实不及汉口之适中，将来各处干线告成，汉口为全国交通之中心点，必成为第二之伦敦、纽约。不有大报，文明曷由灌输。本报之出现，冀借新汉口为舞台，以树言论界之重镇。

宗旨：发挥平民政治之真精神，持论立言力求公平诚实，期以造成健全舆论。[①]

《汉口民国日报》作为国民党系在汉又一言论机关，因种种原因，直到 1912 年 7 月 1 日才正式发刊，馆设汉口法租界兴仁里。初由杨端六总编，旋由曾毅（松乔）接任。赵光弼、周鲠生（览）、成毅丞（希禹）、张声焕（谐英）等担任笔政，蔡寄鸥任小说撰述。开办经费由赣籍富商胡某提供 2 万多元，常年津贴由湘督谭延闿拨付，汉口市政督办谭人凤亦曾拨助数千元，还得黄兴、宋教仁的资助。又集股筹款 20 万元，成为汉上有报以来股金最多的一家报馆，日出三大张，最高印行 5000 份，平版机印刷。

曾任该报总编辑、总经理的杨端六，在《民国初年的〈汉口民国日报〉》回忆录中，记其创办经过时写道："民国元年初，孙中山就任临时大总统职务，大家以为从此天下太平了。有很多就回乡省亲，准备继续出国学习。我和几位归国留日同学，如周鲠生、皮宗石、张声焕、李剑农等都到长沙。大家商量，认为创办报纸是对于国民革命事业最有效力，而且是知识分子最能胜任的一种责任，于是意见集中于创办一种日报。意见虽然酝酿成熟了，究竟经费从何而来呢？其时，恰好长沙有一位同情革命党人的江西富商胡某，自愿拿出二万多元，无条件地交给我们使用。我们就带了这笔款到汉口筹办《汉口民国日报》。为什么不在长沙而在汉口？其理由很简单，就是汉口市面大，素称九省通衢，适宜于报纸的发展。民国元年初，我们在汉口法租界距大智门火车站不远的地方租了三栋楼房，购买平版印刷机，招请印刷工人，并组织经理、编辑、发行、广告等部门，挂出了《汉口民国日报》的招牌。"[②]

---

① 刘望龄编著：《辛亥首义与时论思潮详录》（下卷），437 页，武汉：华中师范大学出版社，2011。

② 刘望龄编著：《辛亥首义与时论思潮详录》（下卷），437 页，武汉：华中师范大学出版社，2011。

该报创刊后，主持正义，不畏强暴，言辞激烈，公开反对袁世凯专制政府。参与该报编撰的蔡寄鸥曾称："自汉上有报以迄于今，应以此报为第一好报，盖电讯甚多，而著作又极富也。"[①]《民立报》曾刊文指出："汉口各报社以震旦民报、民国日报（国民党主任）最为敢言。"[②]又有"汉口民国日报持论严正不阿，为内地报界之巨擘"的评价。[③] 该报对当时所发生的违背公理和法治精神的重大事件，往往刊发时评和公开通电，以伸张正义，维持公道。如《大江报》因刊登江亢虎的宣传无政府主义的文章而遭到查封，主编、编撰遭通缉。《汉口民国日报》公开通电，为其鸣冤。电文如下：

北京参议院、各报馆，上海民主报转各报馆，长沙日报鉴：《大江报》直切敢言，群小侧目，以该报主张无政府主义为口实，被副总统封禁，并处总理何海鸣以死刑，何幸脱，复指为叛逆，通电各省协拿，就地正法。副总统既为人所慕，武汉报界俱不敢主持正论，敝报痛□是非泯灭，特据实通告，恳力为昭雪，人道幸甚，公理幸甚！[④]

1913年3月，宋教仁案、善后大借款两大问题出现，该报先后发表《吊宋渔父》、《告幸灾乐祸之舆论机关——宋先生何负于国人》、《愿国人勿忘宋先生临死之言》、《吊宋君教仁》、《钝初先生被刺感言》等系列文章，"指斥政府更严重"，报上不时出现"袁贼"、"赵犯"等字样。对此，《民立报》评价说："《汉口民国日报》较《震旦民报》稍后，国民党湘派机关之最有力者，在法租界发行，其敢言一如《震旦日报》，而能于激烈中寓涵蓄，故政府忌之至深，而无疵可索。宋案发生后，报中指斥政府更严重，法领事以袁贼、赵犯等字不准妄用，一再出而干涉。该报即顺其

① 蔡寄鸥：《四十年来见闻录》，60页。

② 《黄鹤楼闻鹤唳声》，载《民立报》，1913年6月25日。

③ 雪儿：《民国日报又遭劫》，载《民立报》，1913年6月27日。

④ 刘望龄编著：《辛亥首义与时论思潮详录》（下卷），552页，武汉：华中师范大学出版社，2011。

意，芟去该项字样，然依然言所欲言。”①

正因为该报无所顾忌，大胆直言，猛烈抨击黎元洪及袁世凯的倒行逆施，为捍卫民主共和大声疾呼，招惹黎袁嫉恨，其被封杀的厄运在所难免。

1913年6月24日，黎元洪接获侦探密报，称上海革命党总机关将派人赴鄂运动军队，发动“二次革命”，活动机关设于汉口民国日报馆。当即密饬军警会同法国巡捕进行查抄，捕曾毅、周览、杨端六、成希禹四人，拘禁于法捕房内，未引渡。《汉口民国日报》因此被查封。28日，杨端六等在法国领事馆官员监护下乘轮离汉赴沪。

杨端六在《民国初年的〈汉口民国日报〉》一文中，记当日被查抄经过情形云：

> 6月24日，大家正在楼上吃早饭的时候，楼下传来消息说，发行部来了便衣侦探十多人，随同法国巡捕，要向我们查询紧要事件，当即公推曾毅和我两人下楼接洽。我们到发行部，即看见门内门外布满了便衣侦探，知道事情不妙，但神情还是镇静的。曾毅因为口袋内放有檄文草稿，心中不安，于是好象要查阅今天报纸出版的情况，就从容不迫地走进柜台内，反复走动，一方面从口袋内暗自取出草稿，想扯碎后揉成一团、掷往地上。他以为这样做可无问题，不料被门外侦探从大玻璃窗一眼看见，当即高声叫嚷，“是什么？”他们一进来，把曾毅的拳头抓住，要抢夺纸团。曾毅还想牢牢握住不放。我听见一个侦探说：“可惜今天没有带铁尺来！”我说：“你们不要用蛮！你们这么多人，还怕我们两个人走掉吗？”结果，曾毅手一松，纸团到了侦探手里。于是我们两人就被带到法国巡捕房去了。
>
> 我们在候审室里等了不久，又看见周鲠生和文艺栏主编成毅丞老先生进来。我们说，“你们是来看我们的？”成老先生

① 《呜呼言论自由——武汉报界之劫运》，载《民立报》，1913年7月3日（五月二十九日）。

说:“来看你们的? 同你们一样的!”

在候审期间,法国巡捕房私下派人来告诉我们,要我们不承认是革命。不一会,我们四人被带到会审公堂。审判员问:“你们是不是要革命?”我们答:“不是。”

“那末为什么要写檄文?”

“这是一篇游戏文章,既没有标题,也没有印刷公布。”

“嗯! 为什么抽屉内有季雨霖的名片?”(季是湖北有名的革命军人,当时被反动政府缉拿。他的名片放在周鲠生的抽屉内被暗探找到。)

“我们是新闻记者,不能禁止人家来访问。”

“嗯!”……“收监!”

于是,我们四人都被关进两间“特等”牢房内。

过了四天,即6月28日,汉口法国领事馆特派一位书记把我们护送到汉口六码头并乘日清公司轮船离汉赴沪,交给上海法国领事馆,照了相,打了手印,量了身高,就把我们释放了。①

《汉口国民日报》被查抄,主编、编撰被捕后的第二天,该报发表《停刊痛启》,揭露当局以所谓接上海文震春报告“有刘敦榘一名来汉,潜谋暗杀,现住民国日报社”的莫须有罪名,肆意搜查,饬令停刊。同时呼吁社会各界“主持正论,同伸公愤”。

而做贼心虚的黎元洪,担心此事引起舆论波澜,连忙发表通电,混淆视听,为自己争取主动。通电宣布破获“二次革命”湖北“乱党”情形,其中将查禁《汉口民国日报》事列为首要内容,宣称,“本月(6月)24日据报,上海总机关派人赴鄂运动军队,机关在汉口民国日报馆。当密饬军警会同法捕搜获证据,内有通告湖北独立,组织北伐军,请各省协应,并起义宗旨、军人条例等语,文电布告多件。并拿获编辑曾毅、周览、杨

① 刘望龄编著:《辛亥首义与时论思潮详录》(下卷),569页,武汉:华中师范大学出版社,2011。

端六、成希禹等四名，交法捕房拘禁。”[①]

为揭露黎元洪阴谋诬陷《汉口民国日报》的谎言，并为该报及其同人鸣冤，上海国民党机关报《民立报》刊发汉口访稿《鸣呼言论自由》，详细报道《汉口民国日报》被当道查封之原委。该文分析了《汉口民国日报》被难的原因：“《民国日报》自出版以来，议论正大，久为武汉人士信仰，徒以监督政府太严，自宋案、借款事起，持论颇形激烈，黎元洪久欲得而甘心，加以袁政府有密令，封闭之念愈切，屡与法领事交涉，欲实行其摧残之手段。法领不得已，曾以‘民贼’、‘恶政府’等字样指摘之。该报以处于鄂政府积威之下，亦稍稍退让。至前月二十四日九时，法捕房出拘票一纸，内载文震春由上海密电黎，称有刘敦桀来鄂谋杀，住《民国日报》馆内云云。时该社正早餐，由社员曾毅招待，谓敝社向无此人，亦并不识其谁何，即编辑中亦从未有刘姓者。因历指会食诸人姓名以证之。捕头去后，旋发行人（发行部与编辑部各一处）报称：发行部内外有鄂政府派来兵警六七十人，势汹汹，声称将大索刘某，现已由巡捕拘王某去，请速与理论，否则必为彼毁灭云云。”[②]

由于发行部情况紧急，未等早饭吃完，曾毅与杨冕即驰往发行部，只见发行部内外人声鼎沸，曾毅即招呼兵警：“有事可从容办理。”而兵警气势汹汹，相貌狞狰，随即放出恶言：“汝等犯罪，尚不安……”强搜（曾毅），其身旁得社论一纸，拟定谐文章两纸。彼等即狂呼曰：“有逆证，速取绳来捆。”即将曾之双手反扭，几为所折。见此拘捕行为，杨冕劝阻说：“吾只两人，汝数十人在此，岂能飞上天耶，何必如此野蛮。”适捕头来，彼等乃释手，随即将曾、杨带往捕房去。[③] 当兵警在发行部滋闹并带走曾毅、杨冕时，成希禹解释说：“刘某实未来此，果若虚言，吾一人承罪。”在曾、杨二人被带走后，兵警翻箱倒柜，经过一番穷搜苦索，在

---

① 刘望龄编著：《辛亥首义与时论思潮详录》（下卷），572页，武汉：华中师范大学出版社，2011。

② 《鸣呼言论自由——武汉报界之劫运》，载《民立报》，1913年7月3日（五月二十九日）。

③ 《鸣呼言论自由——武汉报界之劫运》，载《民立报》，1913年7月3日（五月二十九日）。

发行部墙壁上发现普通信袋中有刘敦桨信一封，信面写汉口民国日报馆转交刘某，信背后书如不知此人，请交邹永成转交。信中内容皆言家常琐事。哪知此信成为罪证，指责成希禹知情不报。未等成分辩，即呼曰："带下。"接着又搜编辑部及阅览室，得刘敦桨名片一纸，即曰："此刘敦桨非明明在报馆内乎。"亦不容分说，蜂拥而去。而周、成二人，至是亦下狱矣。[①]

在曾毅、杨冕、成希禹、周览被捕的当天下午，法副领事进行提讯，提讯的主要问题是关于从他们那里查获的三种证据：即文字、函件和名片。

（一）关于文字：从曾毅身上所搜出的文字有两种，第一种即警方所指控反袁檄文。该文字之内容纯系社论性质，专攻击袁世凯一人，前面的内容讲述革命原求共和幸福，后面的内容指斥袁世凯在清朝时之恶迹，入民国以来所犯罪恶共计二十八项目，最后称天怒人怨，要之于唤起同胞，思有以诛讨之等等。虽意愤而词激，但文章没有标题，如地名人名时间，无一可指。其实此等文字，于该报已屡见不鲜。第二种即准备拟作的谐文，系搜集 1912 年时文告之目录及短篇别体文字，无非隐刺袁政府之所为，更不能指为证据。领事先指问第一种，曾毅称："此文原拟登载本报，嗣恐干当道之忌，有妨报馆，因藏而不载现已半月矣。第二种则纯为谐文之预备材料，如本报现载之《猿狸同穴记》、《民权报》所载之《讨老猿檄》，皆此类也。"[②]又问何以取而捣毁之，则答曰："彼衔恨本报已匪伊朝夕，今日（二十四日）来意已具有吞人之心，若得此愈可借题发挥，依稀比附，以陷害之，思不如弃之，可免危及报馆，彼平地且起风波，而可容有意之嫌乎！此人情防微杜渐之常，了无足异，若竟指持刀者为杀人，夜行者为盗贼，则天下何事不可以陷入也。"[③]曾毅的一

---

① 《呜呼言论自由——武汉报界之劫运》，载《民立报》，1913 年 7 月 3 日（五月二十九日）。

② 《呜呼言论自由——武汉报界之劫运》，载《民立报》，1913 年 7 月 3 日（五月二十九日）。

③ 《呜呼言论自由——武汉报界之劫运》，载《民立报》，1913 年 7 月 3 日（五月二十九日）。

番回答，让领事目瞪口呆，默然以对。

（二）关于函件：由发行部墙壁上所搜出之函件，系五月下旬投来，事过已近一月，且此函前面泛指《民国日报》转交刘某，下署由湖南楚怡学校寄，后面书刘君若不知，请交邹永成转。若刘某如识本社社员，则前面即已实指其人，不得再有不知交邹某转之词，显然刘某与《民国日报》社无交涉。之所以投《民国日报》转交，原因在于因该报由湖南人创办，社员都是湖南人，凡湖南人之往来汉口者多于该报馆相聚，寄信人不知刘某住处，故投递该报并由该报馆转交。且此函将近一月，若报社知其人，岂能待如此之久而不与？即此可知刘某与该社无任何关系，即邹某亦不识其何人也。民国日报社以此函系家信，故储之普通信中，且此等转交之函，现社内尚存有十余封，此为报馆常有之事，并不足怪。

（三）关于名片：从周览抽屉内所得之名片，审讯时周君解释说："新闻记者之应酬繁杂，此无可讳言，匪独本社为然，即各报亦莫不如是。彼适才搜出之名片，屉内无虑数十百张，若今此百数十人犯案，岂皆可连及乎？若然，则新闻记者当闭门谢客，而凡寻常酬酢，岂尚可以名片往来耶！"[①]以情理论，凡熟识之人，大多不会交换名片，只有刚认识尚不熟悉的人，才交换名片。由此又可知刘某系新识之人，而非旧相识。以新知之人，怎能逆料其为不良乎？因此仅凭借一名片万不能据以定罪。

此案于6月27日复审，复审后，经法领事细审证物及供词，皆无可以定罪之处，而鄂政府复连日交涉，要求引渡，必欲治罪而甘心。法国领事颇不以为然，知上述所捕四人引渡后必致无辜杀戮，故没有同意引渡。后来此四人经多方努力而获释放。

对于黎元洪阴谋构陷《汉口民国日报》原委，该报于1913年6月7日发表《宣言书》，向社会公众澄清事实。《宣言书》全文如下：

本报出版以来，谬蒙海内外不弃，获邀议论正大之名誉，同人益肃恭寅畏，精审精事，期无负我指导社论、监督政府之

① 《鸣呼言论自由——武汉报界之劫运》，载《民立报》，1913年7月3日（五月二十九日）。

天职。乃不意以直言无隐，致使魑魅魍魉无所遁形，而因以构成当道之积恨。去岁《大江报》与张方案起，本报主张公道，唤起国论，鄂政府以不利于己，即蓄意封禁。时本报刊行尚只两月也。至本年宋案、借款两大问题发生，本报益复根据法理，持堂堂正正之论调，加以斧钺。而黎元洪夙承政府之意旨，累次与法领事交涉，欲得而甘心。法领事未允所求，嘱本报于社论之名词上略为避之。本报以鄂政府含恨已深，即亦姑徇其请。嗣政府行为愈演愈暴，擅撤拥护共和之赣粤各省都督，新闻栏内曾有《袁氏乱赣记》之题名，而黎氏又请法领事干涉矣。其最深恶而痛疾者，则莫如汉口发起之公民会，时本报社员曾署名发起人，而通信捐款则暂以本报为收受地。其后武昌之公民会相继出现，黎氏即以兵力驱逐之，后下令缉拿汉口公民会发起人，而本报社员亦日在危险中，网罗已张，陷坑暗伏，机栝一动，则环而中之。观于此，可知本报此次之被祸，非一朝一夕之故矣。

24日之穷搜，社员四人之被捕，其大概情形曾见各报，固无俟同人之赘述。惟以黎氏感日之通电及于武汉间所张贴之告示，则硬指本报为乱党机关，其诬蔑之词，诚有令人椎心泣血，而太息于人心之险狠、公理之沦亡者。本报负此冤屈，岂能默无一言。查黎氏感电，皇皇大文，铺张罪状，实则所称情节，与事实毫不相符。即如24日早晨法捕房所持之拘票，系指上海报告有刘敦桀来鄂谋杀，住在本馆内，当经搜查，并无刘某其人，则感电所称赴鄂运动军队而以本馆为机关云云，显系事后架诬。以黎氏一人之言，前后竟至两歧，事之可骇，孰有甚于此者。至如文稿中查出湖北独立、组织北伐军、各省协应及起义之件，仅一目录，并未演绎成文，乃本社社员集前年武汉起义时之情形，将用演成谐文者，此等片词只语，并未发挥其内蕴，果何所见而诬为逆证耶！望文生义，毋抑黎氏之预有成心耳。果尔，则前年革命时一切事迹，不能提要撮录，而报纸上之文字，亦不敢援往事以证将来矣。且感电内所称军人条例云云，原件内并无此项题目，其所称引，多已窜见，显系黎氏深义巧诋，故入人罪。又感电称有文电布告多件，并拿获编辑等四名，交法捕房拘禁，迭据会审供认不讳云云，尤为刺谬。其所谓文者，即拟登之社论栏，意义大致，累见本报，无待拿获。所谓电者，乃本报之别体文字，并无何等事实含于其中。且电文必具有其形式，亦必拍发而后可谓之电，不然则凡时评启事，皆可指之为电矣，天下宁有是理乎？谐文社论仅仅三种，且捏报多件；由法领事审讯只一次，以该文字全系新闻材料，不认有如何谋乱之左验，在为此文字者，其用意在登报以供众览，岂肯假子虚乌有之词，而自寻死路，虽至愚极谬，断不出此。而原电谓迭据会审供认不讳，不知所谓迭据会审者会审几次，所谓供认不讳者口供何在？法领事会审记录具在，岂可任意增饰耶？事实错乱，竟至于此，大出吾人意料之外，其为混淆真相，强坐罪名，居心已不可问，议会尚存，安能以一手掩盖天下之耳目。夫黎氏以副总统之尊而兼领鄂赣两省都督、参谋总长之重职，当此举国危疑、人心震撼之秋，亟宜持以宽宏，根据法律，慎重人命，以奠国基。且功疑惟重，罪疑惟轻，在古仁人之用心，莫不以包容含覆之大公，臻苍黎于融融遂遂之域。今黎氏居如此重要之地位，不惟不据理断案，而事之无者，反从而附益之，索染周内，若惟恐其不至于死，揆之古训，按之约法，皆相背驰，天理沦丧，法纪荡然，安得不为我四万万生民痛哭耶！一年以来，鄂中多难，杀人如麻，凡暗中宛转呼号惨毙于黎氏刀锯鼎镬之下者，语无对质，事鲜佐证，徒以一纸文书，宣布死状，其罪之有无，情之真伪，又孰从而辨之。若是则不特本报记者之被诬于身前，而其已死者之含冤地下终古而无由昭雪者，尚不知其有几何之新鬼故鬼也。夫生事邀功者宵小之恒情，而文字贾祸者报纸之常事。黎氏以积恨于本报之故，忽授以瑕隙之可抵，故不惜竭全力以残害之。彼其所养侦探，不下千数百人，何一非竖牛息夫躬之徒，以区区刘某藏匿本社之风闻，所派来之军警竟至六七十人之多，强索穷搜，嗒然无有，终乃获取本社预备登刊之文字以去。而黎氏竟据以为谋乱之定案。夫谋乱必有谋乱之行为及其利器，今试问黎氏除空空洞洞之文字外，曾有一危险物及可认为通匪之证据乎？凭白捏诬，乃与南湖匪徒之谋乱者指为一事，谓非黎氏之有意构陷而何？木秀风摧，堆出流激，本报之必遭摧折，固早在同人意料之中，而不虞其被以不美之名，构以莫白之冤，至于斯极也。本报同人誓将于武汉风潮衰歇之余，提起诉讼，期与黎氏相见于法律之解决，重整旗鼓，厉行同人之初服焉。嗟夫！沈沈祸水，莽莽妖云，有地埋冤，无天可问。身逢浊世，自怜洁白之心，时匪满清，竟有杀青之狱，其亦有憎九关之猛犬，大愤公言，闻河上之哀音，长此忧痛者乎！是则同人所企祷不置者也。谨此宣言，质诸公论。①

欲加之罪，何患无辞，此乃古今中外强权者惯用之伎俩，不料，此事在民初共和时代屡屡发生，《汉口民国日报》亦如同《大江报》、《震旦民报》一样不能幸免，民国法律赋予的言论自由亦不知归于何乡矣。

① 刘望龄编著：《辛亥首义与时论思潮详录》（下卷），577—579页，武汉：华中师范大学出版社，2011。

参考文献

一、资料类

《字林汉报》1893—1900 年

《湖北商务报》1899—1904 年

《湖北学生界》1903 年

《湖北官报》1905—1911 年

《湖北教育官报》1905—1911 年

《汉口中西报》1906—1936 年

《江苏》1903 年

《浙江潮》1903 年

《警钟日报》1904—1905 年

《时报》1904—1939 年

《民立报》1910—1913 年

《江汉日报》1908 年

《大汉报》1911 年

《强国公报》1912 年

《震旦民报》1913 年

刘望龄.黑血·金鼓——辛亥前后湖北报刊史事长编.武汉:湖北教育出版社,1991.

刘望龄编.辛亥首义与时论思潮详录.武汉:华中师范大学出版社,2011.

张难先.湖北革命知之录.北京:商务印书馆,1945.

严昌洪,张铭玉.张难先集.武汉:华中师范大学出版社,2011.

张枬、王忍之.辛亥革命前十年间时论选集.北京:生活·读书·新知三联书店,1960.

何海鸣.求幸福斋随笔.上海:上海书店出版社,1997.

武汉大学历史系中国近代史教研室.辛亥革命在湖北史料选辑.武汉:湖北人民出版社,1981.

故宫博物院明清档案部.清末筹备立宪档案史料.北京:中华书局,1979.

中国近代史丛书编写组.中国近代史资料丛刊(辛亥革命).上海:上海人民出版社,1957.

史和、姚福申等.中国近代报刊名录.福州:福建人民出版社,1991.

黎副总统政书.上海:上海古今图书局,中华民国四年铅印本.

秋虫.武汉新闻史.武汉:中日文化协会武汉分会出版,1943.

苑书义,孙华峰,李秉新.张之洞全集.石家庄:河北人民出版社,1998.

张品兴.梁启超全集.北京:北京出版社,1999.

武汉近代(辛亥革命)经济史料.武汉:武汉地方志办公室印行,1981.

舒新城.中国近代教育史资料.北京:人民教育出版社,1981.

朱寿朋.光绪朝东华实录.北京:中华书局,1958.

康有为政论集.北京:中华书局,1981.

冯自由.革命逸史.北京:中华书局,1981.

陈声暨.陈石遗先生年谱.家刻本.

蔡寄鸥著.鄂州血史.龙门联合书局,1958.

故宫博物院明清档案部.清末筹备立宪档案史料.北京:中华书局,1979.

陈旭麓.宋教仁集.北京:中华书局,1981.

孙中山藏档选编.北京:中华书局,1986.

孙中山全集.北京:中华书局,1982.

孙中山选集.北京:人民出版社,1981.

谭嗣同全集.北京:三联书店,1954.

辛亥革命(中国近代史资料丛刊八).上海:上海人民出版社,1957.

吴玉章.辛亥革命.北京:人民出版社,1961.

李白贞.辛亥革命回忆录(一).北京:文史资料出版社,1981.

武昌起义档案资料选编.武汉:湖北人民出版社,1982.

辛亥革命史料选辑·续编.长沙:湖南人民出版社,1983.

杨玉如.辛亥革命先著记.北京:科学出版社,1957.

辛亥革命在上海史料选辑.上海:上海人民出版社,1981.

李春萱.辛亥首义回忆录(二).武汉:湖北人民出版社,1957.

李廉方.辛亥武昌首义纪.武昌:湖北通志馆印,1947.

章太炎全集.上海:上海人民出版社,1982.

张静庐.中国近代出版史料.上海:上海书店出版社 2003 年影印本.

张静庐.中国近代出版史料初编.北京:中华书局,1957.

张静庐.中国近代出版史料乙编.北京:中华书局,1955.

张静庐.中国现代出版史料甲编.北京:中华书局,1954.

二、著作类

中下正治.新闻にみる日中关系史.研文出版社,2000.

方汉奇.中国新闻事业通史.北京:中国人民大学出版社,1992.

唐惠虎,朱英.武汉近代新闻史.武汉:武汉出版社,2012.

刘广生,赵梅庄.中国古代邮驿史.北京:人民邮电出版社,1997.

[美]马士,张汇文.中华帝国对外关系史.上海:上海书店出版社,2000.

伯乐考维茨.中国通与英国外交部.北京:商务印书馆,1959.

[美]罗威廉.汉口:一个中国城市的商业和社会(1796—1889).北京:中国人民大学出版社,2005.

马广仁.上海新闻史(1850—1949).复旦大学出版社,1996.

孔祥吉,[日]村田雄二郎.罕为人知的中日结盟——晚清中日关系史新探.成都:巴蜀书店出版,2004.

冯天瑜,张笃勤.辛亥首义史.武汉:湖北人民出版社,2011.

施坚雅,叶光庭等.中华帝国晚期的城市.北京:中华书局,2000.

黎东方.细说民国创立.上海:上海人民出版社,1997.

方汉奇.中国近代报刊史.太原:山西教育出版社,2012.

贺觉非.辛亥武昌首义人物传.北京:中华书局,1982.

丁中江.北洋军阀史话.北京:中国友谊出版公司,1992.

陈普.毛泽东读书笔记解析.广州:广东人民出版社,1996.

桑兵.晚清学堂学生与社会变迁.桂林:广西师范大学出版社,2007.

中国大百科全书·新闻出版卷.北京:中国大百科全书出版社,1990.

段怀清.传教士与中国口岸文化.广州:广东人民出版社,2007.

戈公振.中国报学史.上海:上海古籍出版社,2003.

严昌洪,许小青.癸卯年万岁——1903年的革命思潮与革命运动.武汉:华中师范大学出版社,2001.

陈少明.被解释的传统——近代思想史新论.广州:中山大学出版社,1995.

金耀基.从传统到现代.北京:中国人民大学出版社,1999.

汪荣祖.从传统中求变——晚清思想史研究.南昌:百花洲文艺出版社,2002.

石元康.从中国文化到现代性:典范转移?.北京:生活·读书·新知三联书店,2000.

[德]哈贝马斯,曹卫东等.公共领域的结构转换.上海:学林出版社,1999.

王尔敏.近代文化生态及其变迁.南昌:百花洲文艺出版社,2002.

王先明.近代新学——中国传统学术文化的嬗变与重构.北京:商务印书馆,2000.

陈旭麓.近代中国的新陈代谢.上海:上海人民出版社,1992.

薛君度,刘志琴.近代中国社会生活与观念变迁.北京:中国社会科学出版社,2001.

黎仁凯.近代中国社会思潮.郑州:河南人民出版社,1996.

刘志琴.近代中国社会文化变迁力.杭州:浙江人民出版社,1998.

侯外庐.近代中国思想学说史.生活书店,1947.

王晓秋.近代中日文化交流史.北京:中华书局,2000.

郭湛波.近五十年中国思想史.济南:山东人民出版社,1997.

[美]勒文森.梁启超与中国近代思想.成都:四川人民出版社,1986.

张灏,崔志海、葛夫平.梁启超与中国思想的过渡(1980—1907).江苏人民出版社,1993.

梁启超,夏晓虹.论中国学术思想变迁之大势.上海:上海古籍出版社,2001.

胡朴安.南社从选.北京:解放军文艺出版社,2000.

柳无忌.南社纪略.上海:上海人民出版社,1983.

梁启超,朱维铮.清代学术概论.上海:上海古籍出版社,1998.

昌切.清末民初的思想主脉.上海:东方出版中心,1999.

[澳]络惠敏.清末民初政情.北京:知识出版社,1986.

桑兵.清末新知识界的社团与活动.上海:学林出版社,1995.

胡伟希等.十字街头与塔——中国近代自由主义思潮研究.上海:上海人民出版社,1991.

王树槐.外人与戊戌变法.上海:上海书店出版社,1998.

唐德刚.晚清七十年.长沙:岳麓书社,1999.

李长莉.晚清上海社会的变迁.天津:天津人民出版社,2002.

夏晓虹.晚清社会与文化.武汉:湖北教育出版社,2001.

李孝悌.晚清下层社会的启蒙运动(1901—1911).石家庄:河北教育出版社,2001.

桑兵.晚清学堂学生与社会变迁.桂林:广西师范大学出版社,2007.

容闳.西学东渐记.郑州:中州古籍出版社,1998.

熊月之.西学东渐与晚清社会.上海:上海人民出版社,1994.

李欧梵.现代性的追求.北京:生活·读书·知新三联书店,2000.

张汝伦.现代中国思想研究.上海:上海人民出版社,2001.

丁守和.辛亥革命时期期刊介绍.北京:人民出版社,1982.

[美]本杰明·史华兹,叶凤美.寻找富强:严复与西方.南京:江苏人民出版社,1996.

[美]柯文,雷颐、罗检秋译.在传统与现代之间——王韬与晚清革命.南京:江苏人民出版社,1998.

张朋园.知识分子与近代中国的现代化.百花洲文艺出版社,2002.

[美]杰罗姆·B·格里德尔,单正平.知识分子与现代中国.天津:南开大学出版社,2002.

费正清,张沛.中国:传统与变迁革命.北京:世界知识出版社,2002.

张静庐.中国出版史料补编.北京:中华书局,1957.

李白坚.中国出版文化概观.南宁:广西教育出版社,1999.

余英时.中国传统思想的现代诠释.台湾:台湾联经出版事业公司,1987.

[美]吉尔伯特·罗兹曼.中国的现代化.南京:江苏人民出版社,1995.

[美]罗兹曼.中国的现代化.南京:江苏人民出版社,1988.

杨光辉等.中国近代报刊发展概况.北京:新华出版社,1986.

赖光临.中国近代报人与报业(上下册).台北:商务印书馆,1980.

熊月之.中国近代民主思想史.上海:上海人民出版社,1987.

高瑞泉.中国近代社会思潮.上海:华东师范大学出版社,1996.

王先明.中国近代社会文化史论.北京:人民出版社,2000.

王钒森.中国近代思想与学术系谱.石家庄:河北教育出版社,2001.

韩从耀.中国近代图像新闻史.南京,南京大学出版社,2012.

冯契.中国近代哲学的革命进程.上海:华东师范大学出版社,1997.

葛兆光.中国思想史(导论、第一、二卷).上海:复旦大学出版社,2001.

李泽厚.中国思想史论(上、中、下册).合肥:安徽教育出版社,1999.

史革新.中国文化史(晚清卷).北京:中共中央党校出版社,2009.

吴士余.中国文化与小说思维.上海:三联书店,2000.

王克非.中日近代对西方政治哲学思想的摄取——严复与日本启蒙学者.北京:中国社会科学出版社,1996.

梁荣若.中日文化交流史.北京:商务印书馆,1985.